中国企业：
转型升级（第三版）

毛蕴诗 著

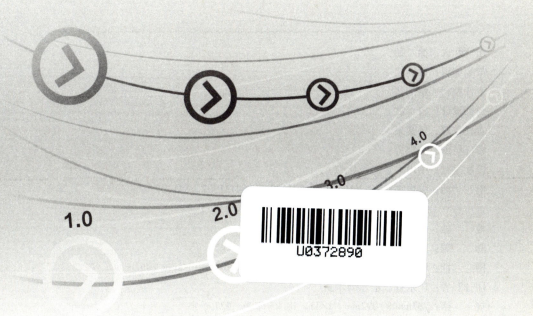

中山大学出版社
SUN YAT-SEN UNIVERSITY PRESS
·广州·

版权所有　翻印必究

图书在版编目（CIP）数据

中国企业：转型升级/毛蕴诗著. —3 版. —广州：中山大学出版社，2016.1

ISBN 978-7-306-05584-2

Ⅰ. ①中⋯　Ⅱ. ①毛⋯　Ⅲ. ①企业管理—研究—中国　Ⅳ. ①F279.23

中国版本图书馆 CIP 数据核字（2016）第 003469 号

出 版 人：徐　劲
策划编辑：蔡浩然
责任编辑：蔡浩然
封面设计：曾　斌
责任校对：杨文泉
责任技编：何雅涛
出版发行：中山大学出版社
电　　话：编辑部 020 - 84111996，84113349，84111997，84110779
　　　　　发行部 020 - 84111998，84111981，84111160
地　　址：广州市新港西路 135 号
邮　　编：510275　传真：020 - 84036565
网　　址：http://www.zsup.com.cn　E-mail：zdcbs@mail.sysu.edu.cn
印 刷 者：广东省农垦总局印刷厂
规　　格：787mm×1092mm　1/32　18.25 印张　327 千字
版次印次：2009 年 8 月第 1 版　2016 年 1 月第 3 版　2016 年 1 月第 3 次印刷
印　　数：5001—8000 册
定　　价：49.00 元

如发现本书因印装质量影响阅读，请与出版社发行部联系调换

本书第一版荣获

教育部2013年第六届高等学校科学研究优秀成果奖（人文社会科学）二等奖

内 容 提 要

面对席卷全球的金融风暴，以及随之而来的经济环境的巨大变化，当前经济下行风险增加；在危机中，中国企业唯一出路是转型升级，从价值链低端向价值链高端转变。

本书在对我国珠三角及台湾企业实地调研的基础上，选取了企业转型的典型案例，从企业转型升级的方向与阶段、企业转型升级的影响因素、企业竞争力的获取、企业家的精神、政府的作用等方面进行条分缕析。同时，总结出中国企业转型升级的十条关键途径，结合理论推演与案例经验，形成一个有见地的多维度、多层次、多因素企业转型升级的动态分析框架。

本书指出企业转型升级需要依托良好的营商环境与沟通平台。书中对企业提出了做"有所准备"的四字箴言，对政府提出了做"高效的服务型"的六字建言。书中有关企业转型升级的理论、经验及对策建议，对我国企业明确转型升级方向和在危机中提高应变能力，都具有重要的现实指导意义；书中多篇调研报告受到政府有关经济管理部门的重视和采用，对我国政府制定有关政策提供了有益的参考。

本书内容新颖，研究前沿，适合高等院校工商管理专业的师生、企业管理人员和政府经济管理部门的专业人士阅读，对MBA学员也极具参考价值。

目 录

第一章 中国企业转型升级的压力…………………………（1）
　第一节 广东东莞合俊工厂的倒闭与中国企业转型升级的压力
　　　………………………………………………………………（1）
　　一、广东东莞合俊工厂的倒闭说明企业转型升级的重要性
　　　………………………………………………………………（1）
　　二、企业转型升级概念的界定……………………………（3）
　　三、中国企业转型升级的压力早已存在…………………（4）
　第二节 金融危机加剧中国企业转型升级的压力……………（8）
　　一、我国受到金融危机波及………………………………（8）
　　二、我国珠三角和长三角地区的外向型经济受此次危机
　　　冲击最大…………………………………………………（10）
　第三节 危机中谋变……………………………………………（13）
　　一、摆在中国企业面前的三条路：转移，升级，倒闭……（13）
　　二、中国企业要在危机中勇敢突围………………………（14）

第二章 亚洲新兴经济地区企业转型升级的经验……………（15）
　第一节 台湾半导体企业的高级代工之路……………………（15）
　　一、台湾半导体企业发展的五个阶段……………………（16）
　　二、台湾半导体企业竞争力获取的源泉…………………（19）
　　三、台湾企业从专业代工向产业链整合的转型升级过程…（21）
　第二节 韩国企业由技术创新实现转型升级——从小作坊到大
　　　集团………………………………………………………（27）
　　一、韩国企业转型升级的五个阶段………………………（29）
　　二、韩国企业跨越式的技术升级模式：引进—模仿
　　　—改进—创新……………………………………………（30）
　　三、韩国企业从小作坊到大集团的成长历程……………（32）
　第三节 新兴经济地区的企业转型升级比较…………………（38）
　　一、我国台湾地区、韩国的企业转型升级对比……………（38）
　　二、企业在转型升级过程中找准自己的定位……………（39）

第三章 转型升级企业的案例分析 (40)

第一节 广东企业原始设备制造、原始设计制造、原始品牌制造的自主创新路径：东菱凯琴与佳士科技的对比案例 (40)

一、广东企业原始设备制造、原始设计制造、原始品牌制造的现状及转型升级研究 (40)

二、原始设备制造企业转型升级的相关概念的界定 (42)

三、原始设备制造企业转型升级模型 (45)

四、案例企业：广东东菱凯琴集团和深圳市佳士科技有限公司 (49)

五、案例企业基本情况比较 (52)

六、案例企业转型升级路径选择比较 (53)

七、案例企业转型升级的影响因素比较 (57)

八、事实发现 (77)

第二节 玩具行业企业转型升级：龙昌玩具国际控股有限公司与哈一代玩具实业有限公司的对比 (80)

一、玩具行业现状分析 (80)

二、案例企业：龙昌玩具国际控股有限公司和哈一代玩具实业有限公司 (84)

三、龙昌玩具国际控股有限公司概况 (85)

四、哈一代玩具实业有限公司概况 (89)

五、案例企业基本情况对比 (92)

六、案例企业转型升级：自主创新能力提升对比及其经验 (93)

七、案例企业自主创新的影响因素 (101)

八、事实发现 (104)

第三节 照明行业企业转型升级：国星光电股份有限公司 (105)

一、国星光电股份有限公司概况 (105)

二、国星光电股份有限公司转型升级路径 (107)

三、企业能力支撑国星光电股份有限公司转型升级 (113)

四、企业所在产业集群促进国星光电股份有限公司转型升级 (119)

五、国星光电股份有限公司顺应市场环境变化进行转型升级 (121)

六、事实发现 (124)

第四节　替代跨国公司产品及提升企业技术能力：珠江钢铁
公司 ·· (126)
　一、钢铁企业发展和提升技术能力的经验与环境 ············· (126)
　二、案例企业：珠江钢铁公司 ····························· (136)
　三、珠江钢铁公司替代跨国公司产品及提升企业技术
　　　能力的过程 ··· (139)
　四、珠江钢铁公司替代跨国公司产品的市场路径 ············· (151)
　五、事实发现 ··· (153)
第五节　逆势成长：台湾阿托科技公司 ························ (155)
　一、台湾阿托科技公司概况 ······························· (156)
　二、台湾阿托科技公司渐进式转型升级过程 ················· (160)
　三、事实发现 ··· (165)

第四章　地区、集群、园区案例的分析 ················· (168)
第一节　以自主创新为特征的深圳高新技术产业 ················ (168)
　一、深圳高新技术产业发展的基本情况与特点 ··············· (168)
　二、深圳高新技术产业发展的制约因素 ····················· (180)
第二节　转型升级中的东莞大岭山镇家具产业集群 ·············· (183)
　一、大岭山镇概况 ······································· (183)
　二、大岭山镇家具业现状 ································· (183)
　三、家具业面临转型升级的挑战 ··························· (186)
　四、转型升级中的东莞大岭山镇家具业 ····················· (191)
　五、事实发现 ··· (194)

第五章　公共技术平台建设案例的分析 ················· (195)
第一节　台湾工业技术研究院发展高科技产业 ·················· (195)
　一、台湾工业技术研究院的背景 ··························· (195)
　二、台湾工业技术研究院的目标和愿景 ····················· (196)
　三、台湾工业技术研究院的组织结构 ······················· (196)
　四、台湾工业技术研究院的科技项目研究、服务成果
　　　收入、人才输出及专利申请 ··························· (199)
第二节　台湾工业技术研究院运作模式及其特点 ················ (202)
　一、立法与企业化运作共同支撑台湾工业技术研究院的
　　　发展 ··· (203)

　　二、一体化的连结中心提供强大的跨领域整合价值能力 …（204）
　　三、基于开放实验室的开放的研究系统……………………（205）
　　四、建立宽松的人才流入流出机制，培育更多创新源……（206）
第三节　台湾科学园区的发展………………………………………（206）
　　一、从新竹科学园到台南科学园……………………………（207）
　　二、台湾科学园区的转型升级………………………………（210）
第四节　台湾工业技术研究院支持台湾科学园区发展……………（218）
　　一、通过工研院专业化的创业育成中心提供有效的企业
　　　　孵化源………………………………………………………（218）
　　二、通过有效的知识产权转移制度，成立衍生公司，培育
　　　　大型企业……………………………………………………（219）

第六章　企业转型升级的影响因素………………………………（221）
第一节　企业转型升级影响因素的理论……………………………（221）
　　一、企业自主创新与转型升级因素密不可分………………（221）
　　二、对企业自主创新影响因素的理论研究…………………（221）
　　三、影响企业转型升级的其他因素…………………………（223）
　　四、企业转型升级影响因素的理论分析框架………………（224）
第二节　企业转型升级影响因素的分析……………………………（225）
　　一、成本比较优势逐渐丧失，利润空间不断缩小…………（226）
　　二、在激烈的国内外竞争下，拥有自主知识产权的OBM
　　　　是新兴经济企业转型升级的主要方向……………………（226）
　　三、利益分配极不平衡，绝大部分利润流入产业链上端的
　　　　企业手中……………………………………………………（226）
　　四、低端制造的生产方式固有风险凸显，企业亟须转型
　　　　升级…………………………………………………………（227）
第三节　企业转型升级的动因………………………………………（227）
　　一、企业家精神与品牌意识是企业转型升级的主要动力 …（227）
　　二、关键资源的拥有和关键能力的获取为企业转型升级
　　　　奠定基础……………………………………………………（228）
　　三、国内日益扩大的消费需求为企业创立自主品牌带来
　　　　市场支持……………………………………………………（229）
　　四、政府政策推动，鼓励企业转型升级……………………（230）

五、与合作企业的良好互动为企业提供技术、管理等方面的
　　　　经验……………………………………………………………(230)

第七章　企业转型升级的衡量标准与路径……………………………(231)
　第一节　企业转型升级的相关理论研究………………………………(231)
　　一、从核心竞争力和动态能力研究企业转型升级…………………(231)
　　二、从全球价值链研究企业转型升级………………………………(231)
　第二节　企业转型升级的衡量标准……………………………………(234)
　　一、产品技术含量增加与附加值增加………………………………(235)
　　二、产品功能增强……………………………………………………(235)
　　三、从 OEM 到 ODM 再到 OBM……………………………………(236)
　　四、由单一产品、单一业务到产品系列、业务解决方案，
　　　　形成新的产品、新的服务乃至新的市场………………………(236)
　　五、形成战略性资产、创造性资产，从而形成核心
　　　　竞争力……………………………………………………………(237)
　第三节　企业转型升级的路径…………………………………………(238)
　　一、认识传统产业的新特点、新需求，重新定位市场，
　　　　实现整体转型升级………………………………………………(239)
　　二、从替代进口产品，到替代跨国公司在华生产的产品，
　　　　再到国外市场替代跨国公司产品，实现转型升级……………(240)
　　三、基于行业边界模糊与产业融合，创造新产品、新需求，
　　　　实现跨产业转型升级……………………………………………(241)
　　四、通过技术积累、能力演进，突破关键部件壁垒与限制，
　　　　实现整体转型升级………………………………………………(243)
　　五、加大对生产服务的投入与延伸，提升附加值，实现
　　　　转型升级…………………………………………………………(245)
　　六、降低投入与消耗，降低成本，提升环保标准与附加值，
　　　　实现转型升级……………………………………………………(246)
　　七、通过战略联盟和新型竞合关系，大企业带动小企业，
　　　　带动产业集群整体转型升级……………………………………(247)
　　八、从 OEM 到 ODM 再到 OBM 的多种方式组合 ………………(248)
　　九、收购 OBM 企业品牌，获取战略性资产，实现技术跨越
　　　　升级………………………………………………………………(252)
　　十、以产业集群、园区为载体，促进企业转型升级………………(253)

第八章　做有所准备的企业与做高效的服务型政府……（255）
第一节　做有所准备的企业………………………………（255）
一、转变观念，积极实施转型升级战略………………（255）

二、利用多种途径，实现企业从制造到研发的转型升级 …（256）

三、从OEM起步，实现从OEM到ODM再到OBM的企业转型升级…………………………………………（256）

四、关注企业家精神，培养企业家的危机意识及前瞻眼光………………………………………………（257）

第二节　做高效的服务型政府……………………………（257）
一、以参与产业转移的价值链升级为基础，带动企业转型升级……………………………………………（258）

二、以融合信息、金融、文化等现代服务业为火车头，拉动产业转型升级…………………………………（259）

三、以推动技术发展的产业集群、科学园区为纽带，带动产业转型升级…………………………………（259）

四、以打造科研成果产业化的有效载体为手段，推动企业技术实力的提高……………………………（261）

附录　企业访谈情况………………………………………（265）

主要参考文献………………………………………………（266）

后　记………………………………………………………（278）

第一章 中国企业转型升级的压力

中国企业转型升级从 2008 年金融危机正式拉开序幕。然而，企业转型升级的压力在 2008 年以前早已存在，后金融危机以来企业转型升级的压力进一步加大。

第一节 广东东莞合俊工厂的倒闭与中国企业转型升级的压力

一、广东东莞合俊工厂的倒闭说明企业转型升级的重要性

2007 年下半年到 2008 年，由于若干环境因素的变动，诸如人民币升值后出口利润的降低、新《劳动合同法》的实施带来用工成本的增加、原材料价格的不断上涨等，我国长三角、珠三角及东部沿海地区以集群经济为引擎、以代工原始设备制造为特征的经济增长模式受到了严峻的考验。低成本优势逐渐丧失，不少企业已经出现了经营困难。传统的低附加值、缺乏自主品牌与技术含量的外生型产业集群，还面临环境污染等问题，迫切需要寻找新的发展路径。

以广东东莞玩具企业为例，20 世纪 80 年代，境外玩具产业的大量转移使东莞成为玩具厂商的积聚地。金融危机之前，东莞拥有玩具制造及其配套行业厂家 5000 多家，从业人员 30 多万，年产值超过 130 亿人民币，出口创汇占全国玩具产业的 36%。然而，随着 2008 年 9 月份全面爆发的全球金融危机和美国经济的加速下滑，给这些主要以出口为导向的厂商带来了严峻的挑战。2008 年 10 月 15 日，全球最大玩具代工厂商之一合俊集团旗下位于东莞樟木头镇的两家工厂"合俊"与"俊领"宣布倒闭，被外界评论为"受全球金融风暴影响在中国倒闭的第一家实体企业"。成立于 1996 年的香港合俊控股集团是全球最大的玩具制造商之一，产品绝大多数为贴牌代工。在全球五大玩具品牌中，合俊是其中三个品牌的代工厂商。在鼎盛时期，合俊集团共拥有 10000 名员工，此次合俊在樟木头镇两

家工厂的倒闭就直接把 6500 名员工推向了失业的边缘。①

合俊集团只是东莞玩具业中的一个企业代表。东莞玩具厂商是东莞众多原始设备制造厂商的缩影，而整个东莞原始设备制造厂商又是珠三角、长三角、东部沿海乃至全国位于价值链低端的制造企业的典型。这些制造企业曾经为区域经济的快速发展带来了强大动力。但这种经济增长模式带来的负面后果也是显而易见的：①出口的产品大都处在价值链的低端，没有自己的品牌，利润相当微薄；②经济增长以牺牲资源、能源、环境为代价，以劳动者低廉的价格、恶劣的劳动条件为代价，在它背后则是国内贫富差距的进一步拉大；③行业和企业核心技术受制于人，缺乏关键知识产权和自主创新的能力。因此，学者和实业界人士一致认为，企业为了获得长远发展，必须实现转型升级。合俊工厂的倒闭使人们意识到：不走转型升级之路，已经不只是企业的发展后劲问题，因为它涉及企业的生存问题。

近年情况表明，代工企业的总体处境并未随着当年金融危机的远去而得到明显改善。相反，面对更为复杂的经济环境和庞大的竞争压力，仍旧有不少企业未能走出困境。2014 年 12 月 5 日，知名手机零部件代工厂商苏州联建科技宣布倒闭。联建科技是台湾胜华科技旗下子公司，辉煌时有员工 20000 多人，2014 年业务每况愈下，至倒闭前还有 3000 多名员工。其曾是苹果公司和小米公司的重要零部件供应商，因其技术落后，良品率太低，成本太高，已被苹果和小米剔除出供应商之列。② 在联建科技"出事"之际，位于苏州胥口镇的手机零部件供应商闳晖科技也宣布关门停产，并遣散了大部分员工。闳晖科技是台湾上市公司闳晖实业下属企业，员工数量最多时也在万人以上，主要为诺基亚生产手机按键。数据显示，其 2014 年前三季度计提减损损失 9.72 亿新台币，税后净亏损达到 12.65 亿新台币。③ 再以东莞地区为例，统计数据显示，其 2014 年 10 月份东莞大型工厂破产的就有台湾兴鸿鞋厂等十多家代工企业。

近年来地方政府和企业都意识到了这个问题，并开始尝试进行转型和升级。上文提到的合俊一直努力想转变单一的委托加工模式，并为此做了

---

① 参见网易财经《"金融风暴冲击中国实业第一案"调查》，http://money.163.com/special/002530E6/hejun.html。

② 参见环球网财经《中国代工厂遭遇寒流，苏州万人大企业停产待倒闭》，http://finance.huanqiu.com/hongguan/2015-01/5377426.html。

③ 参见联合早报网《中国代工厂掀起倒闭潮》，http://www.zaobao.com/finance/comment/story20150112-434301。

多种尝试。比如2004年,合俊曾开发以 USB 线连接电脑的玩具猫;从2005年开始,合俊每年投入500万元,开展自己的设计及自有品牌业务,并设立了专门的研发部门。但这些升级的努力仍然以失败而告终。合俊可以为发达玩具品牌商代工生产,但如果试图到国际市场开拓自主品牌,自然会受到后者的竞争和排挤。① 再如上文提及的联建科技所在的胜华科技,曾根据 iPhone 销量增长的前景,扩大其生产设施,但这些设备主要用于 iPhone 4S 以前的款式。自从苹果公司2014年起陆继推出了屏幕要求更薄的 iPhone 5 和 iPhone 6,联建科技的产品无法适应,最终退出苹果供应商的行列。② 因此引发的问题是:嵌入全球价值链的这些发展中国家低端制造企业,如何选择适合的方式和路径,在政府政策的支持及自身的努力下实现预期的升级目标?有哪些因素会影响到集群企业的成功转型升级?

二、企业转型升级概念的界定

"转型升级"作为热门词汇,频繁出现在新闻报刊以及政府公文中。企业转型升级在英文文献中并没有相对应的术语,然而在中国国内研究中,企业转型升级是使用频率最高的术语。在国内学术研究中使用术语"转型"、"升级"的不少,但是一些学者在学术研究中并未对此作出明确的区分,往往造成"转型升级"概念的混用、误用。因此,本书有必要在分析之前首先对"企业转型升级"的概念作出界定。

最早明确提出企业升级概念是在 20 世纪 90 年代末,Gereffi(1999)将其引入全球价值链(Global Value Chain,GVC)分析模式,认为企业升级是一个企业或经济体提高迈向更具获利能力的资本和技术密集型经济领域的能力的过程。Poon(2004)也指出,企业升级就是制造商成功地从生产劳动密集型低价值产品向生产更高价值的资本或技术密集型产品这样一种经济角色的转移过程。Kaplinsky(2001)认为,企业升级就是企业制造更好的产品、更有效地制造产品或者是从事需要更多技能的活动。从企业层面来讲,Humphrey 和 Schmitz(2000)认为,升级是指企业通过获得技术能力和市场能力,以改善其竞争能力以及从事高附加值的活动。

当企业面临发展瓶颈时,可以采用战略转向、回归原点、重新思考,

---

① 参见搜狐新闻《广东合俊倒闭续:没有金融海啸合俊也会倒》,http://news.sohu.com/20081018/n260100769.shtml.

② 参见每经网《东莞子公司停工前仍在建厂,胜华科技拖累两上市公司》,http://www.nbd.com.cn/articles/2014-12-16/883589.html.

在经营战略上作根本性的改变,积极寻找转型的方向。对企业转型的研究,部分学者是从产业转型的微观层次进行分析的波特(Porter)认为,企业的成功不仅取决于企业在产业内竞争地位的高低,而且取决于其是否处在具有赢利能力的产业。① 所以,追求持续成长的企业必须保持对自身生存环境的敏感,当原有产业已难以为企业提供足够的成长空间时,适时进行转型便成为企业的明智选择。② 还有学者将企业转型理解为组织变革和企业再造,强调企业转型是组织在认知上、思考上以及行为上的全新改变(Blumenthal & Haspeslagh,1994),是企业在经营环境发生变化时,为求生存发展、突破经营瓶颈,而通过组织调整或目标转换的战略,改变组织结构,创造出适应未来的新经营模式(Klein,1996)。可见,一方面企业转型是当企业面临生存危机、想突破现状时的一种手段,通过持续不断的改革,迫使组织领导者思考未来的经营方向为组织注入新的活力,让企业更具竞争力与应对环境转变的弹性。另一方面,我们也注意到并且在本书后面将会提到,许多企业并非被动地而是主动地实施转型升级。

值得提出的是,正如前面的文献研究指出,国外并无转型升级这一术语(转型与升级是各自使用的),而国内则从未对于企业升级、企业转型、企业转型升级三个概念进行界定与梳理,因而存在转型与升级的混淆(毛蕴诗,2009)。这主要体现在组织转型与业务转型的混淆上,甚至还存在升级与创新的混用(包玉泽、谭力文、刘林青,2009)。如果我们把企业转型界定在业务层面而不必涵盖组织层面,那么企业行为中的转型与升级是紧密联系在一起的,既没有必要、也没有可能将二者截然分开,特别在新兴经济体的重要实践中。转型升级这一术语已经在我国广为使用,我们也不必要因为英文文献中没有相应的术语而不予使用。

三、中国企业转型升级的压力早已存在

改革开放以来,我国实现了工业化初期到工业化中期的跨越,城市化水平快速提高,城市基础建设明显加强,民营企业从无到有,获得了发展空间,我国经济年均增长达到9.67%。改革开放30多年来,我们也应当认识到现阶段经济增长模式中存在的诸多问题。事实上,我国企业转型升级的压力早已存在,主要可以从以下六个方面加以说明。

---

① Porter M E. Towards a dynamic theory of strategy, *Strategic Management Journal*, 1991 (12).
② 王德鲁、张米尔、周敏:《产业转型中转型企业技术能力研究评述》,载《管理科学学报》2006年第3期。

第一章 中国企业转型升级的压力

(一) 沿海地区资源短缺、成本上升、环境保护的压力早已存在

我国特别是珠三角地区靠发展"三来一补"产业实现工业化起飞,因此劳动密集、污染严重的电镀、制鞋等行业占了很大的比重。尽管近年来国家在环境保护上付出较大努力,但是"高投入、高消耗、高污染、低产出"粗放型增长方式并没有得到根本性的改变,已经成为我国企业可持续发展的重要制约因素。2012年我国一次能源消费量为36.2亿吨标煤,消耗全世界20%的能源,单位GDP能耗是世界平均水平的2.5倍、美国的3.3倍、日本的7倍,同时高于巴西、墨西哥等发展中国家。中国每消耗1吨标煤的能源仅创造14000元人民币的GDP,而全球平均水平是消耗1吨标煤创造25000元GDP,美国的水平是创造31000元GDP,日本是创造50000元GDP。[①] 珠江三角洲大部分城市江段及河涌污染严重,赤潮范围和频率逐年增加。而因环保问题引起的群众信访、上访持续增长,已成为继社会治安、劳动保障的第三大社会关注问题,政府对企业生产的环保要求逐年提高。环境、资源问题的不断恶化以及政府在能源、环保方面的政策出台都推动着企业进行升级、转型。

(二) 出口退税加工贸易政策调整,影响出口商品结构

为进一步平衡我国外贸出口结构、优化出口商品结构,国家各部委联合发布通知,规定自2007年7月1日起,取消10类553种高能耗、高污染、资源性产品出口退税;调低15类2268项容易引起贸易摩擦的商品的出口退税率。自2008年8月1日至2009年6月,我国先后7次调高纺织、服装、电子、机电产品等劳动密集型、科技含量及附加值较高的出口货物增值税退税率,其中技术含量较高的机电等产品实现17%的全退税。同时,截至2014年已有累计共1871个海关编码商品列入加工贸易禁止类目录。[②] 以外贸大省广东为例,出口退税政策的调整,对广东外贸发展和产业结构调整将产生重要而深远的影响。据广州海关统计,2007年1至6月,涉及7月1日政策调整的商品出口总值为664.2亿美元,占同期广东

---

① 参见新浪财经《我国单位GDP能耗达世界均值2.5倍,院士:搞核电》,http://finance.sina.com.cn/chanjing/cyxw/20131130/014317485049.shtml;中国产业信息网《2012年我国一次能源消费量36.2亿吨标煤》,http://www.chyxx.com/data/201312/224566.html。

② 参见广州市商务委员会《广州出口退税政策调整,涉及广州3289企业》,http://www.gzboftec.gov.cn/article.jsp?id=22538。

出口总值的40%。① 2008年，在国家连续七次上调出口退税率后，广东省平均出口退税率由调整前的12.21%提高为14.27%，共计提高了2.06个百分点。② 据广东省国税局的相关数据统计，2009年广东省共办理出口退（免）税1465.52亿元，同比增加95.94亿元，同比增长7%。③ 而国家加工贸易政策的不断调整，将使珠三角地区许多低端加工贸易企业面临出局的危险。近20%的加工贸易企业将不再享有税收优惠政策，广东的数万家港资加工贸易企业中，有4000余家面临停工。从另一个角度看，这些政策的出台，严控"高耗能、高污染、资源性"产品以及低附加值、低技术含量产品的出口，鼓励扩大高附加值、高技术含量产品的出口，从而优化产业结构和出口商品结构，促进外贸增长方式转变，企业转型升级迫在眉睫。

（三）人民币升值，加大出口贸易压力

自2005年人民币对美元升值以来，人民币长期升值趋势明显。2006年至2012年，人民币对美元每年的升值幅度分别为6.804%、6.882%、3.349%、0.09%、3.09%、5.11%和0.25%。④ 自2013年年初至2013年10月16日，人民币兑换美元已经累计升值2.1%。对依赖出口的企业来说，人民币升值的压力给企业利润带来了巨大压力。《中国企业家》调查显示，82.4%的企业认为，人民币汇率的变化，直接影响企业的经营活动。除了升值带来的产品出口竞争力下降外，更直接的是人民币对美元升值造成的汇率损失。而对于拥有众多出口型企业的珠三角和长三角地区，人民币汇率的不断攀升造成许多加工贸易企业的经营成本压力加大。

（四）原材料价格上涨，新《劳动合同法》生效，提高了用工成本

2008年1月1日新《劳动合同法》正式生效，增加了保护劳动者的条例，但短期内大大提高了企业的人力成本，如医疗保险、加班费用的提

---

① 参见新浪财经《前6月广州地区出口货物总值179.2亿美元》，http://finance.sina.com.cn/china/dfjj/20070806/04043853077.shtml.

② 参见中国出口信用保险公司《金融危机下出口退税调整对广东省外贸出口的影响》，http://www.sinosure.com.cn/sinosure/xwzx/rdzt/ckyj/ckfx/130973.html.

③ 参见新华网《广东：去年办理出口退税1465亿余元支持企业走出去》，http://news.xinhuanet.com/fortune/2010-01/21/content_12851641.htm.

④ 参见新华网《人民币2012年升值0.25% 业内预计今年或升值1.9%》，http://news.xinhuanet.com/fortune/2013-01/02/c_124175472.htm.

升等。近年来我国各地政府部门也多次提高最低工资标准。2011年全国有24个省份调整了最低工资标准，平均增幅22%；2012年有25个省份调整最低工资标准，平均增幅为20.2%；2013年，全国有27个省区市提高了最低工资标准，平均提高幅度为17%；2014年深圳最低工资标准提高至1808元，领涨全国。2013年2月，国务院批转了《关于深化收入分配制度改革的若干意见》，要求到2015年绝大多数地区最低工资标准达到当地城镇从业人员平均工资的40%以上。① 由于国内资源的硬缺口及投资的过快增长，原料的压力将会成为企业特别是纺织业的新负担。而随着水、电、原材料、燃料价格、运输费用等要素价格不断上涨，导致企业的生产、销售成本迅速攀升，劳动密集型产业赖以生存的根基受到了削减，我国企业亟待另谋出路、转型升级。

（五）产业附加值处于微笑曲线底部，附加值低

我国很多企业在国际产业链中的地位仍然低下。台湾 Smiling Curve、宏碁集团创办人施振荣先生在1992年为了"再造宏碁"提出了"微笑曲线"（如图1-1所示），这其实是一条说明产业附加值的曲线，用以解释宏碁的策略方向。该曲线有如微笑的嘴型，两端朝上。在产业链中，附加值更多体现在两端，即设计和销售，处于中间环节的制造附加值最低。按照微笑曲线的观点，施振荣认为，宏碁应当放弃在台湾的组装业务，集中精力在附加值更高的专精领域。

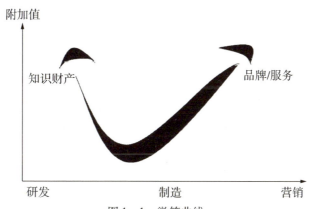

图1-1 微笑曲线

资料来源：施振荣：《再造宏碁》，台湾天下文化出版社1997年版。

---

① 参见新华网《国务院批转〈关于深化收入分配制度改革的若干意见〉》，http://news.xinhuanet.com/politics/2013-02/05/c_114625358.htm.

（六）企业面对反倾销、质量环境认证等贸易壁垒处于被动局面

我国大多出口型企业都以小型企业为主，规模小、实力不强，抵御和规避各种风险的能力十分有限，在发展的过程中容易受到政策、环境等外部因素的制约，使企业处于被动局面。随着我国对外贸易的日益扩大，出口企业遭受反倾销诉讼的数量也随之增多，加之我国企业难以胜诉，又进一步刺激外国企业对我国出口产品提出更多的反倾销投诉，造成恶性循环。2006年欧盟对部分中国产的皮鞋征收的反倾销关税从4.8%大幅上调至19.4%，贴牌的中小鞋厂面临生死大考。① 除了反倾销诉讼以外，我国企业还不得不面对国际上日益重视的产品质量认证和"绿色"壁垒，无形中又增加了企业的非原料性成本。以玩具行业为例，国际玩具协会（ICTI）发起的为维护玩具的合法、安全的《ICTI行为守则》给我国玩具制造企业带来了一次不小的冲击。截至2006年3月，共有195家玩具品牌签署承认ICTI认证，其中包括美泰、孩之宝、跳蛙、美高、乐高、玩具反斗城等顶尖品牌，采购量超过世界玩具市场的65%，并承诺在某个期限后只接受获取ICTI认证的工厂生产的产品。这意味着如果国内玩具企业不能在一定时间内取得ICTI的认证，就将面临失去大量订单的危险。2007年的玩具"召回"风波对我国玩具企业造成了巨大的经济损失和声誉上的打击，特别是在玩具出口大省广东，多数企业都出现了不同程度的订单减少现象。在东莞，以合俊为首的玩具企业的大量倒闭与国际上对质量和安全越来越严格的要求不无关系。

第二节　金融危机加剧中国企业转型升级的压力

一、我国受到金融危机波及

由美国次贷危机引发的国际金融危机愈演愈烈，迅速从局部蔓延到全球，中国作为美国证券的主要持有者之一，也受到这次危机的波及（如表1-1所示）。截至2008年9月，中国外汇储备为19055.85亿美元；在中国的外汇储备中，65%是美元资产，25%是欧元资产，10%是日元和其他币种的资产；在美元资产中，50%是美国政府的长期债券，35%是美国的机构债，如房里美、房贷美，15%是企业债或其他的短期债券。

---

① 参见《佛山日报》2006年6月15日。

第一章 中国企业转型升级的压力

表1-1 外国投资者持有美国证券的资产构成

(单位：10亿美元)

国家	合计	股权	长期国债	长期机构债	长期企业债	短期债券
日本	1197	220	553	229	119	76
中国	922	29	467	376	28	23
英国	921	421	43	28	405	24
开曼群岛	740	279	23	52	347	38
中东	308	139	79	30	17	44
所有国家	9772	3130	1965	1305	2737	635

资料来源：2007年6月30日，美国财政部报告。

金融危机对中国的影响不仅限于对金融市场的影响，还对实体经济造成冲击。2008年前三季度，中国GDP增长从上年的10.4%降到第三季度的9.0%，其中第二产业下降幅度最大，从上年的13.4%下降到第三季度的10.5%（如表1-2所示）。2008年11月份，全国出口额同比下降2.2%，出口额下降17.9%。2008年1—9月工业增加值同比增加15.2%，比上年同期下滑3.3个百分点，其中9月份只有11.4%。2008年1—9月发电量增速滑至9.9%，其中9月份只有3%。① 国内企业也受到很大的影响，国家统计局公布的企业景气指数从2007年第二季度的146下降到2008年第三季度的128.6。企业家对于经济恢复也持保留态度，2008年第三季度为123.8，比上年最高时期下降19.3，其中工业、房地产行业受影响最为明显（如表1-3所示）。

表1-2 国内生产总值增长速度

	2007年1—4季度	2008年第一季度	2008年1—2季度	2008年1—3季度
GDP增速（比去年同期增长%）	11.9	10.6	10.4	9.9
第一产业	3.7	2.8	3.5	4.5
第二产业	13.4	11.5	11.3	10.5
第三产业	12.6	10.9	10.5	10.3

资料来源：国家统计局，http://www.stats.gov.cn.

---

① 资料来源：国家统计局，http://www.stats.gov.cn.

表1-3 企业景气指数

	2007年第一季度	2007年第二季度	2007年第三季度	2007年第四季度	2008年第一季度	2008年第二季度	2008年第三季度
总体	139.7	146	144.7	143.6	136.2	137.4	128.6
工业	140.1	146.9	144	143	133.3	135.7	125.8
建筑业	127.7	142.4	143.2	146.4	136.7	144.2	135.3
交通运输、仓储和邮政业	137.7	137.7	139.2	133.4	135.1	129	119.6
批发和零售业	151.7	152.1	154.7	152.2	153.2	147.5	143.6
房地产业	138.8	141.1	140.3	140.3	132.2	131.8	118.9
社会服务业	128.1	136.9	139	135.5	132.2	124.8	127
信息传输、计算机服务和软件业	155.1	158.5	160	160.3	159	162.9	147.6
住宿和餐饮业	125.1	131.4	130.2	129.5	123.3	121.3	119

资料来源：国家统计局，http://www.stats.gov.cn.

二、我国珠三角和长三角地区的外向型经济受此次危机冲击最大

我国珠三角和长三角地区以低端制造的外向型中小型企业为主，近年来由于原材料价格和劳动力成本上升、能源供应紧张、人民币升值、出口退税下调、环保成本提高等因素的影响，使得原本产品附加值低的企业的内在劣势逐渐显现出来。特别是对于外向型企业最为集中的珠三角地区，此次全球金融危机造成的冲击最大。以广东省为例，截至2008年11月份，广东加工贸易出口额为211.08亿美元，占全部出口额的62%。由于广东外贸依存度较高，外向型企业随着原材料上涨、出口退税率下调及用工成本增加，同时进出口放缓和人民币升值使得广东出口加工型企业逐步靠近承受临界线。2008年1～11月的工业增加值增长速度均低于全国平均水平（如表1-4所示）。累计2008年11月，广东工业品出口交货值增长11.1%，同比回落11.8个百分点，其中加工贸易出口额在11月份增长-14.3%，同比下降27.5%。按企业类型来分，国有企业和三资企业在11月份的出口额下降超过10%（如表1-5所示）。

第一章 中国企业转型升级的压力

表1-4 2008年全国及广东省的工业增加值增长速度（%）

	2月	3月	4月	5月	6月	7月	8月	9月	10月	11月
全国总计	15.4	16.4	16.3	16.3	16.3	16.1	15.7	15.2	14.4	13.7
广东省	12.7	13.6	13.7	13.7	13.7	13.4	13.4	13.3	13	12.8

资料来源：国家统计局，http://www.stats.gov.cn.

表1-5 2008年11月广东省进出口总额（亿美元）

指 标	本 月	同比增长%	累 计	累计同比增长%
出口总额	338.45	-5.1	3716.54	11.1
按贸易方式分：				
1. 一般贸易	104.52	13.5	1055.87	11
2. 加工贸易	211.08	-14.3	2417.11	8.3
2.1 来料加工	46.51	-11.9	532.57	12.2
2.2 进料加工	164.57	-14.9	1884.54	7.3
按经济类型分：				
1. 国有企业	47.8	-10.7	562.84	8.8
2. 三资企业	205.94	-10.9	2361.71	12.3
3. 集体企业	13.7	14.3	142.64	20
4. 私营企业	70.22	20.3	637.24	8.2

资料来源：广东省信息统计网，http://www.gdstats.gov.cn.

从国家统计局对广东省企业的调查情况来看，2008年第三季度广东省企业综合景气状况明显下滑，企业家信心和企业景气两大指数均降到2003年第三季度以来的新低点，主要分类指标景气指数均呈不同程度的下降。2008年第三季度广东省的企业景气指数为132.9，比第二季度和上年同期分别下降4.6和16.9点。其中房地产业景气指数下降至八大行业最低，工业景气指数旺季不升反降（如表1-6所示）。

表1-6　2008年第三季度广东企业景气指数情况

行　业	第三季度	比第二季度增减	比上年同期增减	第四季度预计
总体状况	132.9	-4.6	-16.9	135.2
工业	133.8	-3.6	-16.0	137.3
建筑业	129.2	-1.6	-8.8	131.6
交通运输仓储及邮政业	143.4	6.3	-4.9	139.2
批发和零售业	141.2	-2.4	-10.4	139.9
房地产业	110.9	-31.8	-34.0	111.6
社会服务业	127.2	5.6	-30.0	130.2
信息传输计算机服务和软件业	153.8	-2.8	-14.0	156.1
住宿和餐饮业	118.3	-3.6	-20.3	122.9

资料来源：国家统计局，http://www.stats.gov.cn.

在制造行业，与上年同期相比，23个主要制造业均呈现不同程度的下降趋势；与第二季度比，景气指数下降的有包括纺织业在内的15个行业，3个行业基本持平，只有金属制品业等5个行业景气指数有所上升（如表1-7所示）。

表1-7　2008年第三季度部分制造业行业大类景气指数情况

行　业	第三季度	比第二季度增减	比上年同期增减
纺织业	100.1	-7.21	-14.69
塑料制品业	103.36	-11.86	-7.69
家具制造业	107.46	-17.96	-18.1
黑色金属冶炼及压延加工业	108	-7.81	-7.34
纺织服装、鞋、帽制造业	108.03	-41.2	-46.48
通用设备制造业	111.49	-20.14	-36.56
皮革、毛皮、羽毛（绒）及其制品	116.28	-13.63	-16.43
造纸及纸制品业	117.83	-10.88	-45.32
非金属矿物制品业	118.62	-6.68	-15.82
农副食品加工业	122.47	0.11	-21.54
有色金属冶炼及压延加工业	126.86	-24	-36.88
金属制品业	130.83	14.36	-18.04
食品制造业	130.84	4.78	-20.32
电气机械及器材制造业	131.3	-16.97	-28.4
印刷业和记录媒介的复制	132.14	-0.87	-0.24
专用设备制造业	134.65	10.81	-15.09
化学原料及化学制品制造业	139.86	-4.53	-19.52

第一章 中国企业转型升级的压力

续表

行　业	第三季度	比第二季度增减	比上年同期增减
医药制造业	141.41	-7.42	-23.13
饮料制造业	143.17	3.33	-30.34
文教体育用品制造业	144.17	1.52	-9.93
通信设备、计算机及其他电子设	148.19	-4.42	-10.67
仪器仪表及文化、办公用机械制	152.69	-3.9	-9.67
交通运输设备制造业	156.87	-0.61	-0.09

资料来源：国家统计局，http://www.stats.gov.cn。

第三节　危机中谋变

一、摆在中国企业面前的三条路：转移，升级，倒闭

面对这次危机的冲击，一批企业应声而倒，大量员工失业。处于全球价值链低端的企业在面临外部环境动荡时表现出来的低风险承受力令人担忧。从广东省中小企业局发布的统计结果看，2008年前三个季度，关闭企业主要集中在珠三角地区，其中关闭数量较多的地市依次是东莞市1464家、中山市956家、珠海市709家、深圳市704家、汕尾市587家、佛山市526家以及潮州市432家。从行业分布看，关闭企业主要集中在纺织服装、五金塑料、电子产品、陶瓷建材等传统型、低技术、高耗能行业。[①]据海关统计，由于出口订单减少，2008年前三季度，广东有6800多家企业退出出口市场，其中一半以上是规模小、实力弱的私营企业。根据东莞市的调查，2008年以来，该市30%的企业亏损，20%微利，只有50%保持盈利，而在此前，大约90%的企业都是盈利的。另据新华网报道，珠三角及中国沿海一批出口加工型企业倒闭，许多大中型制造企业也迅速收紧扩充步伐，导致大批农民工被裁，或被迫无限期休假。虽然年关未至，广州火车站已经反常地迎来大批人流，日发客量达9万～13万人，其中相当一部分是在广东打工的农民工，因为不少工厂停工，他们不得不提前返乡或另谋出路。[②] 同样是长三角经济最活跃地区之一的温州，已有20%的中小企业处于关、停、半停工状态，甚至倒闭。根据温州瑞安的《瑞安市实

[①] 资料来源：《广州日报》，2008年11月17日。
[②] 资料来源：新浪网，http://www.sina.com.cn，2008年11月7日。

施劳动合同法工业经济形势分析》报告显示，瑞安全市三大主导行业、六大传统产业，绝大部分属于劳动密集型行业，其中20%已经关停，制鞋业已经有1/3歇业。

面对急剧变化的世界经济局势，摆在中国企业面前的只有三条路：第一条路就是转移阵地，把生产基地转移到劳动力成本更低的地区去，利用成本优势来获取利润。正如十多年前我国台湾地区很多企业选择将制造工厂迁移到人工成本更低的大陆地区。第二条路是企业升级，这不仅包括企业产品的升级换代，以获得更高的产品附加值，也包括企业向价值链两端延伸的升级，即从单纯制造移向上游的研发和下游的品牌推广与服务。第三个条路其实就只能是维持现状并最终被市场所淘汰。

二、中国企业要在危机中勇敢突围

企业竞争犹如赛车，在直线赛道上飞驰时难以体现差别，唯有在转弯过程中才是考验车手智慧与勇气、评判赛车性能的最好时机，因为只有好的车手和赛车才能在转弯时超越对手，赢得胜利。企业在经历变化，与对手同处于动荡环境的时候，才是检验其经营实力和企业家意志的最好时机，对危机有所预计并已提前做好准备的企业往往能抓住机会，甩开对手。据2008年10月29日《中国新闻周刊》汇总的数据：上半年国内已经有6.7万中小企业倒闭。而在中国深圳，一些高新技术企业竞争实力相对较强，具有一定的抵御金融风暴的能力。2008年前三季度，深圳市高新技术产品增加值1771.9亿元，占全市工业增加值的60%以上。本土高新技术企业继续保持较高的增长速度，成为深圳市高新技术产业的中坚力量。例如，2008年前三季度，华为技术有限公司实现产值817亿元，增长50%；中兴通讯实现产值270亿元，增长23%。2012年高新技术产品增加值2820.00亿元，增长12.1%，占GDP比重30.9%，回落3.9个百分点。高技术制造业比重上升。前三季度先进制造业和高技术制造业增加值分别为2593.77亿元和2107.3亿元，分别增长4.6%、7.9%，占规模以上工业增加值比重分别为71.0%、57.7%。深圳企业在危机面前表现较好，就是因为产业升级抓得早，因此，应对金融危机就有了准备，也有了突出重围的能力。面对全球经济环境的变化，中国企业转型升级的压力越来越大，在危机来临的时刻，中国企业要勇敢突出重围。

第二章 亚洲新兴经济地区企业转型升级的经验

第一节 台湾半导体企业的高级代工之路

从 20 世纪 50 年代开始，我国台湾地区进入了以出口为导向的经济发展时期，由加工出口带动岛内经济实现了 20 多年的飞速发展。正当人们开始憧憬着台湾迎来"发达经济"的美好时代时，台湾工业发展遭遇了巨大的转折。20 世纪 80 年代中后期，台湾在劳动与能源密集型产业上逐渐失去了比较优势，台湾企业面临土地、原材料以及人工成本迅速攀升的巨大压力。加之政策环境的不明朗以及东南亚国家和中国大陆的后来者居上，使得台湾企业的发展捉襟见肘。当时的台湾企业所面对的困境正是我国企业现在所需要解决的问题。当时的台湾企业家纷纷作出战略反应，有一部分台湾企业在本岛难以为继，转移到拥有更低廉劳动力资源的中国大陆。有些台湾企业选择就地升级，提高产品的附加价值和企业的竞争能力，为企业赢得了新一轮的发展，而另外一些企业则面临倒闭的威胁。当时的台湾当局果断决定除继续发展轻纺织工业、重化工业外，着重发展了电子、通讯、半导体（IC）、精密器械、医疗保健等技术密集型产业，由此进入新的工业升级时期。[①]

台湾企业的升级带有明显的加工贸易型企业升级模式的痕迹，多数后起者的扩张战略选择顺序是代工升级优先，跨行业代工次之，自主品牌再次之。[②] 自主品牌是对企业生产规模、研发以及管理能力的综合考验，是升级的较高层面。更多的企业选择代工升级的方式以求得生存，如富士康、台积电、台联电等。这些企业虽然是代工企业，但由于其技术含量高，已经处于产业链的重要位置，能够获得较高的附加价值。在具有一定技术实力的行业，一些企业也通过由国际代工转为自创品牌实现了企业升级，比如自行车行业中的巨大集团，以及电脑领域的华硕、宏碁等。现在

[①] 陈朔、冯素杰：《产业结构优化升级中几个问题的国际经验和启示——以日本、韩国和我国台湾地区为例》，载《经济问题探索》2008 年第 3 期。

[②] 瞿宛文：《台湾后起者能借自创品牌升级吗》，载《世界经济文汇》2007 年第 5 期。

这些品牌都具有一定的世界知名度，是台湾企业的标签。它们有些是在企业家的创新意识主导下进行的主动升级并创立优质品牌，有些则是受到盈利模式和成长空间所限而进行的被迫升级。其中，台湾半导体产业是最能体现全球价值链特性的典型行业，也是在过去30年中带动台湾地区经济转型的重要产业。台湾半导体企业的升级走的是一条高级代工之路。

一、台湾半导体企业发展的五个阶段[①]

台湾半导体企业的发展，从20世纪60年代的外资投资设立封装厂开始，而产业发展历程可分为1966—1973年的萌芽期、1974—1979年的引进期、1980—1995年的成长期，并在1996年以后进入产业的扩张期，以及第五阶段的产业成熟期。经历近30多年的发展，台湾在半导体晶圆材料、光罩制作、电路设计、制造、封装及测试等相关领域，已逐渐建立自主的技术能力。[②]

（一）第一阶段：台湾IC企业的萌芽期（1966—1973）

1966年，美商通用仪器在高雄设立高雄电子公司，从事晶体管的封装业务，首先在台湾引进IC的封装技术。后来又有包括德州仪器、飞利浦建元电子公司等多家外商在台湾设厂。这些外商的涌入，为台湾带来了IC封装、测试及品质管理技术，为台湾IC产业发展奠定了初步的基础。这段期间内，台湾IC产业主要由IC封装厂商所组成，结合台湾本土企业开展初步的研究工作。1964年，台湾交通大学开设了IC实验室，并将IC课程作为教学的重点，当时也只有台湾交通大学的IC实验室具备制作半导体的实力，但这对于培养台湾IC技术人才作出了重要贡献。目前，台湾IC产业重要的领导研发人才大多来自台湾交通大学，这是台湾IC产业能顺利发展的重要因素之一。

（二）第二阶段：企业初生期（1974—1979）——技术引进与衍生创新（OEM与ODM期）

1974年，世界IC产业的发展方兴未艾，对于其他相关产业的影响力

[①] 参见刘常勇、刘阳春：《产业转型升级的技术与市场生命周期——以新兴经济的高科技产业为例》，载《中山大学学报（社会科学版）》，2009年第1期。

[②] 台湾集成电路公司——晶圆代工的领导者，刘常勇/台湾中山大学企业管理学系教授（cm.nsysu.edu.tw/~cyliu/case/case10.doc）；更多资料可参见《盘点中国十大集成电路与分立器件制造企业》，http://www.eepw.com.cn/article/256113.htm。

也逐渐增强，但当时的台湾并未形成所谓的IC制造产业。这一阶段的台湾产业发展战略是由政府主导，通过向国际先进大厂引进技术，衍生成立科技公司，并经过市场的检验，从而初步形成IC产业。为使台湾电子工业能够持续朝向技术密集方向升级发展，在1974年时，台湾工业技术研究院成立电子工业研究中心，从美国无线电公司（RCA）引进7微米IC生产技术，设置IC示范工厂，积极引进制造技术并转移至民间。这一阶段，台湾的IC生产技术尚属于模仿学习期，衍生成立联华电子公司的产品避开先进大厂的主流市场，而以附加价值较低的区域市场为发展对象。

（三）第三阶段：企业成长期（1980—1995）——技术改进与战略联盟（ODM期）

台湾工业技术研究院电子所掌握了美国无线电公司移转的生产技术并推出产品获得市场接受之后，继续进行电子工业第二期发展计划（1979—1983）、超大规模集成电路（VLSI）计划（1983—1988），以及次微米计划（1990—1994），从而逐渐奠定台湾IC技术发展的根基。

提高技术水平、拉近与先进大厂的技术差距，是企业在升级过程中不可避免的挑战。在这一发展阶段，除了执行当局持续委托研究机构进行研发，并衍生成立台积电等公司外，以代工出身的台湾IC企业还需要依赖国际大厂的先进技术授权与转让，才有可能将产品推进至国际主流市场，台积电与飞利浦以及宏碁与德州仪器的合资因此而产生。这一阶段的产业发展战略主要为运用政府资源力量推动技术改进，并采用国际战略联盟手段，获得先进技术授权，以进军国际主流市场，带动企业创新，因此是属于台湾IC企业的成长期。

（四）第四阶段：扩张期（1996年以后）——自主研发与产学研合作

1975年以前还是萌芽期的台湾半导体企业，在政府与产学研的积极推动下，经过20多年的发展，逐渐进入自主研发的企业扩张期。1996年全球IC市场遭受不景气的冲击，台湾企业由于产品结构均匀分布，IC产值反而有相当幅度的增长。尤其是IC晶圆代工的领域，在台积电与联华电子的领军下，占有全球六成以上的市场，进而引领IC产业进入战略联盟与专业分工的时代。到2005年，台湾全岛投入两兆新台币以上的经费从事IC晶圆厂的建设，当时是全球最积极发展IC产业的地区。

当台湾IC企业的技术水准已逐渐接近先进大厂时，技术引进与技授权难度增高，企业必须投入资源进行自主研发，方能保有国际市场的竞争力。由于自主研发先进技术所需要的资源与风险，往往非单一后进地区厂商所能承受，因此由政府出面推动产学研共同合作研发，将有助于提升整体产业的研发竞争力。这一阶段台湾 IC 产业逐渐进入市场扩张期，因此将以政府出面促成产学研合作进行自主研发为产业发展战略。

（五）第五阶段：产业成熟期——全球化资源重组与整合

当台湾 IC 企业个别厂商在技术研发与技术能力上已具备与先进大厂相同的竞争力，这时就需要以全球化眼光，进行资源重组与整合，进一步推进产业创新。在这一阶段，台湾 IC 企业发展已经步入成熟期，并成为全球 IC 产业的一部分。如何建立台湾 IC 企业的核心竞争能力，并与国际先进大厂合作进行全球化资源重组与整合，是这一阶段的发展战略。

中国台湾的 IC 产业结构与欧、美、日、韩等国比较起来显得非常特殊。美国 IC 厂多是由投资企业或是专业 IC 企业所主导，日本 IC 厂则由大型企业集团主导，在投资者背景上也造成美日 IC 产业性格的迥然不同（韩国的 IC 企业属于日本型）。台湾的 IC 企业从各方面来看都是由投资企业主导，较接近美国型。不过，台湾民间企业并不像美国，能够获得军事预算对技术研发的支持。台湾业者 IC 尖端技术的取得，主要由国际合作战略来达成（如表 2-1 所示）。

表 2-1 美国、日本、我国台湾 IC 产业的特征比较

	各 国 特 征
美国型	● 投资企业主导产业的建立，尖端技术多由军事开发取得 ● 已建立高效率的 CAD/CASE 等 IC 设计体制，在高附加价值的逻辑 IC 产品上占优势
日本型	● 企业集团主导产业的建立，通过政府大型项目奠定产业基础 ● 企业集团中拥有使用半导体的部门，并精通半导体的应用。由于企业集团规模庞大，丰富的资本足以进行大型的研究开发与投资，在量产内存 IC 上占优势
中国台湾型	● 投资企业主导产业的建立，透过国际战略合作获取尖端技术 ● 在成本控制与管理上占优势 ● 产品适度分散于内存 IC、ASIC 芯片、代工业务等，整个产业均匀稳定

资料来源：野村总合研究所，转引自刘常勇：《工业科技项目最是移转模式之研究》，国科会专题计划研究成果报告（1993），NSC82-0310-H-110-008。

二、台湾半导体企业竞争力获取的源泉

（一）以制造为中心，加之上下游的设计、封装、测试以及其他外围产业之间相互配合，其共同构成的产业分工网络是台湾半导体企业能够以小搏大、创造国际竞争力的主要原因

历经数十年的努力，台湾的半导体产业已初具国际竞争规模，并形成独特的产业分工结构。台湾半导体产业采取高度分工路线，将制造与设计、封装、测试等分离，每个企业担当了不同的功能，这与日本、欧美等先进工业国的垂直整合经营方式大不相同。这些发达国家的企业通常都包括设计、制造、封装、测试、营销与系统发展的功能，而台湾企业根据自身的条件，在高度分工的情况下集中力量对重点领域的技术、产品、流程进行改进，增强自身的竞争力。IC 产业早在 20 世纪 80 年代初即为台湾当局规划为重点支持的战略性工业之一，也是台湾新兴科技产业发展中最成功的案例。

（二）良好的产业集群配套环境与适当的企业经营战略，是台湾 IC 企业实现升级的关键因素

在激烈的市场竞争下，产业集群、园区已经成为企业发展的重要载体。台湾新竹科学园区的设立为台湾 IC 企业的成长提供了土地、水电、通讯等良好的基础设施以及单一简便的行政窗口，让园区内厂商能够专心于产品与技术开发。众多厂商群聚在此，透过彼此之间的支持与良性竞争，在完成原始积累的情况下开始技术创新，并对自主品牌的建立作出尝试。后来，半导体产业的台湾南部科学园区在新竹科学院的基础上发展起来，也循着同样的模式，带动着台湾南部科技产业的发展。

（三）半导体企业的技术创新源头：工业技术研究院

回顾过去台湾半导体产业的发展，台湾工业技术研究院（以下简称工研院）电子所扮演着十分重要的角色，同时也是台湾许多半导体厂商发展的源头。1974 年 9 月，工研院内设电子工业研究中心（工研院电子所的前身），开展"集成电路示范工厂设置计划"，引进半导体制造技术并将其转移至民间。1979 年电子工业研究中心改制为电子工业研究所，使得台湾 IC 制造业初步具备完整的生产技术能力。工研院电子所在完成电子工业第一期 IC 示范设置计划（1975—1979）以后，接续进行电子工业第二期发展计划（1979—1983）、超大规模集成电路（VLSI）计划（1983—1988），以及次微米计划（1988—1994），从而逐渐奠定台湾半导体技术发

展的根基。由于电子所执行科技项目计划的目的并不在于营利,而是希望藉由建立的技术来培植民间的半导体工业,因此在政府主导与工研院的配合下,陆续将研究成果转移民间,成立联华电子、台湾集成电路、台湾光罩、世界先进集成电路等衍生性公司,从而从技术创新的角度促成台湾半导体产业的升级发展。

(四) 台湾的企业家精神

台湾企业家积极开展基于关系网络导向的企业活动。除了基于生产流程、产品品质、管理能力、技术研发等方面的提升带动企业升级、推动企业创立自主品牌以外,台湾企业的自主品牌意识更是体现了企业家的创新意识和进取精神。台湾是企业家精神最活跃的地区之一,而半导体产业由于其技术的更新速度快、周期性短是最能体现企业家精神的产业。台湾的委托加工方式是一个由合约与小老板构成的关系结构,不仅促进了台湾出口导向的工业化发展,也为台湾人创造了很多自立门户的机会①。而且台湾多数的老板是独立的中小企业主、董事长兼总经理,擅长运用个人关系来达成企业目标。台湾社会复杂的人际网络,尤其适合合伙导向、关系导向的企业活动②,所以台湾企业家通常会通过相互沟通以促进企业间的交流,为企业带来赢利机会。对于这些半导体类型的企业,台湾企业家的关系网络从本土的台湾交通大学到美国硅谷的大厂,如惠普、英特尔等。台湾企业家在出口时期能够抓住机遇,通过不断的学习,融合海外技术,依靠资本的积累为自创品牌奠定坚实的基础。

后进地区企业家具备"适应性企业家精神"。奥地利经济学家熊彼得指出,企业家的任务是"创造性的毁灭"。他认为这便是企业家精神的实质,即革新。特别是对于经济后进地区的企业家来说,全面的革新未必能满足企业升级的需求,他们更需要的是"适应性企业家精神":增加产品的使用功能,在前人的基础上改善创新,增加产品特质,以增加市场销售;提供某些市场上尚未出现或不足的商品;对现有市场提供更完善的服务;等等。③ 这种企业家精神是建立在现有基础上的更新与完善。显然,适应性企业家精神与我们通常所说的"创造性的毁灭"的企业家精神大相

---

① Shieh, G-S. "Boss" Island: The Subcontracting Network and Microentrepreneurship in Taiwan's development. New York: Peter Lang Publishing, 1922.

② Namazaki, I. The Laoban-led Development of Business Enterprises in Taiwan: An Analysis of the Chinese Entrepreneurship. The Developing Economies. 1997, 35 (4): 440-457.

③ 余赴礼、陈善瑜、颜厚栋:《企业家精神与台湾之经济发展》,载《创业管理研究》2007年第2卷第1期。

径庭,而这种更加温和的企业家精神对于后进地区的企业家更为重要。

台湾企业家富有使命感,关注全岛产业发展。素有台湾 IT 教父美誉的宏碁创始人施振荣先生是台湾企业家的典型代表。他的"微笑曲线"和"传贤不传子"的思想影响了一批又一批的企业家。从宏碁退休的施振荣先生不仅关注企业发展,并且以全台湾的产业发展为己任,投入到"品牌台湾"的计划中,帮助台湾本土品牌走向国际市场。施先生还创办虚拟学院,致力于培养台湾年轻人的品牌意识和国际化视野。在台湾,像这样关注全岛产业发展、具有使命感的企业家不在少数。笔者于 2008 年 11 月在台湾楠梓加工区拜访了华致资讯开发股份有限公司,该公司的王金秋总经理在介绍企业经营经验时所表现出的对台湾产业发展趋势的关心和关注也让人记忆深刻。

综上所述,台湾 IC 产业的成功可归纳为如下因素:①新竹科学园区设置与五年免税的优惠措施,提供了良好投资环境与较低的投资风险;②良好的生产制造能力,在国际竞争中具有质量与成本的优势;③相对国际大厂而言,台湾 IC 厂的固定投资、管理费用、研发支出均较少,产业周边分工配套齐全,轻薄短小决策程序短,经营者多具创业家精神,能够较灵活地因应市场需求的变化;④能够充分、实时地利用国际资源,包括海外人才、国际大厂的技术、海外市场信息的获得、国际战略联盟;⑤多元化的产品结构与技术来源,以及快速的市场反应能力,可大幅降低市场变动的风险;⑥拥有世界第三的计算机信息产业,创造约全球 6% 的 IC 需求量,因此也造就了 IC 产业的发展基础;⑦台湾企业家独有的优良的企业家精神和产业使命感。①

三、台湾企业从专业代工向产业链整合的转型升级过程

(一) 台湾积体电路制造股份有限公司(简称台积电)的成立②

20 世纪 80 年代初,韩国三大集团开始争夺集成电路的全球市场,希望在这最具潜力的产业上分一杯羹。而台湾的电子工业虽然在台湾当局大力支持之下比韩国更早开始引进集成电路技术,但是当时除了联华电子生产消费性电子芯片以外,半导体产业几乎还是一片荒原。台湾当局随即决定在台湾工业技术研究院电子所设立超大规模集成电路实验工厂以与韩国

---

① 更多资料可参见毛蕴诗、吴瑶著:《中国企业:转型升级》,中山大学出版社 2009 年版。
② 由台湾积体电路制造有限公司资料整理而成,更多信息可参见台湾积体电路制造有限公司网址 http://www.tsmc.com/chinese/aboutTSMC/index.htm。

企业展开竞争,而这个大规模集成电路实验工厂就是以后台积电的前身。

在台湾当局支持以及有台湾半导体教父之称的张忠谋的努力下,台积电募股终于顺利完成,并于1987年2月正式成立台湾集成电路股份有限公司。1991年台积电计划筹备上市,张忠谋多次到荷兰与飞利浦总裁洽商,飞利浦最终同意放弃某些特权条款,台积电因此得以上市,并开放员工认股,后来还成为最受台湾大学毕业生向往就业的公司。

自从台积电走上独立自主之路,成为以台湾为基地的专业半导体制造代工公司,一度针锋相对的两家公司也变为密切的合作伙伴。飞利浦既是台积电的客户、股东,也是技术合作上的伙伴,台积电更是飞利浦全球投资中利润最高的一个客户。1997年,飞利浦荷兰总部决定卖出手上全部的台积电股权,市场人士估计价值将高达千亿新台币以上。

台湾积体电路制造股份有限公司总部位于台湾新竹科学工业园区,是全球规模最大的专业集成电路制造服务公司。台积公司拥有2座十二英寸晶圆厂、5座八英寸晶圆厂,以及1座六英寸晶圆厂,同时也拥有来自3家转投资、合资公司的产能支持,包括两个百分之百持有的转投资公司:位于美国的WaferTech公司、位于大陆的台积电(上海)有限公司,以及在新加坡与飞利浦半导体公司所合资成立的SSMC(Systems on Silicon Manufacturing Company)公司。台积电的第一座十二英寸晶圆厂(晶圆十二厂)于2002年1月开始量产,是全台湾首座十二英寸晶圆厂。2007年台积电的总产能超过800万片约当八英寸晶圆,全年营收约占专业集成电路制造服务领域的50%。2002年台积电公司成为第一家进入"全球营业收入前十大的半导体公司排行"的专业集成电路代工服务公司;此后,台积电在该项排名中的名次不断提高。根据IC Insight在2008年3月发表的报告,台积电在2007年已经成为全球第六大半导体公司。此外,台积电在芯片代工领域更是占有绝对的霸主地位。根据市场调研机构Gartner的统计,在2006年的芯片代工市场上,台积电继续保持领先地位,并拉大了与其他竞争对手的距离,紧随其后的是台湾联华电子。①

(二)台积电专业代工之路的主要特征

1. 严明而创新的企业文化

台积电董事长张忠谋告诫同事:落实企业文化是首务,包括诚信、以客户为伙伴、创新,要在企业各个角落、各项制度中实现。台积电高层管理人员从不讳言,再造要来自高层,再造更需要彻底。行事严格的张忠谋

---

① http://news.ccw.com.cn/chipProduce/htm2008/20080805_478205.shtml.

更不讳言，台积电纪律严明、要求严苛。不仅高层主管在会议里会被董事长、总经理严词诘问，各阶层主管对部属未尽周详之处，也需要严格检讨。张忠谋认为，环境舒适会使员工懈怠，痛苦才能成长；还认为往日台积电以技术为主导，现在必须以客户为主导，也就是将生产本位转为服务本位。

2. 强大的研发实力，坚持技术领先战略

和台湾传统企业经营模式不同，台积电极为重视战略规划与科学管理，必须详细收集全球市场信息，评估竞争者的策略与优劣势，然后拟出经营计划与竞争策略。台积电一面招揽生意，却不忘奠基打桩，广建规章制度，打下国际大企业架构。即使营业额达到12亿、100亿或300亿新台币时，台积电始终未曾松懈。纵使获利率达50%后，张忠谋仍然提出各种题目，设定各种经营指标，要求台积电同事向英特尔看齐。他认为财务数字只是结果，不能真正反映企业竞争力，经常在会议中告诫同事：不管景气好不好，赚钱不赚钱，主管的责任，就是建立竞争优势，要使台积电永远保持全球晶圆代工业的领导地位，让其他竞争者远赶不上来。

先进的生产制造技术是台积电持续保持领先地位的重要原因之一。台积电掌握技术发展前缘，在生产制造技术的发展上，不断地向先进国家看齐。台积电已加入美国半导体I300I联盟，掌握十二英寸晶圆的发展技术。2007年，台积电更是成为全球首家将45纳米先进制造技术导入量产的专业集成电路制造服务企业。2007年，台积电公司在专业集成电路制造服务领域中以47%的市场占有率持续保持领先地位，即使面对既有竞争者及新进竞争者的挑战，市场占有率仍高出最接近的竞争者的一倍以上。台积电2007年研发支出达新台币179亿元，研发团队人力则成长14.5%，并于2008年继续投入大量的研发经费（如图2-1所示）。

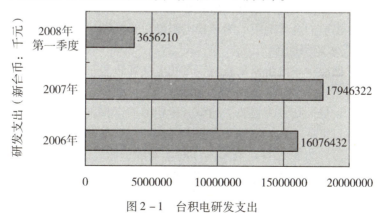

图2-1 台积电研发支出

3. 改变营销方式，与客户建立伙伴关系

台积电将营销的定义改写为：不是推销商品，而是研究如何与客户建立伙伴关系；既运用现代信息科技，也用古老艺术倾听客户需求，上自董事长、下至工程师，都得听客户的声音。台积电备有大批人马，收集产业及企业动态、最新技术，每年举行技术研讨会，与客户分享信息。台积电研究出全面而庞大的系统，让客户能更迅速完成设计，早日推出产品制胜。营销人员不但要研究客户现在的需求，还要收集客户未来的需求，使公司各部门都能及早作出回应，他们有如天线，要最早接触到讯号。

一位台积电经理人员指出：与客户并肩努力，伙伴愈挑剔，技术愈难做，却愈能锤炼台积电的竞争力。在晶圆制造业中，台积电首先研发出0.35微米产品。为了服务伙伴，有时必须牺牲自己的某些利润。台积电成立初期，就自力成立光罩部门，不仰赖唯一的光罩厂——台湾光罩，帮客户省时。当年结合电子所研发人员成立的光罩部门，现在已具国际竞争力，杜邦公司有意与其合作，但台积电坚持光罩部门要留给客户使用，不能跟别人合作，也不能租给其他厂商使用。与客户建立伙伴关系的能力，显然成了台积电新的竞争力。

4. 吸收一流人才

台积电决心吸收到国际、国内一流人才。台积电拥有100余位博士、800个硕士，人才储备在台湾企业中排第一位，高层人员不但大部分为博士，而且都从美国大企业，如惠普、IBM、英特尔等管理阶层归国，能够汇集各精华企业经验，用于台积电。张忠谋说：台积电在全世界建立的分公司，都要以当地人为企业的领导人。晶圆科技一开始就确立由美国人经营、美国人管理。晶圆科技有400多人，不但背景相异，从各大半导体公司来的都有，更有不同种族、不同文化的各种人才，只有这样才能吸收到一流人才。台积电挑选技术背景但有营销潜力的人，施予训练，大幅扩充营销团队，用他们全球的眼光为台积电提供决策参考。

5. 低成本竞争优势

当客户抱怨台积电价格太高时，台积电与客户坐下来，研究如何节省成本。例如，客户以前要运到东南亚进行的测试业务，台积电帮他们找合适的厂商，让他们在台湾包装、测试。台积电的工程师很有生意头脑，知道如何帮客户省钱。台积电的一位客户Adaptec副总经理狄格说，他们经常与在无尘室、头脸包着、不见天日的工程师接触。Adaptec为了缩短制造时间，与台积电合作设计一套信息系统，使设计图样能更快速流通、更改，使得本来要58天的工作缩短到32天，台积电将要把此系统推广到其他客户上。晶圆厂投资庞大，晚开工一天，就多付一天利息，积压现金一天。

6. 速度是重要的制胜秘诀

客户都身处高科技环境,发展稍有不慎,有可能随时会倒闭,而大客户一旦处于危机中,台积电也不可避免地会受到影响,因此既要稳住旧客户,又要开发新客户。而其中关键就是在时效上给客户带来价值。倾听客户的需求价值,做到质量好、时效快、技术新。要达到这个目标,跨国企业能将工作时间从 8 小时、12 小时延长到 24 小时,让效率倍增。正如摩托罗拉在美国和印度同时拥有一批工程师,美国工程师在下班前,将今天完成的设计图传给在印度的同事继续完成,这样就可以 24 小时工作。同样地,台积电在美国的客户将问题反映给美国公司,当美国正是夜幕降临,大部分人都已下班的时候,在美国的台积电员工仍要斗志高昂,展开第二班工作,他们隔着太平洋与台湾新竹的台积电总部进行联系,帮客户催芯片、转达客户需求、共同想出方法来解决客户所提的问题、缩短客户的等待时间。

7. 提供多样化服务

除了提供先进技术,台积电还提供创新服务,持续与客户建立良好的伙伴关系。企业不但要提供多样化服务,更要提供与竞争者截然不同的服务。例如,虽然为晶圆代工制造商,台积电已超越制造范围,从客户的第一步开始,肩并肩与客户一起做。由于半导体设计日益复杂,台积电的电子图书馆有通用的设计模块供特定客户使用,客户不必从头设计,可以缩短设计时间和上市时间,更节省设计师薪酬。此外,台积电的电子网络还提供专利方面的服务。刚开始,台积电只是把自己的专利项目开放给客户使用,发展到后来,台积电通过购买专利供客户使用。半导体设计最怕触犯专利,台积电解决了客户最头痛的问题。

当一个企业的市场由小变大后,企业必须提供多样化服务。不管在台湾新竹、在硅谷、在欧洲,台积电都以强硬严谨著称,但是对客户却采取柔性诉求,尽量满足客户需求。例如,往日台积电产能运转率一定要达到 100%甚至 120%,以达到最大效益。现在台积电愿意将产能运转率降到 85%、90%,给客户多一点弹性,可以修改生产流程,或客户有需要赶着上市的产品,可以有多余的产能符合其需要。2007 年,台积电公司推出多层综合光罩(Multi-Layer Mask,MLM)服务,让客户能在单芯片与多芯片试制验证或小量生产上拥有最大的弹性效益;并推出最新一代设计参考流程 8.0 版(Reference FlowTM 8.0),更有效地降低次品率,降低风险,并改善设计空间(Design Margins)。

8. 建立广泛的战略联盟

台积电在 1997 年 3 月宣布与台湾日月光公司就市场营销、研究发展、生产及客户的售后服务等各方面建立广泛的战略联盟,这将是全球最大的晶圆代工厂与全球第二大的半导体封装厂所进行的联合。这个战略联盟是台积电所提倡的虚拟晶圆厂理念的实践。通过与日月光公司的合作,双方的客户均可取得集成电路制造的整体服务。

9. 为客户提供省钱省时的虚拟晶圆厂

自从1997年起的10年内,半导体代工产业的竞争越演越烈,晶圆代工进入了十二英寸晶圆和0.13微米时代,一个晶圆产品开发的成本动辄上千万美元。产品开发的成本高昂,对客户来说更需要省钱省时的晶圆代工厂。客户的需要就是代工厂商的任务,台积电开始由制造业延伸到更高附加价值的服务业,提出了"虚拟晶圆厂"(Virtual Fab)的概念,希望能达到以最快的速度和最低的成本提供高品质的产品,帮助客户获得利润。虚拟晶圆厂是指提供代工服务的厂商能够整合其周边与下游配套资源,提供顾客整套的服务,并追求高度的顾客满意度。进入虚拟晶圆厂的信息平台,客户可通过因特网连结到台积电的内部网络,即时追踪芯片的生产进度与次品率情况,从而降低生产成本和缩短产品上市的时间。①

虚拟晶圆厂的优点有以下两点:①客户在委托代工的情况下,仍可从代工厂内完整得到其产品的制造过程,可充分掌握订单质量及生产状况。②对代工厂而言,可藉由战略联盟或合作投资,以分散投资风险,共享经营成果。台积电力求在响应时间、机密性、量产弹性、封装测试服务、知识产权、产品技术服务与技术信息提供上,让客户感觉有如自己拥有晶圆厂一样方便。

(三)从专业代工向产业链整合的转型

由于金融危机导致客户订单减少,代工龙头台积电也遭受冲击,2008年11月,台积电的销售收入同比上年降低了34.0%。台积电采取强化成本控制与节省资本开支的收缩政策度过危机,但这种收缩政策并不意味着台积电将淡化生产与研发的布局,台积电的CFO兼发言人何丽梅、全球业务及行销副总裁陈俊圣、CEO蔡力行、董事长张忠谋均表示他们将这一危机视为拉大与对手差距的机遇。在最新十二英寸工厂的现场,工人正在加紧处理,已经进入封顶阶段,该厂年前有望搬进机台,2009年准备正式量产,产能规划超过6万片/月。而且,该厂还承担着未来32纳米、22纳米以及15纳米工艺的研发,属于台积电长远战略的重要部分。此外,台积电南科厂正在强化生产布局,而上海松江厂在增加二手设备后,产能已

---

① 江逸之:《台积电虚拟晶圆厂》,载《远见》2004年2月号。

明显提高。对于度过这次代工严冬，台积电早有准备。从 2007 年开始，台积电已经开始由单纯的代工模式向整体运营的方式进行转变。台积电代理发言人曾晋皓表示，全球半导体业已经从高速增长转向平稳增长，这将促使代工企业从专注于生产转向产业链整合。过去多年，台积电一直在生产环节周围布局，已拥有整合设计、生产及服务的能力，甚至已延伸到标准制定阶段，非常近似英特尔 IDM（整合器件制造商）模式的雏形。① 而陈俊圣从英特尔转投台积电，被普遍认为是台积电为"由单一芯片代工转向 IC 产业链整合"做准备。因为在英特尔，陈俊圣也是一个"IC 产业链整合"高手，无论是芯片还是芯片组的设计、制造、封装测试都是自己一手包办。②

台湾已由过去勤奋廉价的代工模式转化为客户提供智能化、多元化的创新服务模式。而我国大陆地区的代工企业大多只是单纯的来料加工，受外界影响的波动较大，在危机面前显得不堪一击。随着全球竞争的加剧，以往代工市场上供不应求的状况已成为过去，各代工厂商之间开始产生杀价竞争的局面。而由于代工厂设备闲置的成本相当高，为了填满产能，有些厂商甚至降价达 50% 以争取客户。在如此激烈的竞争下，代工市场已是硝烟弥漫，厂商间的竞争到了白热化。所以对于那些不具备自主品牌能力的代工厂商而言，从单纯的生产加工向专业化的高级代工的转型显得尤为重要，台湾的台积电和台联电为我们提供了很好的范例，它们的专业代工之路是从自主研发的技术、优秀的人才、满足客户需求的服务、系统的解决方案、国际领先的质量、快速的响应时间以及不断创新的思维等方面所做的努力。如果代工企业不能适应新的局面，必将退出竞争的舞台。

第二节　韩国企业由技术创新实现转型升级——从小作坊到大集团

经过短短 30 余年的发展，韩国由一个传统、落后的农业国一跃成为拥有众多知名的国际型企业集团的新兴工业国，并向着发达国家的阵营迈进。正是在这 30 年里，韩国实现了西方发达国家需要一个多世纪完成的工业化和城市化进程，造就了举世瞩目的"江汉奇迹"。在这一过程中，韩国企业得到了长足发展，特别是韩国的企业集团和大中型企业，从六七

---

① 参见《第一财经日报》，2008 年 11 月 5 日。
② 参见《中国经营报》，2005 年 2 月 19 日。

十年代至今发展迅猛,在韩国经济发展中具有重要的地位①,韩国经济的发展是韩国企业飞速成长所累积的结果,韩国的半导体产业、汽车产业等在国际舞台上都拥有举足轻重的地位。韩国企业在发展过程中也遇到了诸多阻碍,但有一部分企业能够抵御一次又一次的危机,并在危机中获得成长,由一家家私人小作坊成长为大型国际财团,铸造出集生产、经营、贸易、投资、管理、人事等于一体的企业王国。在1993年世界100财团排行榜中,曾经是世界最贫穷国家之一的韩国就有5家企业集团上榜,分别是三星、现代、大宇、LG、鲜京。②

面对2008年的金融危机,韩国的企业集团采取了积极的应对措施,主要是增加投资和改革经营。2008年第二季度,三星的DRAM半导体占有率超过了30%,预计第四季度市场占有率将提高到35%。据报道,三星集团的高层领导接连出访海外,积极考察在因不景气而被低估的技术和企业,正在考虑收购。从LG集团的情况来看,尽管从2008年6月开始,LCD价格持续下降,但LG Display正在新建、增建坡州工厂第八代生产线和龟尾工厂第七代生产线。LG电子晶片领域子公司Siltron也在增加生产设备工作,以便使龟尾第三工厂的300毫米(十二英寸)晶片的年产量从25万张增加到35万张。现代起亚汽车今年汽车销售计划达到480.5万辆,销售额达118万亿韩元,同比分别大幅增长21.1%和14.6%。为实现目标,现代集团首先高度重视技术研发,提高质量,全力打造高级品牌,年内汽车研发投资3.5万亿韩元,比上年的2.59万亿韩元增长35.1%。③ 韩国浦项制铁公司(POSCO)计划在2012年将浦项和光阳制铁所的年生产能力大幅提高到1000万吨左右,并将资金投向乌克兰和马达加斯加等地的铁矿石矿产。乐天和新世界集团计划将国内外百货商店和超市网络大幅扩大。全国经济人协会专务李承哲表示:"韩国半导体行业成为世界第一位是因为在不景气时率先进行投资。尽管世界经济走向并不明朗,但今年韩国大企业的投资将会加快步伐。"④

对韩国的迅速崛起以及韩国企业的高速成长,不少经济学家及学者从各自不同的研究领域进行观察和分析,并著书立说。⑤ 目前,我国正处于

---

① 陈小小、王长平:《韩国企业集团的特点及其发展趋势》,载《国际贸易问题》1998年第2期。
② 王晖、杨则瑞:《世界100财团排行榜》,中国经济出版社1999年版。
③ 参见《经济日报》,2008年8月19日。
④ 《朝鲜日报》,2008年10月7日。
⑤ 崔松虎、金福子:《从模仿到创新——以大德的进化过程看韩国的技术追踪之路》,载《生产力研究》2008年第4期。

第二章 亚洲新兴经济地区企业转型升级的经验

工业化和城市化的起步阶段,与韩国企业在20世纪70年代所处的环境类似,韩国企业的升级路径,特别是从小企业到大集团的成长过程,为我国企业的发展提供了很好的参考。

一、韩国企业转型升级的五个阶段

(一)进口替代阶段(20世纪60年代以前)

20世纪60年代以前,刚刚经历过战争破坏的韩国"一穷二白",被认为是世界上最贫穷的国家之一,现在跻身于世界500强的浦项钢铁厂,当年被世界银行认定为"没有可行性"而拒绝贷款。[①] 由于战争的破坏,使得韩国经济处于萧条状态,面对缺少资源和资本技术实力的形势,韩国实施了进口替代发展战略,重点放在消费品工业的发展上,以销售美国援助的物质来积累资金,满足内部消费需求,稳定经济和社会,这一政策对当时经济恢复起到了一定的作用。

(二)劳动力密集型的出口导向阶段(20世纪60年代)

由于韩国长期的内向型经济发展,依赖进口原料进行生产,导致韩国国际收支逆差逐渐拉大,韩国政府决定将国内经济发展方向由进口替代转化为出口导向,鼓励和培育国内优秀产业的发展,推进国家的工业化和城市化进程。韩国在1962—1971年选择轻纺工业作为优先发展的行业,推动企业从事低廉劳动力的纺织产业,鼓励纺织产品出口。一些企业家敏锐地捕捉到经济发展方向,积极响应国家政策,一批以生产纺织产品为主的小作坊式的企业在这一阶段兴盛起来。

(三)资金密集型的重化工企业发展阶段(20世纪70年代)

出口导向型的产业政策带来了韩国经济的飞速发展,也为韩国企业带来的丰厚的资金积累。但韩国已不满足于纺织类轻工业所带来的经济增长,而是通过积极调整产业政策,明确发展资金密集型的重化工业。1973年,韩国发布了《重化工宣言》,向造船、钢铁、汽车、电子、石化等重化工业倾斜,城市化进程开始加速。重化工业的发展成为推动韩国经济持续高速增长的主力军,带动韩国的产业结构更趋优化,实现了产业升级。由于韩国相关产业规模的扩大,导致市场结构发生明显变化。

---

① 朱乃新:《找准转变经济发展方式的视角——以韩国经济转型升级为例》,载《群众》,2008年第6期。

（四）技术密集型企业发展阶段（20世纪80年代以后）

20世纪80年代以后，随着全球经济技术环境的变化、科技革命的兴起，韩国提出了"科技立国"的战略口号，将发展重点调整为技术密集型产业。在这一阶段，韩国政府鼓励企业提高技术实力，企业也加大了对研发的投入。特别是在纺织、水泥、石化、钢铁、家电、汽车、造船等传统行业领域，企业纷纷开展技术改造和升级。此外，韩国还将发展的目光投向了精密化学、精密仪器、计算机、航空航天等高技术产业，鼓励大型企业集团开展高科技领域的研究，并给予相应的扶持。政府对信息、新材料、生物工程等新兴产业的重视，加上企业积极的技术革新，使韩国企业上了一个新的台阶。

（五）高技术化阶段（20世纪90年代后）

经历了亚洲金融危机洗礼的韩国企业意识到过度的多元化和扩张给企业带来的巨大风险，在政府的主导作用下，企业实行了重组，为大企业集团"瘦身"，使之能够更加灵活地应对快速变化的全球市场环境。韩国顺应世界信息化浪潮，确立了产业结构高技术化的发展方向，重点抓住以大集团企业为中心的产业组织结构调整，与此同时，还着重增强了对中小企业自主开发和创新能力的培育，在资金、税收、用地、技术指导等方面给予积极支持和帮助，并积极推进产学研合作，形成了良好的技术创新氛围，大大增强了韩国产业的技术含量。[①]

二、韩国企业跨越式的技术升级模式：引进—模仿—改进—创新

引进技术的关键是能吸收先进的技术和新的知识，在此基础上跨越技术发展的某些阶段，开展自主创新，直接进入先进技术领域。在这种创新模式的过程中，企业可向发达国家的技术先驱进行学习，吸取它们的经验，能够在研发过程中少走弯路，让研发投入更有针对性。日本的汽车工业、韩国的半导体产业均是通过技术引进，吸收先进技术经验，避免重复的研发投入，实现技术跨越。通过技术引进吸收而实现技术跨越，成本相对较低、时间相对较短，这对于后发国家的企业来说是一种很好的选择。

韩国汽车企业的发展由最初的利用国外技术进行组装生产（1962—

---

① 徐冬青：《日韩两国产业结构演进与经验：对苏南地区经济发展的启示》，载《世界经济与政治论坛》2007年第6期。

1966年),到后来的通过技术改进进入国产化阶段(1967—1976年),借助大规模的国产化,韩国汽车企业的生产制造能力得到了很大的提升,并开辟了一定的国内市场,在实现了最初的资金和技术积累的情况下,韩国汽车企业加大投资开发力度,具备了一定的独立开发能力(1977—1982)。韩国企业积极研究探索,以生产开发韩国自己的汽车为己任,在汽车外观、性能等方面进行创新,在政府的推动作用下进入自主研发阶段。这阶段最具代表性的企业有韩国现代、大宇等公司,1986年,现代公司和大宇公司的技术研发费用占到总销售额的比重都在4%左右,已达到先进国家(3%~5%)的水平,现代约有2000多名研发人员,大宇约有500名研发人员①。伴随着韩国汽车企业技术含量的提高,企业把目光投向海外市场,在西欧、美洲、东欧、中亚、亚洲和大洋洲建立生产基地,在此基础上建立了海外生产体系和全球营销网络。

韩国半导体企业的技术跨越同样也是由技术引进开始,通过技术模仿、改进最终实现技术跨越的技术升级方式。② 由表2-2可以看出,韩国在动态随机存储器(DRAM)的半导体技术开发上比美、日等发达国家晚了4年,但韩国企业依靠惊人的追赶速度在1994年由三星电子推出了世界上第一块256M的DRAM,实现了技术跨越。韩国企业技术模仿的速度和取得的效果都是惊人的,它们的模仿主要是建立在"逆向工程"的模式上:通过解剖引进的产品,研究其内部结构和逻辑,在充分理解原有产品的基础上,寻找改进创新的可能。③ 在这一点上,韩国企业与日本企业的技术发展路径具有一定的相似性,甚至有的人认为韩国的技术都是"偷"来的。但正是这种"偷"来的技术为韩国企业实现技术跨越立下了汗马功劳。

表2-2 半导体 DRAM 技术差异的变化

	64K	256K	1M	4M	16M	64M	256M
美、日开发时间	1979年	1982年	1985年	1987年末	1990年初	1992年末	1994年中
韩国开发时间	1983年	1984年	1986年	1988年初	1990年中	1992年末	1994年初
技术差距	4年	2年	1年	6个月	3个月	同时	领先

资料来源:金麟洙:《从模仿到创新》,新华出版社1997年版。

---

① 刘希宋、邓立治、李果:《日本、韩国企业工业自主创新对我国的启示》,载《经济纵横》2006年第2期。
② 陈德智、陈香堂:《韩国半导体产业的技术跨越研究》,载《科技管理研究》2006年第2期。
③ 许稍稍:《三星靠什么超越索尼》,载《中外管理》2004年第7期。

三、韩国企业从小作坊到大集团的成长历程

经过几十年的跨越式发展,一批韩国企业从当初的小作坊成长为如今的大财阀、大集团,带动了韩国经济的飞速发展:从小规模的食品业起步的乐天集团目前是韩国最大的食品和流通业企业,2012年总销售收入达4575亿人民币;汽车领域的韩国现代企业集团现已成长为世界知名的汽车品牌,如今的产值为92万亿韩元(约合836亿美元),约占韩国国内生产总值的20%,出口额为221亿美元,占韩国出口总额的15.4%;由电子组装产品开始的三星集团是韩国最大的企业集团,是最具代表性的韩国品牌;拥有68年辉煌历史的LG集团,是韩国第三大企业集团;靠着一辆旧卡车起家的物流企业韩进集团如今在全球拥有21家分公司,总资产210亿美元,员工27000多名;以及全球最大的活性乳酸菌饮品制造商之一的YAKULT(养乐多)集团;等等。

(一)韩国三星集团:不断变革的企业

成立于1938年的韩国三星从最初的一家小作坊式的电子组装产品公司成长为一家世界著名的跨国集团,目前在全世界约70个国家拥有400多个据点和25万员工,业务领域涉及电子、石化、重工业、造船业等,其中以三星电子为其核心业务。2013年三星电子总销售额达到2167亿美元,净利润达到289亿美元,在2014年世界500强企业排名中位于第13位。此外,三星在中国市场也具有很高的品牌认知度,《北大商业评论》评选的最具价值消费品牌的排名中,三星位于第一位。以三星电子为例,1969年三星电子公司成立,便选定了当时最具市场潜力的家电和电子产品行业,但由于缺乏关键技术,三星电子在成立之初依靠组装低档12英寸黑白电视机和低档DRAM来打开市场,但三星电子并不甘心只做发达国家的组装工厂,它通过对组装产品的技术的拆解和学习,慢慢地掌握了黑白电视机的关键技术,并在此基础上开发出了适合韩国需要的改进版的经济型电视机。至此,三星电子的研发之路逐步铺开,其通过加大研发投入,使产品的技术含量不断增加,特别是顺应市场需求的变化,加快推出高附加值的电子产品,抢占市场先机,为三星的发展获得了速度和竞争的优势。在经济型电视机在市场上取得成功后,三星电子又陆续开发了14英寸彩色电视机(1976年)、微波炉(1979年)、家用录像机(1984年)、1M DRAM(1986年)、便携式摄录像一体机(1989年)等产品。三星在研发投入上毫不吝啬,每年都会投入大量资金用于新技术和新产品的研发。三星的研发中心遍布韩国本土以及全球,为三星的包括手机、平板、电脑、处理器以及相机等电子产品研发新技术。2012 年,三星在芬兰开设了一个研发中心,2013 年在硅谷开设研究中心。2014 年三星公司在研发上的投入占据其财政总收入的 6.4%,约 134 亿美元(约合人民币 823 亿元)。

在 1997 年的亚洲金融危机中,韩国企业也受到重创,包括三星、现代在内的大型企业集团面临生存危机,韩国财团也在危机中艰难度日。到 1998 年,在占韩国经济 80% 的最大的 30 家企业集团中先后有 7 家宣布破产,其中包括位居第 8 的起亚集团、第 13 的汉拿集团、第 14 的韩宝集团和第 19 的真露集团等。到 2000 年,韩国资产规模第二的大宇集团申请破产保护,排名第一的现代集团被迫求助于公共基金资助。韩国的大企业在亚洲金融危机前后遭受重创,使韩国的经济元气大伤。大企业的衰退引起了人们广泛的关注。然而,人们惊奇地发现,金融危机过后,三星集团不仅没有受到影响,反而更加强大了。三星走出了几乎被认为不可能走出的困境。危机过后的 1999 年的统计数字表明,三星集团的市场资产总额已经相当于现代公司、LG 集团公司和鲜京公司这三家韩国最大公司的总和。三星集团走出金融危机的困境,动力主要来源于公司总裁李健熙发动的一场"新经营"(New Management)运动。新经营运动的核心就是"变革"(Change),通过改变企业的组织文化,激发员工的创造性和管理层的独立决策意识,消除官僚体制和风气。李健熙还力图创造一种气氛,让那些虽说有些捣蛋但不乏好点子的人去冲破公司统一的框框。要跟韩国国内其他企业以及全球竞争对手开展竞争,李健熙说:"(三星)需要'捣蛋鬼'。"三星需要并着力于培养员工的主动性、创造性,鼓励管理人员自主决策,表明三星集团以"变革"为核心的价值观正冲破内部等级森严的官僚体制,树立以组织扁平化和组织创造性为特征的"新三星文化"。危机给了企业革新的机会,李健熙指出,变革是三星的唯一出路,做到一次性的变化并不难,但贵在坚持,彻底改变只追求数量而不追求质量的坏习惯,提出"在 21 世纪初把三星建成世界一流的企业"的口号。①

三星在不断迎接变化,挑战变化,是不断变革的企业,这样才能在危机中屹立不倒,甚至寻找到新的机会。多家媒体报道,2014 年可能是韩国企业三星最受灾的一年,他们的市值、营收、利润、销量全线飘绿。2015 年 7 月 18 日三星电子公布的最新财报显示,在过去 3 个月内,虽然三星总销售额为 48 万亿韩元,同比下滑 8%,运营利润为 6.9 万亿韩元,同比下滑 4.2%,但已显示出复苏劲头。

---

① 参见 http://business.sohu.com/23/53/article201255323.shtml。

（二）韩国鲜京集团：跟随韩国经济成长脉络

从20世纪70年代开始，韩国经济的发展是以大企业集团为主导的模式，在政府的推动作用下，韩国企业实行了资源整合，一些相关行业的小企业联合起来组建大型的企业集团，共同应对国际竞争的挑战。创立于1953年的鲜京集团（Sunkyong Group）是《财富》评选的世界500强企业，作为韩国的第三大跨国企业集团，业务领域覆盖能源化工、信息通讯、贸易、海运、金融证券等。鲜京集团最初只是一个拥有20台机器的纺织工厂，到1969年与日本公司合作成立了鲜京化纤生产聚酯纤维，并向国外出口聚酯原丝，带动了韩国纤维产业的发展。1973年鲜京石油成立，正式开始进军石化业，形成了石化、精炼、石油开发一条龙的长期经营战略。随着石油化学的垂直系列化已逐步成熟，在20世纪80年代中期，鲜京就开始涉足新兴的信息通信领域，并在1994年通过收购韩国电信成为韩国的移动运营商，随后在1996年通过市场化运作成功地打开CDMA（码分多址）制式的移动通信国际市场，为韩国成为通信强国奠定基础，鲜京也成为韩国最大的移动通信运营商。然而，鲜京的业务扩展并不满足于此，鲜京敏锐地观察到生命科学领域的巨大潜力，为此开始了积极的准备工作。早在1989年，鲜京就成立了第一所生命科学研究所，踏上了生命科学领域的研究开发的征途，并在21世纪初成功研制出了癫痫病治疗药物和忧郁症治疗药物，鲜京树立了成为世界先进生物医药领域企业的目标。除了借助多元化的发展模式扩大鲜京的业务领域外，从1976年在洛杉矶设立支社开始，出口企业出身的鲜京一直没有停止其国际化步伐，鲜京也是第一家在中国设立分公司的韩国企业。鲜京在欧洲、中东、亚洲、美洲、非洲等区域设立分公司，是一家国际化的大型企业集团。[①]2013年，鲜京集团的财务收入达到157万亿韩元（如图2-2所示）。鲜京的成长是走的一条多元化、国际化、专业化、集团化的发展路径，它的成长历程展现了韩国经济成长的历史。正如韩国鲜京集团会长孙吉丞在出席韩中经济研讨会上指出的，鲜京最初起步于代表性的轻工业——纺织企业，之后一跃成为聚酯纤维生产企业，而后又通过开办炼油厂挺进了代表性的重化工业——能源化工产业，再后经过扎实认真的准备之后跨入了信息通信产业。整个过程和韩国经济的发展过程同出一辙。[②] 在每一次跨越升级之前，鲜京都做好了充分的准备，并寻找适当的时机进入全新领域。

[①] 参见鲜京集团官方网站http：//www.sk.com.cn.
[②] 参见http：//www.people.com.cn/GB/jinji/222/7776/7782/20020327/695906.html.

第二章 亚洲新兴经济地区企业转型升级的经验

鲜京能够获得这样的经营成果，成为世界百强财团之一，除了技术上的开拓精神和正确的经营战略以外，还得益于企业家持续发展的长远眼光和追求卓越的意念。从1976年开始，鲜京就立足于企业长期的成长战略的研究，并确立了成为世界一流企业的发展目标，其持续改进的企业文化为鲜京带来了源源不断的动力。鲜京也是韩国第一个把员工选派到中国、日本、美国以及东南亚国家等世界各地进行海外巡回培训的企业，将这些员工培养成能带领鲜京走向未来的核心队伍[①]。

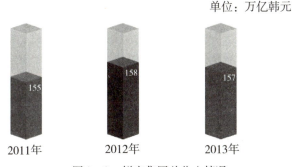

图2-2 鲜京集团总收入情况

资料来源：鲜京集团官方网站。

（三）大企业集团的成长与转型升级：政府推动下的公司重构

大多数韩国企业的成长历程是沿着韩国政府的政策方向进行的。从20世纪70年代开始，韩国政府颁布的《重化工宣言》明确了以具有较高附加价值的重化工业为主导的发展方向，并在融资、出口等方面对造船、钢铁、电子、石化等重化工业实行相关优惠政策，韩国鲜京集团、LG集团都是这一政策的受益者。到20世纪80年代，韩国提出了"科技兴国"的口号，把发展的重心从重化工业转向技术密集型的产业。以三星为代表的半导体类企业和以鲜京电讯为代表的信息类企业正是在政府政策扶持下发展壮大起来的。韩国企业认识到技术是企业发展的根本，在科技研发上的投入也不遗余力。韩国企业办的研究所由20世纪80年代初的47家猛增到现在的近4000家，企业研究人员由数千人增至近4万人，千名职工拥有研究人员45.1人，达到英法等发达国家水平。企业的研究开发总投入每年都有增加，20世纪90年代以来，这一指标在国家研究开发总投入中的比重超过美、日、德，居世界首位。研究开发形成了企业发展和产品竞

---

① 洪江：《走向世界的韩国鲜京集团》，载《中外科技政策与管理》1999年第6期。

争的技术支撑,加速了科技成果向实际生产力的转化,提高了企业消化改良国外技术的能力,使产业技术迅速接近发达国家水平。目前,韩国已成为钢铁、汽车、造船、电子、半导体等产业的世界十大生产和出口国之一。①

正如韩国企业集团的高速扩展是在政府支持下实现的一样,韩国的公司重构也在政府的大力推动下进行。1997年亚洲金融危机后,韩国政府不仅对金融市场进行了强有力的整顿,还对财团企业进行了大刀阔斧的改革,成果令人瞩目。

首先,政府确立了针对财阀企业的"5+3"原则,进行了公司制度改革。韩国的财阀企业过去与政界的关系错综复杂,对其进行结构调整非常不易。为此,韩国政府首先确立了五大基本原则,即提高企业经营的透明度,取消子公司间的相互支付担保,彻底改善财务结构,强化核心经营领域,加强大股东及经营班子的责任。之后,韩国政府又提出了三项补充,包括改革财阀企业对第二金融圈的支配权,限制集团内部互相出资并中断不公正内部交易,防止大财阀变相集成或赠与财产。以"5+3"原则为基础,韩国政府修订了有关法律和制度,给习惯于"无限扩张"和"舰队式经营"的大财阀以必要的约束。目前,韩国绝大部分大公司都引进了"专门经营人"和"社外理事"制度,企业经营的透明度得到提高。根据相关法律,小股东的权益和地位得到进一步的保护和提高,大股东所承担的责任加重了,以前随心所欲式的经营受到限制。通过政府推动的产业部门置换,大公司的经营领域相对集中,大部分企业的资产负债率已降到200%以下,公司抵抗风险的能力得到增强。

其次,摧毁了"大马不死"的神话。过去几年间,韩国政府通过金融机构对许多大公司进行了限期整顿作业,对于回升无望的企业采取了分割或拍卖的手段,使韩国企业一贯信奉的"越大越安全"的信条瞬间破灭。韩国首先对经营不良的大型企业动大手术,30家大企业中有16家先后被出售、合并或清算,并通过健全管理等举措,使其逐步恢复和提高竞争力。最为典型的是大宇集团,这个一度成为"韩国第二大"的集团由于严重的债务危机不得不进入法庭托管,政府对其下属的12家子公司根据不同情况进行了剥离、拍卖或宣布破产。大宇集团已不复存在,这给现存的财阀企业敲响了警钟。

自1997年以来,韩国发生的金融危机很大程度上都是由大企业集团的问题引起的。因此,在企业重构中,现代、三星、大宇、LG、鲜京五大

---

① 参见 http://www.zjsme.gov.cn/newzjsme/list3.asp?id=15079。

第二章 亚洲新兴经济地区企业转型升级的经验

集团的重构是重中之重。

根据韩国政府的"5+3"原则,韩国五大财阀企业先后作出结构重整的决定。为了矫正过度多元化,一个大企业集团只能涉足三到五个行业,其余的企业都要进行业务与资产置换、合并、出售或关闭。

1998年10月7日,五大财团企业就石化、半导体、飞机制造等核心部门的结构调整达成协议。协议包括:在石化和飞机制造部门,由各企业以相同股份组建单一法人公司。在铁道车辆部门,将现代、大宇、韩进三家经营变为大宇、韩进两家经营,这两大企业在集团内部重构。在半导体部门,LG和现代实行合并,再经专门经营评估机构评估,由优秀者担当经营主体,按7:3的比例分配股份。在发电设备部门,三星的发电设备移交韩国重工,现代重工再与韩国重工另行协商发电设备部门一元化的问题。另外,三星集团的船用发动机部分归属于韩国重工,现代集团对韩火集团的炼油部分实行兼并。作为大型集团企业结构改革的组成部门,此次结构调整旨在消除严重的重复和过剩投资,使大企业能够集中精力经营各自的核心优势部门,从而提高竞争力。合并后的石化、飞机制造和铁道车辆企业计划将负债比率分别降到300%和200%以内。同时,将准许外国人成为企业支配股东和经营主体。

在政府的一再推动下,大企业集团相继制定了各自的结构调整计划。现代集团在1999年就自己动了大手术,使集团旗下公司由83个减少到31个。现代集团的业务调整是通过分家的形式实现的。2000年8月,为了摆脱家族经营权的纠纷,现代集团老板郑周永的次子郑梦九率8家与汽车有关的子公司走出集团,宣布另立门户。此外,由郑周永的第六个儿子郑梦准掌握的重工业部门于2001年上半年完全脱离现代集团;"现代电子"也实现独立,而包括现代证券、现代信托和现代生命在内的金融部门由韩国政府出面协商,准备全部卖给美国的AIG集团。虽然在2002年与美国的AIG集团谈判失败,但在2003年11月24日与美国宝诚金融集团达成了收购协议。①

在韩国的五大集团中,大宇终因积重难返而未能度过危机,而三星集团、现代集团等却通过重构获得了新的生机。从韩国大企业集团的重构进展看,它的走向有以下几个特点:一是过去那种热衷于无限扩张的财阀体制将有所改变,臃肿的机构将被"减肥",企业集团有可能转变为由独立核算企业组成的"独立的企业联合体"。二是通过业务与资产置换、合并,在各行业(如半导体、汽车等行业)内形成新的强有力的企业,提高其国

---

① 参见《国际金融时报》,2003年11月25日。

际竞争力,扩大其产品在国际上的占有率。三是企业集团之间的竞争将从规模竞争转变为质量上的较量,整体经营效益将增强。四是随着所有权和经营权的逐步分离,企业经营状况将得到进一步改善,并逐步形成以理事会为中心的经营体制。①

第三节 新兴经济地区的企业转型升级比较

一、我国台湾地区、韩国的企业转型升级对比

培养企业的自主创新能力,推动企业升级以迎头赶上与先进国家的差距,是所有新兴经济国家(地区)共同的目标。这些国家(地区)企业升级的路径不可能遵循发达国家的模式,因为最先进的技术往往掌握在后者的手中,新兴经济中的企业没有必要也不可能参与到原始技术的开发中;这些国家(地区)企业虽然同处于新兴经济环境中,但它们的升级模式也不可能完全相同,因为每个国家(地区)的发展阶段、市场环境等都存在差异。表2-3中对台湾地区、韩国的企业转型升级进行对比。

表2-3 我国台湾地区、韩国企业转型升级对比

对比	我国台湾地区	韩国
转型升级效果	半导体产业以高级代工获取高附加价值,实现升级 IT产业形成一批自主品牌的企业	30年实现"江汉奇迹" 一家家私人的小作坊成长为大型的国际财团,汽车产业和半导体产业具有强大的国际竞争力
转型升级方向	高级代工企业	大企业集团
转型升级阶段	半导体企业:萌芽期→技术引进和衍生创新→技术改进与战略联盟→自主研发与产学研合作→全球化资源重组与整合	进口替代→劳动力密集型的出口导向→资金密集型的重化工→技术密集型→高级技术化阶段
竞争力的获取	半导体企业:①高度分工路线;②以产业集群和园区为创新载体;③台湾工研院作为技术创新源头	①跨越式的技术升级模式:引进—模仿—改进—创新;②大企业集团的重构

---

① 参见《人民政协报》,1999年7月12日。

续表

对 比	我国台湾地区	韩 国
典型企业	形成自主品牌的企业：华硕、宏碁、巨大等 高级代工企业：台积电、台联电	三星集团、现代集团、LG集团、鲜京集团、养乐多集团、韩进集团、乐天集团等
政府作用	成立工业技术研究院支持岛内企业的技术发展，选择重点发展产业进行扶持	在发展初期，政府支持小企业合并成为大企业集团应对国际竞争，而后推动大企业集团重组，帮助它们度过危机
企业家精神	强大的关系网络，后进地区的适应性企业家精神，关注全岛产业发展的使命感	不断创新和变革的精神

二、企业在转型升级过程中找准自己的定位

台湾企业很早就认识到自身在全球价值链中的地位，他们由简单的加工制造起步，在此基础上增加研发投入、整合全球资源向高级代工的方向发展，从"微笑曲线"的底部提升，为企业获取更多的附加价值，成为全球半导体产业链中关键的一环。韩国企业从零开始，通过技术引进—模仿—改进—创新，实现了技术跨越，在政府的支持下实现了企业的扩展，孕育出了国际知名的大型企业集团和财阀。而我国作为最有活力的新兴经济体，拥有广阔的内需市场和丰富的人力资源，在借鉴其他国家和地区升级模式的同时，更应当在升级的过程中找准自己的定位，探索一条适合自身的企业升级之路。

第三章　转型升级企业的案例分析

企业转型升级是产业转型升级的微观层面，也是其最终的落脚点。本书选取了九个不同行业、不同类型的转型升级典型企业，分别进行多次实地走访、调研，将典型案例分析与对比案例研究相结合，深入剖析了它们的升级路径、模式、影响因素等，以期能为其他面临转型升级困惑的企业提供参照。

第一节　广东企业原始设备制造、原始设计制造、原始品牌制造的自主创新路径：东菱凯琴与佳士科技的对比案例

一、广东企业原始设备制造、原始设计制造、原始品牌制造的现状及转型升级研究

20 世纪 80 年代以来，由于经济发展速度逐渐放缓，国内劳动力成本日益升高，西方发达国家逐渐改变其经济发展模式，主要是加大了科学研究和应用研究，通过不断进行的技术创新活动，保持其科技的领先地位，并将经营重心转向产业价值链的下游环节以开发这一新的利润增长点，这些环节不仅包括传统的产品保修、售后服务和系统维护，还包括融资、租赁、咨询、培训等给客户带来全方位增值的生产活动（刘怀德、胡汉辉，2002）。同时，西方发达国家逐步把制造业转移到发展中国家，利用发展中国家低廉的劳动力成本和产业政策的支持，实施原始设备制造（OEM）生产模式，既保护本国自然环境，又降低了生产成本，从而实现了经济的可持续发展。在这样的大环境下，东亚、东欧以及南美的新兴工业国家的企业把握住了这次难得的机会，成功地通过 OEM 融入了全球价值链外包体系，分享产业利润。这些国家和地区利用自身在劳动力、原材料等方面的比较优势大力发展 OEM，经济获得了快速增长。

目前，OEM 在我国已十分普遍，主要集中在通用化、标准化程度高的行业，如服装、家电、IT、玩具、日化、电子通讯等，尤其以家电行业

最为突出。据统计，约有90%的家电企业曾经或正在从事OEM生产。随着日本、韩国、台湾的OEM企业逐步完成向ODM、OBM的转型，中国正逐渐取代这些国家和地区，成为全球最重要的OEM生产基地。在这期间，国内涌现了一大批发达的OEM行业和企业（如表3-1所示）。

表3-1 我国原始设备制造发达行业及代表企业

	OEM代表企业	主要OEM产品	品牌采购商代表
传统家电	格兰仕	微波炉	意大利德龙、美国GE、日本三洋等
	深圳凯欣达	DVD及相关产品	TCL、金正、海信等
	创维、康佳、TCL	彩电、多媒体产品	三洋、日立、三菱、NEC、汤姆逊
IT制造业	深圳富士康	笔记本电脑	HP、苹果电脑等
	台湾鸿海精密	PC及其部件	IBM、苹果电脑、索尼等
通信	东信、英业达、TCL	手机及零部件	摩托罗拉、飞利浦、阿尔卡特
服装鞋类	广东溢达	服装	CK、Nike、Boss、Polo、Jeans、Hugo等
	台湾宝成（东莞基地）	运动鞋	Nike、Adidas、Reebok、李宁、安踏等
玩具	浙江云和县 广东中美玩具	木制玩具 塑料玩具	Sevi、迪斯尼、芭比娃娃等
日化	广州丹奇日化	化妆品	Polo等国内外知名品牌
	纳爱斯	洗涤品	美国宝洁、德国汉高等
小家电	东菱凯琴	西式小家电	飞利浦、Kenwood、Morphy Richard、Breville、Russell Hobbs等

资料来源：①www.21co.com.cn；②陈煊：《我国OEM企业发展战略探讨》，载《东北财经大学学报》2006年，③胡轶：《OEM企业战略转型决策研究》，载《长沙理工大学学报》2007年。④笔者整理。

作为全国首批实施对外开放的地区，广东积极发展"三来一补"的外源型经济，充分利用国际、国内两个市场、两种资源，经济取得了飞速发展。2007年广东GDP超过30673.71亿元，占国内生产总值（246619亿元）的12.4%，外贸进出口6340.5亿美元，占全国外贸进出口（21748.3亿美元）的29.2%以上，连续22年居全国第一。其中，加工贸易进出口额达4034亿美元，增长16.5%，占广东省进出口总值的63.6%，占全国加工贸易进出口总值的40.9%。然而，我们应该清醒地认识到，广东在很大程度上扮演着出口加工基地的角色，OEM的产值在广东经济总量中的比重很大，其业务活动的增值较低，对提升产业结构的作用有限。以2007

年为例,广东出口总额中一般贸易为1050.1亿美元,占出口的28.4%;来料加工与进料加工分别为528.3亿与1933.4亿美元,合计占出口的67%。① 2006年,广东高新技术产品出口1044.5亿美元,其中外商投资企业共出口839.8亿美元,占全省高新技术产品出口的80.4%,而本土企业却只占不到20%的份额,这反映出本地企业参与国际产业链分工的优势不足。关键核心技术和设备如CPU、集成电路、通用软件等主要依赖进口,70%的制造业仍属中低技术和传统产业,加工贸易拥有自主知识产权的高新技术产品不多。如广东每出口一台价值39美元的DVD,都要向外国公司支付19.70美元的专利使用费,而且占成本70%的机芯、解码器等关键器件还要依靠进口。相当一部分企业是跨国公司的OEM厂商,缺乏研发能力和自主品牌。②

经过工业化发展近30年,广东的经济增长模式带来了很多问题。一是长期粗放的经济增长模式,是以牺牲自身资源、能源、环境,以劳动者低廉的工资、恶劣的劳动条件为代价的;二是出口产品大都处在价值链低端,许多行业和企业存在核心技术受制于人的现象,缺乏关键知识产权和自主创新的能力,没有自己的品牌,利润十分微薄。而2007年下半年以来,若干环境因素的巨大变动,给整个广东经济和产业的发展、转型、升级带来巨大的压力。

二、原始设备制造企业转型升级的相关概念的界定

OEM是Original Equipment Manufacturing(译为"原始设备制造")或Original Equipment Manufacturer(译为"原始设备制造商")的缩写,前者是指一种生产方式而言,后者是指采用这种生产方式的企业。OEM最早起源于欧美的服装行业,主要出于降低成本的考虑,是指制造商使用品牌厂商(委托方)提供的设计、图样、技术设备来生产制造产品,再由品牌厂商贴上自己的品牌商标进行销售的外包模式,也称为"贴牌生产"或"代工生产"(徐印州、屈韬,2005)。在工业社会,出于制造成本、运输方便等方面的考虑,知名品牌企业寻找其他厂商生产部分零部件。这些接受委托进行生产的企业也简称为OEM(Original Equipment Manufacturer),他们生产出的产品也叫作OEM产品。

---

① 参见广东统计信息网,http://www.gdstats.gov.cn。
② 毛蕴诗:《从OEM到ODM再到OBM——实现加工企业的升级与转型》,载南方报业网,http://www.nanfangdaily.com.cn,2007年3月13日。

国内往往会将 OEM 称为"贴牌",也有部分学者直接将 OEM 翻译为"外包生产",认为它是一种委托生产加工关系,品牌拥有者不直接生产产品,而是利用其掌握的品牌、核心技术、创造设计、市场销售渠道等优势,委托专业的代工厂商进行生产,然后再将产品冠以自己的品牌在市场上进行销售①。

OEM 委托方自行设计产品,委托别的厂商生产,并以己方产品的形式销售的制造方式。OEM 委托方拥有产品设计和品牌营销方面的优势,但在生产制造方面处于相对不利地位;OEM 受托方则刚好相反,在产品设计和品牌营销上处于劣势,但在产品的制造成本控制和对市场的快速响应上具备比较优势。正是出于优势互补的需要,才催生了 OEM 的经营模式。OEM 的生产模式可以用图 3-1 表示。

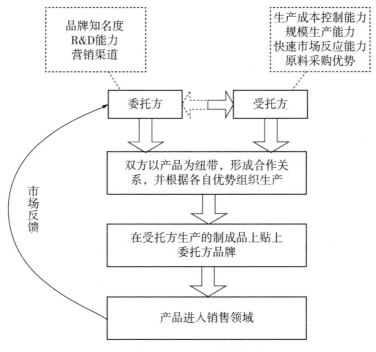

图 3-1 OEM 生产模式

从图 3-1 中可以看到,在 OEM 合作关系的形成过程中,委托方占据主导地位。这是因为 OEM 委托企业掌握着市场需求信息,而受托企业生

---

① 张亚斌:《OEM:中国企业进入国际市场的重要方式》,载《国际经济合作》,2000 年第 11 期。

产活动的开展始于委托企业根据市场需求与其订立的订单。因此，委托企业对受托企业的影响力一般要比后者对前者的影响力大得多。正因为这样，图 3-1 中由委托方指向受托方的箭头为实线，而由受托方指向委托方的箭头则为虚线。同时，由于受托企业是按照订单进行生产的，因此监测市场反馈的工作就主要由委托企业负责了。

ODM，是 Original Design Manufacturing 的缩写，译为原始设计制造，主要是指一些知名企业（如台湾的电子类产品企业）为了节省研究开发时间，全部或部分利用其他制造商的产品设计，配上自己的品牌名称来进行生产的合作方式。这些既负责产品生产又部分负责产品设计的企业就叫 ODM 方。品牌拥有者通常仅提出自己的要求，而把设计和加工全部委托给厂商，厂商则根据要求设计开发符合要求的产品，而品牌拥有者只是做市场销售的渠道部分。这样可以减少品牌厂商新产品的研制时间，使之将精力和资源集中到品牌、渠道建设及市场开拓上去。由于 ODM 企业除了制造组装外还增加了设计环节，因此 ODM 的产品附加值要高于 OEM。优秀的 ODM 厂商不仅要有业界领先的规模，从而能够有效降低制造成本，还需有强大的研发和设计能力，表现为可以不断为客户提供迎合市场需求的新产品。台湾的广达电脑（Quanta Computer）就是典型的 ODM 企业，全球十大笔记本厂家中的九家依靠它的设计和制造，包括戴尔、IBM 等知名企业。据 IDC 数据，2004 年全球 ODM 企业整体收入达到了 43.7 亿美元，其中广达电脑占到了 24%，成为全球第一大 ODM 厂商。

OBM，是 Original Brand Manufacturing 的缩写，译为原始品牌制造，指制造商自行创立产品品牌，生产、销售拥有自主品牌的产品，也常可代表相对于 OEM/ODM 的另一方企业。OBM 一般都掌握了核心技术或拥有很强的研发实力，技术含量高，而且拥有强大的品牌，掌握着市场和终端消费者，因此附加价值也很高。OBM 战略旨在通过建立中间产品品牌，不断进行技术更新和产品开发，最终推出自主品牌。IT 制造业中许多中间产品都形成了自己独立的品牌，中央处理器有英特尔、AMD，主板有 ASUS、Giga-Byte，硬盘有 HITACHI、SAMSUNG，内存有金士顿、SMART，就连最便宜的 PC 配件——鼠标都拥有自有品牌，例如，罗技光电鼠标虽然都是代工生产的，但只要贴上罗技商标"Logitech"，市场价格立刻上涨十几倍。

三、原始设备制造企业转型升级模型

(一) 建立识别原始设备制造企业发展阶段的可操作标准

纵观国内外相关文献,学者对于企业所处的 OEM、ODM 与 OBM 阶段的确定,至今没有一个可操作的标准。在以往的研究中,只是从 OEM、ODM 与 OBM 的原始定义出发,笼统地确定企业身处的发展阶段,这为我们的研究带来很多的不便。

为了更好地研究 OEM 企业的转型升级,有必要预先构造一个可操作的标准,以使我们能明确地辨别企业在转型升级过程中某一特定时刻所处的发展阶段。

学界普遍认为,能反映企业所处发展阶段的最直接指标就是 OEM、ODM 与 OBM 三种业务在企业利润贡献中的地位,即利润贡献率 R。为描述方便,将三类业务的利润贡献率分别记作 ROEM、RODM 和 ROBM。

一般而言,ROEM + RODM + ROBM = 100%。

本书规定,如果某一种业务的利润贡献率不小于 2/3 (假设 ROEM ≥ 2/3),则该企业显著地处于 OEM 阶段;同理,企业显著地处于 ODM 和 OBM 阶段的充要条件分别为 RODM ≥ 2/3 和 ROBM ≥ 2/3,如表 3 – 2 所示。

然而,从国内外 OEM 企业的发展状况可知,OEM 企业的转型升级并不局限于单一路径,也可以是几种模式相结合的混合路径,如向 ODM 转型的 OEM 企业也可以同时进行 OBM,或进行 OEM 多元化发展;而且在 OEM 向 ODM、OBM 转型的过程中还存在很多 OEM/ODM、OEM/OBM 并存的过渡现象。此外,还有不少企业会同时采用三种生产模式。本书把这些统一定义为混合模式阶段,并根据 OEM、ODM 与 OBM 三者的力量对比作进一步划分,最终得出表 3 – 2 所列举的九种主要发展阶段及识别 OEM 企业发展阶段的可操作标准。

表 3 – 2 识别 OEM 企业发展阶段的可操作标准

	OEM 企业阶段	注　释	条　件
单一模式主导阶段	OEM	OEM 主导阶段	$1 \geq R_{OEM} \geq 2/3$
	ODM	ODM 主导阶段	$1 \geq R_{ODM} \geq 2/3$
	OBM	OBM 主导阶段	$1 \geq R_{OBM} \geq 2/3$

续表

OEM企业阶段		注释	条件
混合模式阶段	混（OEM*）	OEM主导的混合阶段	$2/3 > R_{OEM} \geq 1/2$
	混（ODM*）	ODM主导的混合阶段	$2/3 > R_{ODM} \geq 1/2$
	混（OBM*）	OBM主导的混合阶段	$2/3 > R_{OBM} \geq 1/2$
	混（OEM）	OEM占优的混合阶段	$R_{OEM} < 1/2$ 且 $R_{OEM} > R_{ODM}$ 且 $R_{OEM} > R_{OBM}$
	混（ODM）	ODM占优的混合阶段	$R_{ODM} < 1/2$ 且 $R_{ODM} > R_{OEM}$ 且 $R_{ODM} > R_{OBM}$
	混（OBM）	OBM占优的混合阶段	$R_{OBM} < 1/2$ 且 $R_{OBM} > R_{OEM}$ 且 $R_{OBM} > R_{ODM}$

当然，研发投入占销售收入的比重、从事研发设计工作人员的规模以及是否具有自主品牌等也是表征企业所处发展阶段的重要指标，本案例在确定企业发展阶段时也会综合考虑这些指标。

（二）建立原始设备制造企业转型升级描述的模型

显然，在其他条件不变的情况下，R_{OBM}越大，企业所处阶段的级别越高。对于单一模式主导阶段来说，按照级别从高到低排序为OBM高于ODM高于OEM；对于前三种混合模式阶段来说，其排序结果从高到低为混（OBM*）、混（ODM*）和混（OEM*），后三种为混（OBM）、混（ODM）和混（OEM）。然而，仅依据表3-2中列出的条件，我们无法对以上九种主要发展阶段按级别高低进行精确排序。但如果进一步细化条件，将大大增加我们研究的复杂程度。

受数学中几何图形形式简单而表达力强的优势所启发，笔者尝试运用几何图形工具给OEM企业的转型升级建立一个直观的描述模型，以简化分析过程。

根据表3-2的划分标准，笔者绘制了"OEM企业转型升级描述模型"（见图3-2）。

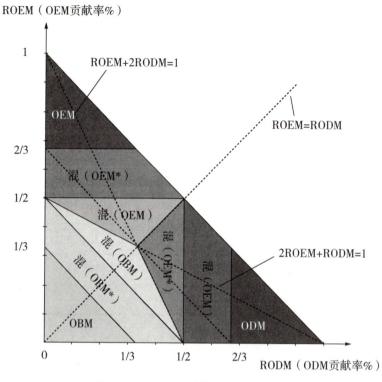

图3-2 OEM企业转型升级描述模型

根据OEM企业在不同发展阶段中三种生产模式的比例,我们可以在描述模型中描绘出该企业的运动轨迹。为了分析与表述的方便,这里仅考虑企业的起点和终点。那么,这个轨迹就是一个向量(为方便陈述,下文将该向量称为路径向量)。这样,我们就可以利用该向量的方向与斜率来直观地逆判别出该企业是否真正进行了转型升级,或者说是否真正达到了转型升级的效果。

在判断企业是否真正进行了转型升级时,我们设定的标准如下(如表3-3所示)。

表3-3 OEM企业转型升级效果判断标准

转型升级效果	判断标准
达到转型升级效果	$R_{OBM} \uparrow$
	$R_{OBM} \rightarrow$ 且 $R_{ODM} \uparrow$

续表

转型升级效果	判断标准
倒退或转型升级效果事与愿违	$R_{OBM} \downarrow$
	$R_{OBM} \rightarrow$ 且 $R_{ODM} \downarrow$

结合表3-3的条件与向量的几何属性，我们可以得到直接用于描述模型的判断标准，见表3-4。

表3-4 用于OEM企业转型升级描述模型的判断标准

	判断标准			
	斜率 K > 0	K = 0	0 > K > -1	K ≤ -1
达到转型升级效果	斜向下	左	斜向上	斜向下
倒退或转型升级效果事与愿违	斜向上	右	斜向下	斜向上

这样，本书可以方便地利用该描述模型来对OEM企业转型升级过程中的路径作出如下解释说明（以图3-3为例）。

图3-3中的折线为示例路径。通过观察，我们可以清晰地看到示例路径的具体演进过程：OEM → 混（OEM*）→ 混（OEM）→ 混（OBM）→ 混（OBM*）→ OBM。如果仅观察起点A与终点F，由于向量AF的斜率K < -1且方向斜向下，查阅表"用于描述模型的判断标准"得知，该OEM企业沿着示例路径的升级收到了效果。然而，如果细看具体的路径，我们会发现示例路径中并不是每一时刻都在实现着升级。如向量BC，0 > K > -1且方向斜向下，查表知其状态为"倒退或转型升级效果事与愿违"。可见，尽管企业最终实现了转型升级，但在转型升级的整个过程中可能会因为各种因素导致暂时的倒退现象。同时，示例路径的具体演进过程亦告诉我们这样一个事实：在OEM向ODM、OBM升级的过程中会存在很多OEM/ODM、OEM/OBM甚至OEM/ODM/OBM共存的过渡现象。上述结果符合我们的客观经验。

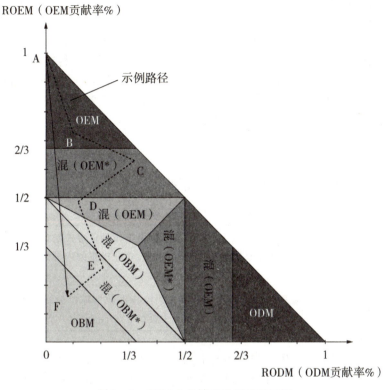

图 3-3　OEM 企业转型升级路径示例

至此，我们便可以在上面工作的基础上，给出 OEM 企业转型升级的操作性定义：OEM 企业的生产模式发生了变化，而根据表 3-3，这种变化使得该企业达到升级效果。

四、案例企业：广东东菱凯琴集团和深圳市佳士科技有限公司

（一）案例企业选择依据

本案例在广东省内众多成功实现从 OEM 到 ODM 再到 OBM 转型升级的企业中选取广东东菱凯琴集团和深圳佳士科技有限公司作为案例研究的对象，其合理性和依据主要有以下几方面：

首先，从企业实力来看，东菱凯琴是国内小家电行业的"隐形冠军"，佳士科技是国内焊接行业的龙头企业，而且，东菱凯琴还被广东省经贸委列为由"广东制造"到"广东设计"的典型案例，研究这两家企业转型升级的成功经验具有典型性。

其次，从行业性质上看，两家企业分别属于劳动密集型与技术密集

型;从企业规模上看,东菱凯琴是拥有40亿元的年销售业绩、超过20000名员工的中型企业,而佳士科技的规模相对较小,年销售业绩约为2.5亿,员工数量在730人左右;从经营区域上看,东菱凯琴位于顺德勒流镇,面向国内、国外两个市场,以国外市场为主,而佳士科技位于深圳市宝安区,销售情况在国内、国外两个市场上的差别不大,国外稍占优势。对两家在行业性质、企业规模、经营区域上具备明显差异的企业进行对比研究,使得本研究的结论更具一般性。

(二) 案例研究资料搜集方法

本案例研究中使用的资料搜集方法如表3-5所示。

表3-5 本研究资料搜集方法与资料来源

一手资料	多次与案例企业负责生产、研发、销售工作的负责人作深度的半结构化的访谈;电话访问和电子邮件调研;企业提供的内部文件,包括刊物和年度总结等;产品和企业的小册子;等等
二手资料	浏览企业网站;使用搜索引擎、学校相关数据库;翻阅历年统计年鉴;查阅相关报纸杂志;其他二手资料

在资料收集过程中,由于各种客观与主观因素,受访企业代表的回答可能会带有一定的主观性,为此,笔者努力尝试采用多种措施来避免,如请受访者尽量提供事实和数据,并将一手资料与二手资料进行印证等,以使得所收集的资料能最大限度地反映研究对象的真实情况。

(三) 广东东菱凯琴集团

广东东菱凯琴集团(以下简称东菱)始创于1998年12月,位于全国小家电生产基地的佛山市顺德区勒流镇,集团投资控股广东新宝电器股份公司、中山东菱威力电器有限公司两家核心企业,分别专业生产电热水壶、咖啡壶、面包机、微波炉、多士炉、电烫斗等西式小家电和洗衣机、制冷产品等大家电,产品95%以上出口到欧洲、美洲、澳洲等发达国家市场,足迹遍布全球100多个国家和地区,是饮誉全球的厨卫家电市场的重要制造企业。

近年来,东菱已迅速成长为全国工业两百强。集团董事局主席郭建刚先生被广东省人民政府评为"2002年度优秀民营企业家";2004年,集团被信息产业部评选认定为"电子信息百强企业";其控股企业广东新宝电器股份有限公司连续4年电水壶全球占有率第一,是国内电热水壶、咖啡壶、搅拌机最大的出口商,2004—2006年,电熨斗、微波炉系列产品荣获

"国家免检资格",电热水壶、电烫斗荣获"广东省名牌产品"、电热水壶荣获"中国名牌产品"称号;2005年,集团控股企业新宝公司以年销售额超31亿元成为国内民营企业小家电出口的"状元",还以年纳税额超1亿元跻身于顺德"十大纳税大户"之列,并获得联合国采购供应商"绿卡",其在2006年的销售额更超过了40亿元。

目前,东菱已在全国建成包括4个销售大区、18个省级分公司、300多家客户、1000余个终端卖场的较为独立、完备的销售体系和以K3软件为信息支撑的高效、透明的财务运作与管理体系,售后服务网络也覆盖全国所有销售区域。集团拥有员工2万多名,其中专业技术人员3000多人,生产场地面积超过40万平方米。

东菱集团具备优秀的研发能力,拥有工程师200多人,其中专门从事产品研发的将近100人;拥有多个先进的研发机构,包括省、市、区三级的电热电动类小家电工程技术研究开发中心、创新设计中心(广东工业设计协会的常务理事单位)、产品研发中心、工业创新中心,以及通过UL、GS等权威国际认证公司和实验室认可的国家级实验室等。

"以OEM发展、依品牌腾飞"是东菱的核心发展战略。凭借着集团在品牌、技术、人才、资金、管理等方面的优势,东菱必将实现其"5年内达到全球销售规模100亿,并实现产业良性扩张和自有品牌升值"的宏伟目标。

(四)深圳市佳士科技发展有限公司

深圳市佳士科技发展有限公司(以下简称佳士科技)前身为深圳瑞凌电源技术有限公司,成立于1993年。2003年7月成功改制为深圳瑞凌电器有限公司,其后更名为深圳市佳士科技发展有限公司。

佳士科技是中国最早的集自主研发、生产、销售于一体的高新技术企业。公司本着"科技立业、持续创新"的原则,立足逆变焊机的研发和生产,技术领先,达到国际先进水平。产品采用独有的逆变技术,率先实现了产品的低成本与小型化、轻量化,并以优良的品质、低廉的价格、优美的外观、优质的服务博得了无数中外客户的青睐。产品远销东南亚、港澳台、非洲、欧美、中东等地区,市场前景乐观。公司的自主品牌"JASIC",已成为品质稳定、性能优良、性价比高的象征。

目前,佳士科技的生产能力已超过了20万台/年,销售额不断创出新高,在2007年成功实现销售回款2.5亿元,年平均销售增长率达到64%。通过多年努力,佳士科技在国内外均已建立起完善的销售网络:在国内拥有成熟完善的5个分公司、10个办事处、120多间代理店、300名分销商,实施全代理式运营模式;国际方面,与遍布全球50多个国家和地区的近

80个客户建立了良好的合作关系,并已在印度设立了分公司,于2008年开始建厂生产。

佳士科技具备良好的研发能力,已建成一支技术过硬、创新高效、经验丰富的研发团队和深圳研发中心、太原研究所两个先进的研发机构。拥有多条当今世界焊接行业先进的符合欧盟ROHS无铅环保标准的自动化生产线、多条自动插件线及数字电子检测系统等先进的生产和检测设备,并已全面通过ISO 9001-2000国际质量管理体系认证,所生产产品均达到3C、CE、ROHS标准。其产品领域几乎覆盖了包括造船、锅炉、石油、化工、铁路、建筑、电力、钢结构等所有行业,涵盖了数字化的手工电弧焊机、数字化的全功能脉冲氩弧焊机、数字化的脉冲交直流方波氩弧焊机、数字化的MIG/CO_2焊机、数字化的脉冲MIG焊机和逆变埋弧焊机等六大系列几十款新产品。

佳士科技以独到的经营战略和技术精良、品质稳定的产品特点成为业内的佼佼者。"最佳品质,最佳性能,最佳性价比,为客户创造价值"是佳士人坚持不懈的努力与追求。在全体佳士人的努力下,凭借其不断完善的创新动力与不断突破的科学管理,佳士科技正大步向国际焊接行业的一线品牌迈进。

五、案例企业基本情况比较

东菱与佳士科技基本情况比较情况如表3-6所示。

表3-6　东菱与佳士科技基本情况比较

	东　菱	佳士科技
成立时间	1998年	1993年
单位性质	民营企业	外资企业
所在地	广东省佛山市顺德区勒流镇	广东省深圳市宝安区
所在行业	小家电(西式小家电)	焊接(逆变焊机)
OEM/ODM/OBM业务开展概况	①在国内开展OBM业务 ②在国外同时开展OEM与ODM业务	①在国内开展OBM业务 ②在国外同时开展OEM、ODM与OBM业务
企业实力 / 企业规模	①集团员工总数逾2万名 ②生产场地面积达40万平方米	①拥有员工730多人 ②生产场地超过1.2万平方米
企业实力 / 销售规模	2007年销售总额接近40亿元	2010年销售总额超过5.1亿元
企业实力 / 企业荣誉	国内民营企业小家电出口"状元"	国内逆变焊机行业的龙头企业

资料来源:根据笔者调研整理。

六、案例企业转型升级路径选择比较

(一) 企业在实施转型升级过程中 OEM、ODM 与 OBM 的变化

东菱与佳士科技历年 OEM、ODM 与 OBM 的变化情况如表 3-7 所示。

表 3-7 东菱与佳士科技历年 OEM、ODM 与 OBM 的变化

时间（年）	东菱			佳士科技		
	OEM	ODM	OBM	OEM	ODM	OBM
1999	100%	—	—	—	—	—
2000	95%	5%	—	—	—	—
2001	87%	13%	—	—	—	—
2002	76%	24%	—	100%	—	—
2003	66%	33%	1%	70%	20%	10%
2004	50%	47%	3%	50%	30%	20%
2005	40%	54%	6%	30%	28%	42%
2006	32%	60%	8%	25%	25%	50%
2007	27%	64%	9%	15%	15%	70%
2008	32%	60%	8%	17%	17%	66%
2009	30%	61%	9%	22%	15%	63%
2010	30%	60%	10%	23%	15%	62%
2011	29%	59%	12%	23%	17%	60%
2012	27%	64%	10%	28%	7%	65%
2013	26%	63%	11%	24%	9%	67%
2014	26%	63%	11%	25%	9%	66%

资料来源：根据笔者调研整理。

由表 3-7 绘出东菱和佳士科技 OEM-ODM-OBM 转型升级路线图如图 3-4 及图 3-5 所示。

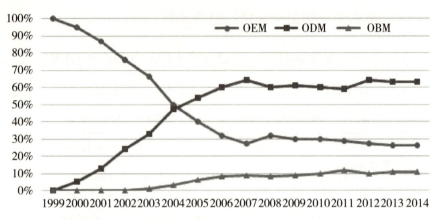

图 3-4　东菱 OEM→ODM→OBM 升级路线示意

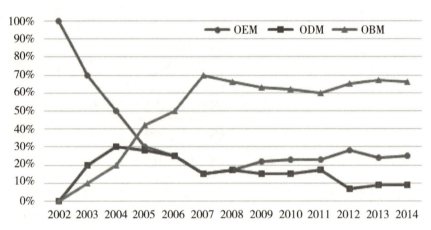

图 3-5　佳士科技 OEM→ODM→OBM 升级路线示意

由以上图表数据可知，由于东菱出口销售额占主导，而东菱在海外销售方面并未采用 OBM 模式，故其 OBM 在整个国内外市场的贡献率显得稍低。但在国内市场，东菱从一开始就做 OBM，可谓"天生的 OBM"。因此，对于国外市场，东菱的路径选择为"OEM→ODM"；对于国内市场，东菱的路径为天生 OBM；而对于整个市场而言，则为"OEM→ODM→OBM"。

佳士科技的情况与东菱有相似之处。佳士科技在 2003 年启动国内市场时就只用自主品牌，属于"天生的 OBM"。两家企业的差异在于国外市场。佳士科技从 2007 年启动品牌转换工作，有计划地将出口海外市场的产品换上自主品牌"JASIC"，已取得显著成绩。因此，佳士科技在海外市场上采用的转型升级路径为"OEM→ODM→OBM"。

(二) 东菱转型升级路径选择的分析

首先，根据资料绘制东菱的转型升级轨迹图（见图3-6）。

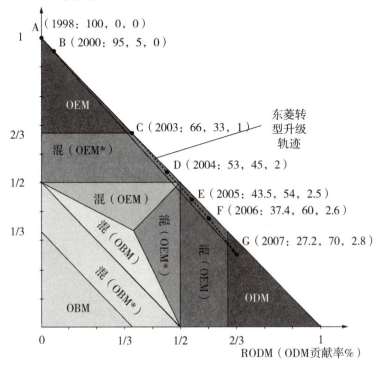

图3-6 东菱的转型升级轨迹示意

注：图中的（1998：100，0，0）表示1998年东菱OEM、ODM、OBM在总体业务中的比例为100%、0%和0%（下同）。

图3-6中，虚线为东菱转型升级的具体轨迹，实线为路径向量，即AI。通过观察，我们可以清晰地看到东菱转型升级的具体演进过程：OEM→混（OEM*）→混（OEM）→混（ODM）→混（ODM*）→ODM。对于路径向量AG，由于其斜率K<-1且方向斜向下，查阅表3-3得知，东菱的升级收到了效果。同时，细看具体路径，我们会发现在整个转型升级过程中，东菱基本上一直在实现着升级。

通过描述模型，我们发现，目前东菱所达到的最高级阶段为ODM，即ODM主导阶段。换言之，东菱并未成功迈入任何一种以OBM为主要生产模式的阶段，其在向OBM转型升级上的表现不是很突出，转型升级效果不是很明显,图中向量 AG 斜率的绝对值接近 1,正好说明了这一情况。这与我们在调研过程中了解到的东菱管理层对企业转型升级效果的看法基本一致。

此外,东菱转型升级路径的具体演进过程表明:在 OEM 向 ODM 升级的过程会存在很多 OEM/ODM 甚至 OEM/ODM/OBM 共存的过渡现象。

(三) 佳士科技转型升级路径选择的分析

首先,根据资料绘制出佳士科技的转型升级轨(如图 3-7 所示)。

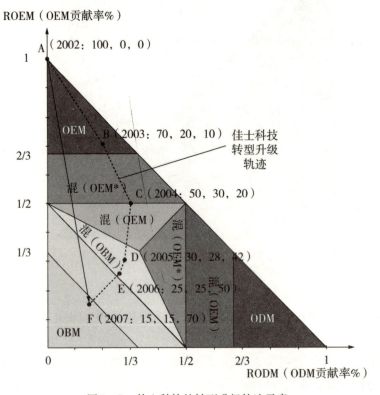

图 3-7 佳士科技的转型升级轨迹示意

图 3-7 中,虚线为佳士科技转型升级的具体轨迹,实线为路径向量,即 AF。通过观察,我们可以清晰地看到佳士科技转型升级的具体演进过程:OEM → 混(OEM*) → 混(OEM) → 混(OBM) → 混(OBM*) → OBM。对于路径向量 AF,由于其斜率 K<-1 且方向斜向下,查阅表 3-3 得知,佳士科技的升级收到了效果。而且,因为 AF 的斜率的绝对值非常大,说明佳士科技的转型效果非常明显。同时,细看具体的路径,我们会

发现在整个转型升级过程中，佳士科技一直都在实现着升级。尤其是2005—2007年三年间，佳士科技在转型升级上获得了高速发展，这归因于两个关键原因：一是2003年，佳士科技以OBM启动国内市场，经过一年的摸索，佳士科技逐渐在国内建立起完善的销售服务网络。在2004年工作的基础上，2005年佳士科技在国内市场上取得了辉煌的业绩，其OBM业务的比例亦急速增长到42%，并于2006年达到50%。二是佳士科技2007年在海外市场启动品牌转换工作，有计划地将出口海外市场的产品换上自主品牌"JASIC"，成绩显著，OBM业务的比例攀升至70%。

此外，佳士科技转型升级路径的具体演进过程同样表明：在OEM向ODM和OBM升级的过程会存在很多OEM/ODM、OEM/OBM甚至OEM/ODM/OBM共存的过渡现象。

七、案例企业转型升级的影响因素比较

（一）案例企业转型升级的背景

1. 成本比较优势逐渐丧失，OEM利润空间不断缩小

在谈及影响企业转型升级的经济环境因素时，两家企业的看法十分接近，它们都把原材料价格上升、劳动力使用成本增加、能源供应紧张以及人民币升值视为影响最显著的因素。

首先，国内外市场原油、煤炭、电力等资源和原材料成本不断上升，这对企业利润空间的负面作用是直接而明显的。据本次调研所得，近年来东菱和佳士科技的原料价格的提高幅度均在20%左右。

其次，由于经济的发展、人民生活水平的提高以及新《劳动合同法》的正式生效，我国的劳动力使用成本在不断攀升。据悉，东菱员工的平均工资较上年同期上升了13%（不包括增加的保险费用），而佳士科技则提高了15%左右。此外，"招工难"也增加了企业的劳动力成本。据东菱海外销售经理透露，2007年以来，公司就面临"招工难"的问题。幸运的是，由于2008年部分台资、韩资企业的撤离，这种用人短缺的现象才得以缓解。

与此同时，国家对出口退税率的下调加重了企业的负担，进一步压缩了企业的利润空间。通过深入调研，笔者了解到，2007年，小家电的出口退税均从17%下调至13%，下调幅度接近24%。但佳士科技的海外销售专员表示，近年国家对焊机这一产品细类的出口退税率并未进行过下调。

因此，出口退税率的下调并未对佳士科技产生实质性的影响。

此外，过度的加工生产造成的污染带来的环保成本升高等因素亦在蚕食着我国 OEM 企业的利润。

在原材料价格上升、劳动力使用成本增加、能源供应紧张、人民币升值、出口退税率持续下调以及环保成本升高等多方面因素的共同作用下，东菱与佳士科技的利润空间不断下降。正如东菱代表所说，目前集团的利润率仍较低，只有 5%～6%。

2. 激烈的国内外竞争使得 OEM 企业必须向拥有自主知识产权的 OBM 转型升级

据悉，东菱所在的小家电行业的竞争非常激烈。一份来自 CMM 的调查数据显示，在品牌"争奇斗艳"的小家电市场中，食品料理机市场具有较高的品牌集中度，市场竞争十分激烈。九阳、飞利浦和西贝乐三大品牌占据约 60% 的市场份额。其中，九阳以 30% 的零售量份额占据首位。欧科、乐邦、好妈咪和苏泊尔则在不足 20% 的市场份额中激战。榨汁机产品市场中，飞利浦独领风骚，在 2006 年中累计零售量份额达 22%，而苏泊尔、九阳和乐邦分别以 9.3%、7.0% 和 6.0% 尾随其后。搅拌机产品市场中，飞利浦和西贝乐势均力敌，2006 年零售量份额分别为 24.1% 和 22%，九阳紧随其后，零售量份额为 17%。三者共同瓜分了 63.1% 的市场份额。豆浆机产品市场中，九阳凭借其资本、技术和本土品牌优势，在该系列各产品市场中独占鳌头，零售量份额达 81.4%。

与小家电市场相比，电焊机行业中的竞争相对没那么激烈，市场集中度不高，佳士科技的总经理潘磊透露，目前国内外整个电焊机行业排名前 10 位的企业所占的市场份额还不超过总体市场份额的 20%，市场垄断还没真正形成。尽管如此，国内的电焊机行业有着一大批实力雄厚的知名企业，如美国林肯电气公司、上海通用电焊机股份有限公司、松下电焊机公司以及国内的北京时代集团、杭州凯尔达电焊机有限公司等。

东菱和佳士科技要想在如此激烈的竞争中突围，单靠做 OEM 是不可能的。现阶段，自主知识产权（技术的原创性）已成为产业形成核心竞争力的关键和制高点。随着世界范围内知识产权保护制度的日益完善，一个授权专利代表一方市场，控制了专利就意味着控制了市场，没有自主知识产权只能是永远处于低水平的纯代工阶段，获取的是极为微薄的加工费。而处于价值链两端的发达国家企业却能凭借核心技术和全球品牌分享绝大部分利润，获取高额附加值。为了在同行竞争中胜出并实现对先进企业的赶超,唯一的方法就是通过持续的学习和创新形成自身的核心技术和研发能力,在此基础上培育自主的全球品牌。

3. 国际贸易摩擦日益加剧,OEM 企业出口贸易遭遇多重壁垒

国际贸易关系日益紧张,欧美国家从自身利益考虑出发,不断通过反倾销、特别保障措施、技术性贸易壁垒和社会责任认证标准等手段限制我国产品对它们的输出。关于反倾销对小家电行业的影响,以阿根廷为例,其经济生产部贸易管理及政策副国务秘书处于 2007 年对我国的微波炉征收为期 5 年 59.35%～69.26% 的反倾销税,并在 2008 年 3 月 5 日起,对原产于中国的电熨斗实施最低限价措施:干熨斗的离岸价格不低于 3.92 美元/台,蒸汽熨斗的离岸价格不低于 5.53 美元/台,最低限价措施实施期限为 4 个月。① 佳士科技副总经理表示,在国际贸易中,佳士科技所遇到的主要是技术壁垒,商业壁垒对其影响不大。发达国家通常以环保、安全、健康和社会进步等理由,借助技术壁垒削弱我国企业的低成本竞争优势,并由此完成了由简单的关税壁垒向复杂的技术壁垒转变的过程。由于要通过这些技术壁垒需要支付高昂的测试费用,这就大大阻碍了我国企业进军海外市场的步伐。

4. 利益分配极不平衡,绝大部分利润流入发达国家品牌采购商手中

从产业分工的角度来看,OEM 企业以加工生产为主,没有独立的研发能力、核心零部件生产能力以及市场开拓、品牌经营的能力,产品附加价值低;其次,OEM 企业位于全球产业价值链的底端,受到来自上、下游委托企业的利润挤压,盈利空间狭小,只能分得国际市场最单薄的利润份额。以电子信息产业为例,处于上游的美国企业生产高附加值的芯片和软件,它们所获取的利润至少要占 60% 左右,处于中游的是日本和韩国企业生产的电脑和一些电子产品中的关键器件,它们的利润要占 20% 左右,而我国相关企业只是进行组装和贴牌生产,赚取不到 10% 的利润,处于整个电子产业链的底层。

据广东东菱集团国内销售公司负责人沈关学分析:"95%的利润被那些跨国大卖场赚走了,几美元的产品,到了他们手上就卖到几十美元。"佳士科技的副总经理认为:"在我国售价为 100 美元的产品,到了印度居然能卖超过 300 美元。"由此可以看出,品牌采购商掠去了绝大部分的利润,广大 OEM 企业仅赚取微薄的收益,投入产出比非常不合理。

---

① 热讯家电网,http://www.hotce.com.cn。

5. OEM 生产方式固有风险日益凸显，企业亟须转型升级

OEM 生产方式的运行机理也注定其自身存在着不可回避的风险。①

首先，由于受到 OEM 生产模式的限制，OEM 受托企业只能依照大型采购商给予的订单开展生产。国内不少 OEM 企业的订单高度集中在几家大型采购商手中，对于这些 OEM 企业而言，采购商一旦解除合作关系，企业就很有可能面临倒闭危机。按照马柯维茨的"投资组合"原理，理财的一条重要原则就是"不要把所有的鸡蛋都放在一个篮子里"，以分散投资的风险（朱奉云、邱菀华，2002）。当年台湾巨大集团之所以几乎面临破产，就是因为一个来自美国自行车品牌的订单占了企业生产量的 75%，而一旦这个销售渠道出问题，企业就要全盘崩溃。专家一般认为，如果某个采购商的订单超过了企业生产水平的 20%，OEM 企业就要引起足够的警惕。因此，尽管饱受采购商的欺压，OEM 企业也只能忍气吞声，以维持自身的生存。OEM 企业在交易过程中天生处于被动地位。

其次，由于只从事生产链上附加价值最低的生产制造环节，OEM 企业的获利能力低下，微薄的利润使得它们经受不住大起大落的原辅料价格和市场急剧变化的冲击，这就大大提高了 OEM 企业的经营风险。

最后，OEM 生产模式自身也存在难以避免的金融风险和法律风险。在 OEM 生产方式下，外包商控制着品牌和分销渠道，OEM 企业基本处于技术在外、市场在外、只有生产在内的境地，这种只求规模效益的盈利模式是不安全的，增加了 OEM 企业经营的风险，一旦国际环境出现动荡，OEM 企业将最先受到冲击。例如，1997 年的亚洲金融危机就影响了大量 OEM 企业的正常生产。

（二）案例企业转型升级的动因

1. 企业家精神与品牌意识是企业转型升级的主要动力

勇于创新、积极进取、富于激情、坚持不懈的企业家精神，能加速企业的转型升级进程。除了企业家精神外，企业家的品牌意识也在 OEM 企业的转型升级过程中起到了十分重要的作用。

受东菱董事会主席郭建刚的企业家精神与强烈的品牌意识的影响，东菱自成立之日起就立志成为"高品质生活供应商"，并在意识到建立品牌的重要性后迅速制定了"以 OEM 发展、依品牌腾飞"的发展战略，建立了 5 年内实现全球销售规模 100 亿并实现产业良性扩张和自有品牌升值的

---

① 庞守林：《OEM 与 OBM 的比较与转化》，载《北京农业职业学院学报》2006 年第 3 期。

雄伟目标。本着以"励志创新,追求卓越"为核心的经营理念,东菱为达成其"致力于创建国内家电强势品牌"的使命而不断努力。

佳士科技在实现快速发展的过程中,总经理潘磊发挥了十分重要的作用。这一方面是因为潘磊具备出色的领导能力和焊机行业丰富的营销经验,另一方面是由于他有着勇于创新、积极进取、富于激情、坚持不懈的企业家精神,对民族和员工强烈的责任感,以及强烈的知识产权保护和品牌意识。在潘磊的带领下,佳士科技自成立以来,便订立了"科技立业、持续创新"的经营原则,经过多年的发展和积累,公司内部形成了以"以人为本、务实高效、学习创新,营造开放、民主、和谐的企业氛围"为核心的浓厚的企业文化。同时,笔者在和潘磊的交谈过程中了解到,佳士科技差点就被世界排名第一的美国林肯电气公司收购了。历经接近半年的谈判,林肯电气公司开出了佳士科技在未来10年内赚不到的价钱,希望收购佳士科技。当时,面对如此诱惑的条件,很多股东表示了同意。但作为企业的一把手,潘磊清楚了解到被收购后将意味着什么。于是,潘磊力挽狂澜,通过多种方式获取了股东和董事会的支持,最终带领佳士科技走上了自主创新的道路。可以说,如果没有潘磊的坚持,中国将失去一个优秀的民族品牌,而佳士科技的合作伙伴(主要是代理商)和员工也很可能面临困境。同时,潘磊十分重视知识产权的保护和品牌的建立,据其透露,佳士科技至今已在28个国家和地区成功注册了"JASIC"商标,并打算在国外对拥有的专利进行注册。此外,潘磊还有着不断学习的可贵精神。

回顾东菱与佳士科技的发展历程不难发现,企业家精神与品牌意识在企业创立初期到转型升级成功一直起着非常重要的作用。正是领导层勇于创新、积极进取、富于激情、坚持不懈的企业家精神,对民族和员工强烈的责任感,以及强烈的知识产权保护和品牌意识,引领着东菱和佳士科技踏上持续高速成长之路。这一点对于佳士科技来说尤为明显。

2. 关键资源的获取为企业转型升级奠定基础

(1)资本积累。不论原始设备制造企业制定怎样的转型升级战略,希望选择怎样的转型升级路径,都必须具备相应的经济实力作为基础。虽然ODM模式潜在利润较大,但研发、设计需要的成本很高,风险也很高;OBM需要开拓市场、树立品牌,也需要很高的成本。只有经济实力强的OEM企业才能给转型升级提供更多的支持和保障。

研究资本积累对OEM企业转型升级的影响,可以从企业的销售收入、利润规模以及融资能力(如吸引外来资金支持、上市融资)等方面入手。东菱与佳士科技资本积累情况见表3-8。

表3-8 东菱与佳士科技资本积累情况

	东　菱	佳士科技
销售收入	2006年销售总额超过40亿元,较2005年增长25%,近年平均增长率超过30%	2007年销售总额超过2.5亿元,国内排名第五,较2006年增长69%,近年平均增长率为64%
利润规模	全行业平均利润率约为15%	全行业平均利润率为10.73%
融资能力	以自主资金为主,旗下子公司"新宝电器"上市筹备中	2007年11月26日,引入招商局科技集团等战略投资,并筹划上市;此前一直是自主资金

从表3-8可知,本研究中成功实现转型升级的两家企业本身具备良好的资金资源。凭借着充裕的资本积累,东菱和佳士科技得以在研发设计、宣传推广等方面进行大力投入,从而提高技术创新水平、推广企业产品品牌形象,最终实现转型升级。

值得注意的是,从绝对值来看,东菱在销售收入、利润规模方面的表现均明显比佳士科技好。然而,电焊机行业相对小家电行业而言,其规模要小一些。以2007年为例,东菱的销售额超过40亿元,佳士科技的销售额为2.5亿元。虽然佳士科技的销售总额仅占东菱销售收入的6.25%,但与国内同行相比,已算得上是颇具规模了。据了解,在焊接行业里一直有个"5000万现象"的提法,说的是对于焊接行业的生产企业来说,5000万销售额是一道门槛,很多焊机生产企业的销售额一直徘徊在2000万~3000万元,极少企业的销售额能达到5000万元。因此,在观察OEM企业在资金资源方面的情况时,应该考虑企业所在行业的性质。

(2)人力资源。原始设备制造企业的转型升级对人力资源数量和质量都有很高的要求,例如,OEM要求有很多技术工和熟练工;ODM则需要大量专业的、经验丰富的研发人员和设计人员;OBM还需要许多专业的、精通市场的营销人才、策划人才。大量研究发现,几乎所有的OEM企业在转型升级时期,都面临着人才缺乏的问题,尤其是那些能够引领企业在新领域内继续发展的高级管理人才,他们是成功转型的OEM企业完成其战略规划、保持竞争优势的重要保障。

东菱深谙人才是创新的关键。在公司高层领导的高度重视与直接参与下,在全体东菱人的支持与期望中,历时半年的筹备规划,集团在2004年7月28日斥巨资成立了属于全东菱人的培训管理学院——东菱学院,现已成为多所高校的培训教学点和实习基地。东菱学院在充分利用、挖掘企业现有资源的同时，合理地引进外部优秀人才、课程以及先进的管理机制，并与外部培训机构进行合作，内引外联，为公司和社会培养、输出有较强实践技能的技术人才和管理人才，形成有东菱特色的培训教育体系。此外，东菱还与中山大学和吉林大学分别合作开办了 MBA 在职研修班和工程硕士班，创建了"人才梯队建设"、"任职资格鉴定"、"内部培训为主外部输送为辅"的人才输送渠道，为企业培养了一批高层次的技术人才和管理人才。在东菱的努力下，集团具备了丰富的人力资源。目前，企业员工总数逾 2 万名，其中专业技术人员 2000 多人，在全体员工总数中的占比超过 10%。

就目前的情况而言，佳士科技在自身人才培养方面的投入力度与效果与东菱相比存在一定差距。然而，佳士科技十分注重外部人才特别是管理和技术人才的引进。据了解，佳士科技目前已引进了 10 多名有多年焊机开发经验的高级工程师专门从事产品的研发设计。同时，外聘了两位教授担任企业的财务顾问，并高薪聘请了在北京时代集团从事了 8 年研发工作的资深人士负责其技术研发工作。为了让产品研发能更好地切合市场需求，佳士科技计划从造船等行业引进多名资深技术人员参与新产品的开发。此外，佳士科技还筹划兴建企业学校，希望在企业内部建立系统、针对性强的员工培训体系，提高企业员工的整体素质。目前，佳士科技拥有员工 730 多人，其中管理人员占 7%，研究开发人员占 8%，市场营销人员占 12%，技术工程人员占 8%，从事专业技术工作的员工占全体员工的 35%，超过 250 人。

3. 关键能力的提升推动企业转型升级战略实施

（1）自主创新能力。提升原始设备制造企业的自主创新能力，对于促进传统制造业的优化升级具有重要意义。从新一轮全球经济结构调整的现实看，谁掌握了世界经济主导产业和战略产业的核心技术，谁就掌握了竞争的主动权，谁就能占据产业链的高端，赢得竞争优势，获得超额利润。否则，就只能处于产业链低端，成为别人的"组装车间"、"加工基地"，获取低微的加工收入。因此，从国家角度出发，为加快产业结构调整，提升传统制造业在国际分工中的地位，必须大力提升我国 OEM 企业的自主创新能力。

对企业自身而言，提升自主创新能力，能改变 OEM 企业过于依赖资金、劳动力和能源、资源等生产要素大量投入的现状，实现生产方式从要素驱动型向创新驱动型的转变，是 OEM 企业生存与发展的需要。此外，提升自主创新能力，也是有效规避 OEM 方式存在的诸多风险，增强 OEM

企业国际竞争力的迫切要求。

自主创新能力是决定OEM企业能否成功实现转型升级的关键因素。企业在从OEM到ODM再到OBM发展的过程中，关键是要不断地进行技术创新，使产品和工艺得以不断升级，从而在技术上实现ODM，并最终转型为OBM。因此，企业自主创新能力的提升，既是企业实现从OEM到ODM再到OBM的关键推动因素，同时也是OEM企业升级的最直接表现形式之一。

毛蕴诗、戴勇（2006）在对宏碁电脑、三星和格兰仕微波炉、科龙家电等典型企业案例进行对比分析的基础上，总结出来的典型企业在OEM、ODM以及OBM等不同发展阶段的创新特点（见图3-8），很好地反映出技术创新与OEM企业各阶段的密切联系。

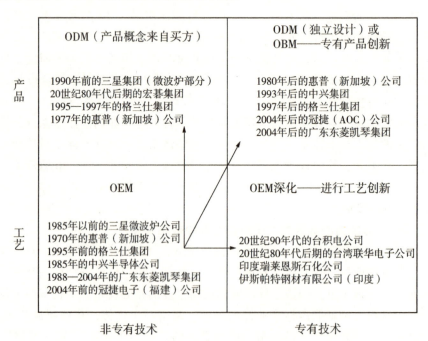

图3-8　典型企业不同阶段的创新特点

资料来源：本图的框架参照了纳谢德·福布斯（2001）提出的工艺—产品—专有技术坐标体系。

作者对案例中企业自创新能力的分析，主要围绕以下几个方面展开：自主创新成果、创新管理能力、科研投入力度、研发机构和人员以及产学研开展情况，等等（见表3-9）。

表 3-9 东菱与佳士科技的自主创新能力

	东 菱	佳 士 科 技
自主创新成果	平均每年新开发产品 200 多个，累计超过 1000 种；企业内部建立了规范的知识产权管理制度，拥有发明专利 4 项，国际专利 8 项，国内专利 500 多项；承担了多项国家级、省级的科技项目，包括国家火炬计划之一的热敏过热保护装置开发、广东省技改挖潜项目咖啡机智能化升级等；被省经贸委列为由"广东制造"到"广东设计"的典型案例；于 2004 年被认定为广东省高新技术企业，更于 2007 年成为勒流镇第一家国家火炬计划高新技术企业；成为"电热水壶性能要求及试验方法"国家标准制定的组长单位	平均每年开发并投入市场的产品数为 5～10 种；目前拥有国内专利 20 多种；2006 年 10 月初，被深圳市政府评为深圳市高新技术企业；2006—2007 年 5 月，公司先后被吸收成为中国电焊机标准化技术委员会委员单位、中国电器工业协会会员、中国电焊机分会理事成员，并参与了国内电焊机标准的制定工作；同时，瑞凌之星焊机已经成为国内 V-MOS 管焊机和民用焊机的一个通用标准
创新管理能力	企业内部建立了规范的知识产权管理制度，科研创新成果产业化程度很高，并设立了多种鼓励创新的制度，如每季度评选技术创新与合理化建议奖励等	早期因为不注重知识产权和商标的保护，导致"瑞凌"品牌受到部分不法厂家的仿冒，品牌形象严重受损。目前情况大大改善：企业十分重视对知识产权的保护；已经在 28 个国家和地区注册了"JASIC"商标，力争将"JASIC"打造为世界焊机行业一个著名商标；并计划对专利进行国外注册
科研投入	每年均对技术创新开发进行重点投入，企业的研发费用也从 2000 年的占销售收入的 2.91% 增长到 2005 年的 5.18%，增长了 16 倍，2005 年高达 1.7 亿元	对科研的投入主要体现在项目费用支出上，公司每年均会根据市场需求开展多个研发项目，每个项目的费用投入在 5 万～10 万元
研发机构和人员	①拥有多个先进的研发机构：省、市、区三级的电热电动类小家电工程技术研究开发中心，创新设计中心（广东工业设计协会的常务理事单位），产品研究开发中心，工业创新中心，以及通过 UL、GS 等权威国际认证公司和实验室认可的国家级实验室等 ②集团拥有工程师 200 多人，占全体员工比例的 1%；其中专门从事产品研发的将近 100 人，占全体员工比例 0.5%	①目前拥有深圳研发中心和太原研究所两个主要的研发机构 ②现有职工超过 730 人，从事研发设计的人员共占 16%，即 116 人；高薪引进了 10 多名有多年焊机开发经验的专业人才，成立了四个项目小组同时投入研发工作；计划引进在造船等行业的资深技术人员加入研发队伍，以使新开发的产品能更切合市场的需要

续表

	东　菱	佳士科技
产学研开展情况	于2006年建立了博士后流动工作站，致力于构建产、学、研结合的创新平台，并与吉林大学和合肥工业大学等高校开展多个技术合作项目	目前已与清华大学、华南理工大学等高校和国内外相关配套企业开展多个技术合作项目

如表3-9所示，案例研究中访问的两家企业均已培育出了较强的自主创新能力。正是由于不断在研发、设计方面进行创新，不断提升产品的技术含量和品牌形象，才使得东菱和佳士科技得以摆脱残酷的成本和价格竞争，逐步实现从OEM到ODM再到OBM的转型升级。这与笔者在调研过程中了解到的企业代表的观点高度一致。

（2）生产制造能力。生产制造能力是OEM企业赖以生存的比较优势。出色的生产制造能力能为OEM企业争取到更多的订单，使其OEM业务得到快速发展，并为转型升级奠定坚实的经济基础。而且，在企业进行转型升级的过程中，由于品牌的建立是一个历时较长且耗费巨大的过程，加上OBM业务不可能从一开始就实现盈利，企业可以继续保留相当比例的OEM业务，并用OEM业务的利润去支撑OBM业务的开展，从而推进转型升级进程。

据本次调研所得，东菱的员工规模已超过20000人，生产场地面积超过40万平方米；佳士科技目前拥有员工730多人，生产场地超过1.2万平方米。再加上表3-9所描述的两家企业的产值情况，可以看出，东菱已具备了相当规模的生产制造能力。虽然佳士科技的产值只有不到3亿元，但与国内同行相比，已是颇具规模了。

在本研究中，两家案例企业的OEM业务仍占有一定的比重（东菱超过25%，佳士科技为接近15%），且OEM绝对销售总额也在不断增加，可见OEM仍然是它们营业收入的重要来源之一。凭借着不断增强的生产制造能力，东菱的OEM产品在海外市场上占据的份额不断增大，这一方面使得东菱在与国外品牌采购商的谈判中握有足够的话语权；另一方面，它在OEM业务中获取的价值量能够支持它进入价值含量更高的领域（ODM或OBM）。这一点与我们之前的分析一致。对于佳士科技而言，过往几年在OEM方面的辉煌业绩不仅让企业实现了资本积累，更为其产品质量打造了良好的口碑。在此基础上，其于2007年才正式开始的品牌转换工作已经收到了显著的效果，整个公司OEM业务占的比例已迅速降低至15%左右。

由此可见，优秀的生产制造能力不但有利于企业 OEM 业务的壮大，而且能助推 OEM 企业向 ODM 和 OBM 的转型升级。

（3）营销服务能力。企业的营销服务能力是指企业满足市场需求，积极引导消费，创造竞争优势以实现经营目标的能力。它是企业决策能力、应变能力、竞争能力和销售能力的综合体现。市场营销能力的强弱是决定企业经营成果的大小、影响企业兴衰成败的关键。这对于 OEM 企业的转型升级也有至关重要的意义，尤其在向 OBM 转型时表现更为明显。OEM 向 OBM 转型的过程，实际上是一个生产型企业向品牌营销型企业转变的过程，成功的关键就是看企业能否迅速培养和建立起市场竞争所必需的市场营销能力。

分析营销服务能力可以从以下几个方面着手：企业的销售服务网络建设、销售队伍规模以及开展的宣传推广活动等，详见表 3-10 所示。

表 3-10　东菱与佳士科技的营销服务能力

	东　　菱	佳士科技
销售服务网络建设	①境外：在海外的分公司均已撤离，仅保留了位于香港的一个办事处 ②境内：已在全国建成包括 4 个销售大区、18 个省级分公司、300 多家客户、1000 余个终端卖场的较为独立、完备的销售体系和以 K3 软件为信息支撑的高效、透明的财务运作与管理体系，售后服务网络也覆盖全国所有销售区域。此外，在营销方式上还作出了不少创新，如 2003 年在北京尝试了会员制、在上海尝试了电视直销等	①境外：与 50 多个国家和地区的近 80 个客户建立起良好的合作关系 ②境内：拥有北京、上海、重庆、广州、东莞等 5 个分公司、10 个办事处、114 间代理店（一级代理商）、300 多名分销商（二级代理商），实施全代理式运营模式；服务网络十分完善，在全国实施三种层次的全国联保方案，并许下"技术支持的响应时间为 2 小时内，上门服务相应时间为 24 小时内到达现场"的承诺
销售队伍规模	市场销售人员大概有 200 人，占员工总数的 1% 左右	拥有市场营销人员 90 人，占员工总数的 12% 左右

续表

	东 菱	佳士科技
宣传推广活动	①境外市场:营销活动形式比较单一,主要集中于参加各种展览会,以及派出少量人员"敲门",主动寻求与知名品牌采购商的合作 ②境内市场:推广方式比较丰富,而且力度也相对大得多:通过各种展会等平台,利用聘请名人代言、广告等手段大力推广品牌形象	在国内外的各种大型展览会上一直十分活跃,参加过的重要展览会有:历届北京—埃森焊接与切割博览会①、历届国际焊接展览会、美国制造技术与美国焊接学会焊接展②,这大大提升了佳士科技在境内外市场的知名度,并为佳士科技赢得了来自印度、德国、以色列、俄罗斯等境外大客商的合作机会。此外,还经常借举行经销商会议及各种表彰大会之机提升品牌知名度

如表3-10显示,在提高自身营销服务能力上,两家企业都作出了很大的努力,也收到了不错的效果。但通过比较可知,东菱把其营销重点放在国内市场,对境外市场的推广手段仅限于参加各种展览会,而佳士科技的用力则比较平均。这一方面反映了东菱和佳士科技在企业战略上的差异;另一方面,从东菱在对国内与境外两个市场在营销服务投入力度上的差异可知,正是由于东菱在国内营销推广上的强力投入,才使得其国内OBM业务在几年内获得了较为快速的发展。由于东菱在境外市场上并不涉足OBM业务,东菱最需要做的是通过提高质量、降低成本以及缩短交货周期等手段稳定与国外大型品牌采购商间的合作关系,因此,它没有必要投入大量的资源去推广品牌形象,以吸引终端消费者。正如其国内销售公司总经理所说,"国内小家电市场比国外市场难做,国外市场只要找到境外卖家就可以了。"对于佳士科技而言,由于其最终的目标是将"JASIC"做成有竞争力的国际知名品牌,因此,它必须铺设自己在海外的销售网络,并在海外市场开展一系列的营销推广活动,以宣传"JASIC"的品牌形象。由此可见,营销服务能力是影响东菱和佳士科技成功实现转型升

---

① 北京—埃森焊接与切割博览会是由中国机械工程学会及其焊接分会、中国焊接协会、中国电器工业协会电焊机分会、德国焊接学会和德国埃森展览公司共同主办的大型国际焊接与切割展览会,被誉为世界焊接界的奥林匹克盛会。

② 美国制造技术与美国焊接学会焊接展是美国焊接学会(AWS)、美国制造工程师学会(SME)和美国制造者协会(FMA)合作举办的展览会,该展览会中焊接部分的前身是美国焊接学会举办的焊接展,是北美地区最大的焊接展览会,也是除德国埃森和北京—埃森焊接展之外的世界第三大焊接专业展览会。

级的显著因素。

同时，从表 3-10 可知，两家企业在"宣传推广活动"方面表现出明显的差异。据佳士科技国际贸易部经理透露，除了参加各种展览会的费用支出外，佳士科技在宣传推广方面基本不需要其他投入。但东菱在国内市场的宣传推广方式则比较丰富，而且力度也相对大得多，如通过各种展会等平台，利用聘请名人代言、广告等手段大力推广品牌形象。笔者分析，导致这种差异的原因在于产品的性质。东菱的主要产品为小家电，其终端客户是广大消费者，必须努力提高产品在消费者心中的认知度才有可能获得好的销售业绩；而佳士科技的产品是焊机，主要面向工业用户，因此，参加专业展览会的宣传效果要比在各种媒体上投入广告明显。

（4）管理能力。企业的管理能力指企业如何充分、有效地利用企业资源，完成企业预先设定的目标或战略的能力，它包括计划、战略的制定、执行、控制和协调等职能，还涉及企业的组织结构、信息传递、企业文化和激励机制等要素。从战略转型的角度来看，管理能力的作用在于以企业的现有资源和能力为依据，把企业的转型战略和资源、能力有机地融合在一起，并且最大限度地使用它们。因此，其能力的高低决定了 OEM 企业转型升级的质量和效率。

OEM 企业的转型升级不仅表示企业要面向全新的目标客户和市场竞争对手，它还涉及企业整个经营体系的转变，从生产流程到组织结构，从内、外部供应链到企业文化，各方面都在考验着转型中的 OEM 企业的管理能力。所以，如何将各种生产资源和要素合理配置起来，使其发挥最大的效用，并适应战略转型所带来的经营管理体系的重大变革，也是 OEM 企业在转型升级过程中必须重点解决的问题。

由于中国与西方国家国际贸易间的巨额顺差，欧美国家一直以来都在想方设法通过各种技术、环保等贸易壁垒来限制我国产品的出口，从而引起我国与其他国家间不断的贸易摩擦。例如，2007 年 6 月，总部位于纽约的 RC2 公司召回了广东生产的 150 万件玩具，而美国最大的玩具商美泰公司于同年 8 月 14 日宣布将在全球召回近 1820 万件中国产的玩具。两起召回事件的原因都是因为玩具中存有磁铁易被孩童吞食的隐患和油漆含铅量超标等问题。这两起召回事件发生后，许多国际组织、媒体、政府等纷纷对中国产品质量提出质疑，导致我国产品的海外销售量直线下降，还引发了企业倒闭、企业家自杀等惨痛事件。可见，质量就是企业的生命。基于以上考虑，质量管理能力将是本案例在研究 OEM 企业的管理能力时重点分析的因素。

此外，学者也曾从战略规划能力（张会恒，2004）、组织效率（Robert A. Burgelman，2004)、管理者素质（Cyert、March，1963；Winter，2000）等方面研究 OEM 企业的转型升级。另外，本研究还将补充考虑企业是否引入职业经理人制度以及员工总体素质两个对企业管理能力有影响的因素，详见表 3–11 所示。

表 3–11　东菱与佳士科技的管理能力

	东　菱	佳士科技
质量管理能力	以"质量压倒一切"理念为纲领、大力推进精品战略，实施"品质变革"，成立了以副总裁任管理者代表的专职质量管理人员队伍，建立了完善的 ISO 9000 质量管理体系，引入六西格玛，启动 CPK 和 IE 项目，并已培养出数位质量工程师；与产品质量与安全服务权威公司 Intertek 天祥集团签署《全球战略合作伙伴备忘录》	以"质量就是企业的血液"为理念，长期以来一直坚持强化内部质量管理，软硬结合，走规范化、制度化、标准化之路：全面通过 ISO 9001–2000 国际质量管理体系认证，所生产产品还达到中国 3C、欧盟 CE、澳洲 C–TICK、美国 UL 及无铅 ROHS 标准；建立了国内第一个也是至今最先进的无铅生产车间，该车间达到国际先进水平
战略规划能力	善于根据国内与国外两个市场的具体情况，制定相应的战略，并获得较好的成绩：在国内市场上，广建网络，大力开展 OBM 单一业务；在国外市场上，保持与品牌商的良好合作关系，在继续壮大 OEM 业务的同时把握机会涉足 ODM 业务	佳士科技的发展思路十分清晰，自 2003 年改制成功以来，根据自身与外部情况开展了两个三年规划：通过 2003—2005 的第一个三年规划，实现了销售冲亿的目标，并在海内外打响了自主品牌"JASIC"。自 2006 年到 2008 年，佳士科技正经历其第二个三年规划：2006 年是佳士科技的"质量服务年"；2007 年是佳士科技的"品牌塑造年"，是佳士科技做大做强、向着更高目标发展的关键一年；2008 年，佳士科技迎来其第二个三年发展规划的最后一站——"国际拓展年"
组织效率	①组织架构相对扁平 ②部门的自主权较大，实施自主经营、独立核算 ③建立了以 K3 软件为信息支撑的高效、透明的财务运作与管理体系	①组织规模较小，架构扁平 ②办公地点集中，沟通成本低 ③引入多个软件与系统提高企业信息处理效率

续表

	东　菱	佳士科技
管理者素质	董事长主席郭建刚为广东省优秀民营企业家、广东省佛山市顺德区政协第11届委员会委员，且于公司成立至今，一直负责公司重大战略决策工作，拥有大型企业管理、国内外市场营销策划及业务运作逾17年的工作经验；公司引入了职业经理人制度，从其他企业引进过多名高级人才	总经理潘磊从企业成立以来一直担任高层管理工作，具备了丰富的经验，而现有的管理团队大多由企业内部提升而来；公司同样引入了职业经理人制度，从外资公司引进了多名高级管理人才，包括一名高级人力资源师和一名有着丰富生产经验的生产总监
员工总体素质	拥有完善的培训体系制度，建立了专门机构东菱学院对全体员工实施全方位的培训，并与中山大学和吉林大学分别合作开办了MBA在职研修班和工程硕士班，员工中专业人员的比例超过10%	近年来通过引进方式吸收了大批在焊接行业有着多年开发经验的技术人员；员工中专业人员的比例约为35%；计划建立企业学院，通过开展针对性培训提高员工总体素质

注：①CPK是Complex Process Capability Index的缩写，是现代企业用于表示制成能力的指标。②IE（工业工程，Industrial Engineering）起源于美国，是一门应用性工程技术学科，强调综合地提高生产率、降低生产成本、保证产品质量，使系统处于最佳运行状态从而获得巨大整体效益。

在质量管理方面，两家企业都作出了相当大的努力，亦取得了不错的成绩。用东菱代表的话来说，东菱以"质量压倒一切"为管理宗旨，"宁愿放弃一张单的利润，也不放弃一张单的质量"，积极推行精品战略。在全体东菱员工的协作下，东菱在质量管理方面成绩斐然：2006年12月，从93家企业中脱颖而出，成为"电热水壶性能要求及试验方法"国家标准制定的组长单位；2006年，东菱威力荣获"消费者最信赖质量放心品牌"；2007年6月，新宝电器荣获广东省质量管理奖；电熨斗、微波炉、果汁机等产品连续获得国家免检资格，成功摘取全国小家电十佳品牌并夺得顺德区首家出口免验项目；旗下威力品牌荣获2007年度"消费者最信赖十大家用电器质量品牌"称号；CPK、IE等项目推进顺利，已培养出多位质量工程师，使企业具备对自身质量管理的鉴定与分析能力等等。

佳士科技长期以来坚持强化内部质量管理，软硬结合，走规范化、制度化、标准化之路。公司建立了国内第一个也是至今最先进的无铅生产车间，拥有多条当今世界焊接行业先进的符合欧盟ROHS无铅环保标准的自动化生产线、多条自动插件线及数字电子检测系统等先进的生产和检测设备。公司不仅全面通过ISO 9001-2000国际质量管理体系认证，所生产产品还达到中国3C、欧盟CE、澳洲C-TICK、美国UL及无铅ROHS标准。

虽然在质量管理方面取得了不错的成绩，然而，东菱生产部经理透

露,"质量始终是我们最为重视的问题。尽管近年来东菱的销售额持续高速增长,这表明集团公司的低成本扩张政策取得了极大成功,但在市场份额领先的同时,东菱与世界一流企业产品的工艺、外观、质量还存在着一定的差距。"尤其是小家电产品的质量直接关系到消费者的人身健康与安全,一点小小的疏忽将可能引起严重的后果,由质量问题引起的退货、索赔甚至召回等事件,对企业的打击无疑是致命的。辛苦建立起来的品牌很可能会因一起质量问题而毁于一旦。因此,企业要真正实现从 OEM 到 OBM 的转型升级,必须先要在质量上把好关。

4. 国内家电和焊机需求市场的扩大为企业创立自主品牌带来信心支持

近年来,受西方文化的感染、生活条件的改变,消费者的心态也由基本的生活需要向营养健康的品位生活转变,越来越多的消费者选择与欧美国家饮食密切联系的产品如电咖啡壶、烤面包机、食品料理机等,这就为西式小家电的市场发展提供了机遇;随着经济发展和生活观念的改变,中国家庭的结构开始变小,家庭数量不断增加,使得家电产品需求增多并影响到产品需求的变化,小型化、简单化、个性化的小家电表现出巨大的需求。在这样的大环境下,小家电市场前景非常广阔,发展空间相当巨大。从市场需求量上看,欧洲平均每户家庭持有小家电产品 30 多种,而在我国,平均每户家庭拥有的小家电产品数目仅为 3~4 种。家电研究机构赛迪的研究结果显示,2006 年我国小家电整体市场规模达到了 853.1 亿元,同比增长 14.1%,且未来 5 年内将保持 8% 左右的增长速度。另外,据一份来自中国家电市场调查研究课题组的数据显示,近几年我国小家电市场每年以 10%~14% 的增长速度快速发展,市场潜力巨大。此外,由于小家电产品的使用寿命一般为 5~6 年,这预示着相当一部分小家电产品将会被新产品所取代。

我国经济的持续高速发展、人口的不断增长以及城市化程度的不断提高,为焊机产品提供了巨大的市场空间。据了解,2006 年国内 48 家电焊机企业主营业务收入 404365.56 万元,比 2005 年同期增长 24.38%;2006 年我国电焊机产品出口猛增,48 家企业出口电焊机总额为 57854.96 万元(不含辅机具配套件元器件),出口产量为 640250 台,相比 2005 年同期亦有大幅增长。与此同时,居民日益重视环境保护,而佳士科技的主要产品逆变焊机相对传统焊机,使用的原材料大为减少且在节能方面表现出色,因而"JASIC"电焊机受到了广大工业用户的欢迎。

小家电和焊机市场的广阔前景,为东菱和佳士科技提供了巨大的发展空间。近年来,东菱 25% 与佳士 64% 的销售增长率正是建立在国内外快速膨胀的市场需求的基础上的。

与此同时，随着居民素质的提高，其消费心理日益成熟，品牌意识不断增强，他们不再一味追求低价产品，"买涨不买跌"成为主流的消费心理。在这种情况下，企业不能再仅仅依靠降价来带动销售业绩，必须通过提高产品质量、培育品牌来达到占领市场的目标。与市场需求的增长一起，消费心理的不断成熟为东菱和佳士科技等 OEM 企业创造了通过技术创新实现转型升级的良好环境。

此外，相关行业标准的出台，规范了行业的竞争秩序，淘汰了"劣质"的企业，为企业的发展营造了一个公平的竞争环境。笔者从东菱和佳士科技企业访谈获知，这两家企业不但是行业标准出台的受益者，而且还是行业标准的制定者。2006 年 12 月，东菱从 93 家企业中脱颖而出，成为"电热水壶性能要求及试验方法"国家标准制定的组长单位，为规范我国小家电行业、促进我国小家电行业与世界接轨作出了巨大贡献。佳士科技于 2006—2007 年 5 月期间，先后被吸收成为中国电焊机标准化技术委员会委员单位、中国电器工业协会会员、中国电焊机分会理事成员，并参与了国内电焊机标准的制定工作，对规范我国电焊机行业的竞争秩序起到了举足轻重的作用。

5. 政府政策支持，鼓励企业转型升级

在政府支持下，东菱佳士科技起立起的技术创新环境如表 3-12 所示。

表 3-12　东菱与佳士科技的技术创新环境情况

	东菱（勒流）	佳士科技（深圳）
基本情况	佛山市须德区勒流镇是"广东省科技示范镇"、"国际标准化名镇"、"2007 年勒流镇被省部产学研办公室命名为第一批广东省教育部产学研结合示范镇"；截至 2007 年 4 月，已签订了 35 个产学研合作项目；累计申请专利 5189 项，授权专利 4667 项	深圳 2006 年全市高新技术产品产值达 6294 亿元，具有自主知识产权的高新技术产品产值占全部高新技术产品产值的比重为 58.9%，均居全国第一；全社会研发投入占 GDP 的比例达 3.4%；专利申请量增长 42%，达到 29728 件，居全国第二；其中发明专利申请量增长 75.3%，申请量居全国第一；PCT 国际专利申请量稳居全国榜首
创新体系	两地均确立了以企业为主体的自主创新体系，但佳士科技所在的深圳表现更为突出，全市 90% 以上的研究开发机构设在企业，90% 以上的研发人员在企业，研发经费的 90% 以上来自于企业，90% 的专利是由企业申请。此外，全市 38 个工程技术开发中心、21 个博士后工作站全部设在企业	

续表

	东菱（勒流）	佳士科技（深圳）
政府政策支持与鼓励	政府大力开展技术标准服务，建立以企业生产管理标准为基础、以产品质量标准为核心、以检验检测标准为保证的企业标准体系；大力加强对关键领域和产业技术标准研制的扶持，鼓励企业积极参与以知识产权为核心的行业标准、国家标准乃至国际标准的制定和修订，推动企业积极采用国际标准和国外先进标准；组织五金家电商会与瑞士日内瓦国际认证机构SGS-CSTC标准技术服务有限公司合作组建"勒流镇标准化服务平台"，以提高行政效率及行政服务质量，并于2006年获得"国际标准化名镇"称号；颁布《关于加快实施自主创新战略提升勒流工业核心竞争力的若干意见》和《关于加快实施自主创新提升勒流工业核心竞争力实施方案的通知》两项政策，规定从2007年开始，勒流每年从财政支出总额中列支不少于2%的资金，作为科技发展专项资金，支持辖区内技术创新工作的开展	政府大力推动企业科技创新的实践，先后颁布了关于技术秘密保护、无形资产评估、计算机软件著作权保护、企业技术开发经费提取和使用、技术入股、奖励企业技术开发人员等9项法规、规章，并从评估、仲裁、审判等方面，营造保护知识产权的良好法制环境，以促进区域创新体系的健康发展；循序渐进地完成了区域自主创新体系布局，先后规划建设了11.5平方公里的高新技术产业园区、150平方公里的高新技术产业带，240多家创新企业孵化器解决了产业集群的发展空间问题，创建了中科院深圳先进技术研究院、虚拟大学园、大学城等一批大学科研创新系统，成功举办了8届具有国际影响力的高交会、首届科博会，大大弥补了深圳基础研究缺乏、技术源不足的"短板"。同时，政府还出台了"股改+托管+私募→成长+公募+上市"的科技企业成长路线图计划，指导高技术企业的融资工作
融资环境	融资环境相对较差，除了个别实力雄厚、经营规范的企业通过上市融资外，一般企业的筹资手段单一，多以自有资金为主	拥有高效、发达的融资市场，建立了相对完善的风险投资进入与退出机制，大力发展中小型金融机构，很好地解决了企业（尤其是创业风险较高的高科技企业）融资难的问题。本土风险资本在全国名列前茅：招商局科技集团2006年投资总额达6000万元，投资6个项目；清华力合投资7000万元，投资了7个项目；深圳创新投2006年投资了16个项目，投资金额达2.4亿元；全市共有风险投资机构133家，资金超过100亿元，占全国风险投资的1/3。政府比较早地以市场化方式运用财政资金支持高新技术企业发展，政府出资组建"高新技术产业投资服务有限公司"，为全市不同所有制的高新技术企业提供研究开发专项贷款和流动资金贷款担保

续表

	东菱（勒流）	佳士科技（深圳）
人才培养机制	2005年，勒流生产力促进中心协助东菱启动321工程暨校企联姻签约协议，建立了校企双方在学生培养、就业问题上有效的沟通和互动平台、共同培养应用型人才，推动企业和学校共同发展。同时，勒流还成立了吉林大学研究生顺德教学基地、中山大学MBA顺德教学基地、合肥工业大学东菱研究院以及东菱博士后工作站，成为企业吸引和培养人才的基地。此外，针对勒流大多数中小企业自身技术人才缺乏现象，镇职业技术学校搭建人才培养平台，成立了勒流职业学校职业人才培训基地，结合勒流产业特色设置专业科目，加强中等专业技术人才和职业技术工人的培养，为勒流企业源源不断地提供技术和人才支持	深圳市在人才政策上坚持自我培养与引进相结合的方针，在技术政策上实行自主开发与引进并重的方针。制定各种优惠政策，创办人才市场、完善人才流动机制，人才配置的效率不断提高，吸引了大批人才。为进一步保障高新技术产业发展的人才和技术来源，深圳市与中科院合作建立科技工业园，与清华大学合作创办了深圳清华大学研究院，与北京大学、香港科技大学合作建立深圳产学研基地，与哈尔滨工业大学合作建立了深圳国际技术创新研究院，为他们在深圳进行科技成果的产业化和高级人才培养免费提供办公场所和各方面的支持
配套服务体系	拥有国家级实验室1个、广东省企业技术中心3个、佛山市工程技术中心2个、顺德区工程技术中心2个，并于2005年成立了勒流工业技术研究所；同时，华南理工大学佛山研究院勒流科技创新中心、中国地质大学佛山研究院勒流科技创新中心、勒流知识产权研究会于2007年挂牌；建成了智能家用电子信息产业园、精密金属制品产业园、现代交通机械产业园三大科技产业园；重点搭建检测、标准、知识产权、行业工艺、信息提供等公共平台，如技术创新服务平台等	相关配套服务体系十分完善，形成了一整套科技中介服务系统，包括技术创新服务机构、科技评估机构、检测认证机构、技术经纪机构、信息咨询服务机构、高新技术开发和大学园区的创业中心、行业协会、会计事务所、金融机构、资产评估所、风险投资公司等

如表3-12所示，在当地政府的大力支持与推动下，东菱所在的勒流镇与佳士科技所在的深圳都已建立起优秀的技术创新环境，这对于它们开展自主技术创新并最终成功实现从OEM到ODM再到OBM的转型升级起到了极为明显的推动作用。

同时，笔者发现，在融资环境方面，深圳的表现明显比勒流好。这是因为，与勒流相比，深圳有着高效、发达的融资市场。为了更好地解决企业（尤其是创业风险较高的高科技企业）融资难的问题，政府作出了多方面的努力：大力发展中小型金融机构；以市场化方式运用财政资金支持高新技术企业发展，出资组建"高新技术产业投资服务有限公司"，为全市不同所有制的高新技术企业提供研究开发专项贷款和流动资金贷款担保；建立完善的风险投资进入与退出机制，吸引风险资本的流入；等等。

对于最后一个分析点"配套服务体系"问题，笔者发现，勒流镇政府建立的研发机构比起深圳市政府建立的还多。据了解，深圳市政府对R&D的投入十分少。由政府建立的研发机构只有5个，科技活动人员只有88人；全市90%以上的研究开发机构设在企业，90%以上的研发人员属于企业，此外，全市38个工程技术开发中心、21个博士后工作站全部设在企业。在投入方面，企业的科技经费内部支出超过政府经费支出的600倍。然而，正是在如此少的政府支出和如此大的企业投入，创造了十分可观的高新产品产值，2006年高新产品销售收入达14330035万元，居广东省首位。可见，在推动企业进行技术创新的过程中，政府采取的关键措施并非一味加大在科研方面的财政支出，而应该是以体制创新推进技术创新，也就是建立和完善企业科技开发体系，使企业成为科技进步、技术创新、R&D经费投入的主体。

然而，在调研过程中，佳士科技的技术总监表示，对知识产权侵害行为的监管力度不足以及窃取知识产权的成本太低、代价太小等问题，严重打击了企业自主技术创新的积极性。如何留住企业里有着丰富开发经验且掌握了核心技术的员工，避免他们被竞争对手采用高薪、股权激励等手段挖走，一直困扰着广大高新技术企业。政府在这方面仍需加大监控、管理力度。

6. 与合作企业的稳定关系为企业提供技术、管理等方面的参考借鉴

自主创新能力是影响OEM企业转型升级的关键因素，但技术能力的培养需要经历一个长期的过程。后发国家（地区）的企业可以利用OEM引进、消化和吸收发达国家（地区）的先进技术，并以OEM为跳板，通过不断进行技术创新转型为ODM甚至创立自有品牌，最终实现OBM。因此，OEM企业与委托企业之间的合作关系，如会否实现资源共享、技术交流的广度和深度如何等，有可能加速OEM企业自主技术创新能力的形成过程，从而推动其转型升级进程。华硕董事长施崇棠就曾公开表示，"可以'偷师学艺'是与国际一流厂商合作的好处之一，因为往来频繁，可以观摩学习对方的管理模式，帮助华硕不断改进。"

在"与合作企业的关系"方面,东菱与众多知名品牌企业建立了相对稳定的长期合作关系。而且,在合作过程中,长期合作伙伴会派出常驻品质控制员到企业进行技术指导和质量监控,东菱与合作企业间技术、人才交流较为密切。佳士科技在与多家世界上专业的生产厂家的合作,积累了非常丰富的经验,并通过"干中学"和"用中学"等方式,吸收专业厂家在管理和技术方面的先进经验,使得其产品在技术上、生产工艺上以及品质控制上都做到了与国际发达国家接轨的水平。此外,佳士科技还与合作企业有着较为密切的技术与人才交流。据其国际贸易部经理介绍,佳士科技的海外合作企业会定期派出品质控制员到车间进行现场指导。

可见,东菱和佳士科技都与合作企业建立了良好的关系。这种良好的合作关系不仅为东菱和佳士科技赢得了稳定的订单来源,还给它们提供了一个接触、了解和学习合作企业先进技术和管理经验的优秀平台,从而大大加速了它们的转型升级进程。

八、事实发现

无论从转型效果还是从升级速度来看,广东东菱和深圳佳士科技确实是广东甚至我国成功实现转型升级的典型 OEM 企业。研究这两家企业在从 OEM 到 ODM 再到 OBM 的转型升级过程的成功逻辑,对广大 OEM 企业具有很强的指导价值与现实意义。

通过对东菱和佳士科技的转型升级路径作纵向多方深入的对比分析,主要事实发现如下。

(一)OEM 是后发国家(地区)企业融入全球产业链、技术跟进乃至实现 OBM 的有效手段

首先,OEM 是后发国家(地区)企业融入全球产业链、分享部分产业利润的有效手段。在 OEM 生产模式下,企业生产的产品亦可以直接投入市场而不需要自己去做复杂的市场调研、渠道铺设,节省了营销费用,在生产上也实现了规模经济,大大降低了生产成本,从而能获取到更为丰厚的利润。同时,后发国家(地区)企业可以依靠自身较为低廉的生产制造成本开展 OEM,从而融入全球产业链,分享产业利润。

其次,OEM 是后发国家(地区)企业实现技术跟进的有效手段。就技术跟进而言,后发国家(地区)不可能一下子掌握发达国家的生产技术水平。而从 OEM 到 ODM 再到 OBM 是一个逐步学习、阶段性积累技术和经验的过程,这就避免了这些企业在产品创新、技术创新的初级阶段走弯

路,使企业能有效地降低开发成本,并积累技术基础。在本研究中,东菱和佳士科技正是在与国际知名企业的合作中,通过"干中学"和"用中学"等手段接触、吸收先进管理经验和技术,从而不断地提高自身的经营管理和研发设计水平。

最后,OEM是后发国家(地区)企业自立品牌实现OBM的有效手段。品牌战略的实施,必须建立在强大的资金实力和技术积累的基础上。如果企业采取自创品牌的战略,将意味着企业要进行品牌与生产的双重投入和双重管理。这不仅容易分散精力和资源,还将承担巨大的品牌风险和生产经营风险。而OEM→ODM→OBM的模式为这个过程提供了平稳的过渡。佳士科技自2002年启动海外市场,经过5年的努力,利用OEM很好地实现了资本和技术的积累。在此基础上,其于2007年才开展的品牌转换工作,在短短的一年时间里便收到了显著的效果。试想,如果佳士科技从2002年开始便在海外大张旗鼓地做OBM,必将遭遇举步维艰、难以打开市场的局面。

(二) OEM企业的总体升级方向为从OEM到ODM再到OBM

原材料价格上升、劳动力使用成本增加、能源供应紧张、人民币升值、出口退税率持续下调以及环保成本提高等多方面因素导致OEM企业的利润空间日益缩小,OEM企业必须及时实施转型升级,才能维持其生存和发展。其次,激烈的国内外竞争使得新兴经济企业自主创新的最终目标必须是拥有自主知识产权的OBM。与此同时,国际贸易摩擦升级、壁垒林立,以及利益分配不平衡等因素的存在,迫使OEM企业转型升级。

此外,随着OEM企业规模的不断壮大,OEM生产方式的固有风险日益凸现。OEM企业只有通过转型升级,创立自主品牌,掌握产品的分销渠道,才能在加工贸易尤其是出口贸易中占据主动地位,有效规避OEM生产方式的固有风险。

OEM企业要扭转利润空间日益缩小的困境,并在激烈的国内外竞争中取得主动地位,一方面可以通过不断的自主技术创新,增加产品的技术含量以提高其竞争力和附加值;另一方面,有能力的OEM企业应该积极地打造自主品牌,以品牌的建立与推广带动企业利润空间的提升。随着OEM企业把经营领域从附加值最低的生产制造环节逐步向"微笑曲线"两端延伸,企业便逐渐地从OEM转型升级到ODM甚至OBM。

东菱从1998年开始以OEM启动海外市场,并于2000年涉足ODM。佳士科技以OEM启动海外市场的时间为2002年,并于同年开始从事ODM

业务，其于海外市场的 OBM 是从 2007 年企业实施品牌转换工作开始的。换言之，在海外市场方面，东菱的路径为"OEM → ODM"，而佳士科技的路径为"OEM → ODM → OBM"。尽管两家企业的转型升级路径存在明显差异，但同时表明，OEM 企业的总体升级方向为从 OEM 到 ODM 再到 OBM。

（三）OEM 企业结合自身情况实施多种方式并行发展：东菱以 ODM 为主、佳士以 OBM 为主进行转型升级

虽然从总体方向而言，OEM 企业实现转型升级的一般路径是由 OEM 到 ODM 再到 OBM。但对于每个企业个体来说，在实际升级过程中，又会根据企业的具体情况而采取不同的操作策略（Amsden，1989）。

两家案例企业的发展历程很好地说明了 OEM 企业转型升级路径选择的多样性问题。东菱于 2003 年开始进军国内市场，采取的是"天生的 OBM"的路径。而在海外市场，则在 2000 年涉足 ODM，至今并未开展 OBM 业务，故其路径应该为"OEM→ODM"。佳士科技在国内市场的做法与东菱一样，均为"天生的 OBM"，两者的差异在于海外市场。佳士科技从 2007 年启动品牌转换工作，有计划地将出口海外市场的产品换上自主品牌"JASIC"，已取得显著成绩。因此，佳士科技在海外市场上采用的转型升级路径为"OEM→ODM→OBM"。可见，东菱和佳士科技虽然都不同程度地实现了转型升级，但两者又根据自身的资源、能力等情况采取了不同的操作策略。

笔者在调研中还发现，佳士科技在转型升级路径选择方面，不但国内与国外市场存在差异，而且在海外市场上也同时采用多种模式，包括：纯粹 OEM，采购商提供从外观到内部零件设计的整套图纸，佳士严格按照图纸进行生产，不作任何改动；采购商提供外壳成品和内部零件设计图纸；采购商提供外观和内部零件设计图纸，佳士将外壳生产外包给 OEM 厂商，只生产内部零件；ODM，采购商提出需求而不提供设计图纸，佳士自行设计外观与生产零件，拥有除品牌外的一切知识产权；OBM；等等。此外，在贴牌方式上，佳士科技也使用多种方案，包括：不在 OEM/ODM 产品上加贴任何与佳士科技有关的标签；仅在 OEM/ODM 产品背面加贴"JASIC"商标；等等。对此，佳士科技的国际贸易部经理表示，正是由于佳士科技能结合自身情况实施多种方式并行发展，使得企业在不断壮大原有 OEM/ODM 业务的同时，快速地踏上了自主品牌之路。

第二节 玩具行业企业转型升级：龙昌玩具国际控股有限公司与哈一代玩具实业有限公司的对比

一、玩具行业现状分析

（一）全球玩具行业已步入了科技创新与多行业融合的时代

玩具一直以来随着人类文明在向前进步，从古代简陋的石制木制玩具发展到现在活灵活现的机器、电子玩具，玩具的进化见证了人类知识水平的提高。虽然玩具由来已久，但玩具行业相对于其他传统行业来说还是一个新兴行业，最早形成于20世纪的美国。我国玩具行业形成的时间则更晚。新中国成立前，上海、天津等地有一些玩具企业，新中国成立后得以恢复，但在"文革"时期遭受重创，直到20世纪70年代中期才得到恢复并持续发展到如今的规模。玩具行业有一个以材料为标志的不断进步的过程。20世纪40年代主要以木制玩具、布绒毛质玩具为主；第二次世界大战后，塑料的出现让生产商们发现了新的适用材料；20世纪70年代以后，科学技术突飞猛进，电子玩具、智能玩具逐渐发展起来，并迅速抢占市场。

玩具行业发展至今，已经成为一个综合性的，集研发设计、制造加工及营销于一体的，与美学、体育、教育、传媒、IT等多个行业相渗透的行业。科技进步不断为玩具业注入新的发展动力，使得玩具的更新和升级变得更加迅速和复杂，摆在企业面前的创新压力也将越来越大。

面临压力的同时，企业也有很大的创新动力。目前世界玩具市场潜力巨大，中东、亚洲地区增长空间巨大，尤其是国内。中国16岁以下儿童有3.6亿左右，占人口的比重约20%。目前我国儿童消费已占到家庭总支出的30%左右，全国0～12岁的孩子每月消费总额超过35亿元。但中国14岁以下的儿童和青少年的人均年玩具消费仅20～30元人民币（2.4～3.6美元），远低于亚洲儿童人均年玩具消费13美元和全世界儿童人均年玩具消费34美元的水平。如果中国玩具消费达到亚洲平均水平，市场规模预计将突破300亿元人民币，我国玩具市场未来将以每年40%的速度增长，到2010年，销售额将超过1000亿元人民币。同时，随着经济的发展，人们对玩具的需求不仅仅局限在儿童使用的普通的毛绒玩具、塑料玩具和电子玩具等，人们更多需要日趋智能化、机电和科技含量较高的玩具,并适合不同年龄阶层的需求。玩具产品开发思路窄是国内玩具业存在的一个较为普遍问题。在西方,玩具早就超出了儿童的概念,出现了适合从0岁到100岁的各种玩具,成人玩具及老年人玩具比重不断上升。国际玩具厂商们推出的产品不仅有适合婴儿、幼儿以及少儿等不同特点的智力开发玩具,还有适合青年、中年及老年人的玩具。比如,青年人有机器猫、机器狗等"宠物玩具";老年人也有能模拟出亲友形象的"克隆"玩具,这些玩具把特定人的外型、语音声调等仿制得惟妙惟肖,可以和老人进行对话交流,起到陪伴作用。有的产品还专为"亲子消费"而生产,做出超人、卡通人及各种新型玩具车等,专供父亲和儿子一起玩。在成熟的欧洲及北美市场,成人玩具已占据50%的市场比例,而在亚洲尤其是国内市场,几乎还是儿童玩具一统天下的局面,成人玩具基本处于空白。据有关问卷调查结果显示,在国内,64%的消费者表示如有条件,可以考虑购买适合自己的玩具,其中33%的成人认为自己喜欢并愿意购买玩具,成人玩具市场潜力巨大。

(二) 作为玩具生产基地的东莞缺乏研发实力和自主品牌,转型升级充满压力和挑战

1980年香港龙昌将工厂设在东莞,是改革开放以后第一家来东莞投资的玩具制造企业。随后伟易达、银辉等玩具企业先后到来,东莞的玩具业在背靠香港、承接香港的技术和产业转移的基础上逐渐壮大起来。

玩具是东莞经济的缩影。起初的强劲发展源于改革开放初期作为最早开放的沿海地区,率先承接了国际资本、技术和产业的转移,引进了加工制造业。20世纪80年代初,广东沿海实行了改革开放,国内地价便宜、劳动力成本低,香港厂商逐步把劳动密集型的产品转移到内地做来料加工,从而东莞的玩具业与香港结成了前店后厂的良好分工。1990年前后,东莞的玩具产业集群初步形成。目前,玩具在东莞已经形成具有规模的产业,有大小不等的3000家制造企业,还有为玩具做配套的近2000家企业,良好的供应链系统支持了整个东莞的玩具工业。据中国市场监测中心资料显示,中国玩具制造50强企业中,东莞占据1/5左右,中国玩具制造业十强企业中,东莞有三家企业入围。

在具备玩具出口质量许可的企业数量上,东莞也具有绝对的优势。据了解,当前全国涉及玩具出口、获得质量许可证书的企业约有3000家,仅广东辖区内就有1300多家,而东莞则有700多家企业。

据东莞市2004年的统计资料显示,东莞玩具企业中,产值过亿元的企业有10家,销售收入过亿元的企业有8家,玩具生产及销售的品种包

括塑胶玩具、电动玩具、填充玩具、机械玩具等,出口地区以美国、欧盟、中国香港地区、日本等为主。

据不完全统计,全世界接近75%的玩具是中国制造,特别是毛绒填充类手工制作玩具,中国企业几乎垄断了全球市场,而东莞玩具制造业在中国乃至全球都占有举足轻重的地位。在全球玩具制造份额中,中国占70%,而广东占中国的70%,东莞则又占广东的60%。

从出口量来看,2005年广东出口值为45.4亿美元,而东莞出口值为12.13亿美元;2006年全国玩具出口70.55亿美元,广东的出口值为48.05亿美元;2007年1—10月广东出口49.4亿美元,东莞出口12.9亿美元,出口值占广东省同期玩具出口总值的26.1%。

2007年6月份到8月份的三起玩具召回事件,给东莞乃至整个广东省的出口带来了极大的影响。9月份广东省首次出现了出口的负增长。9月本是圣诞玩具出口的黄金时期,但据广州海关统计,广东玩具出口7.1亿美元,比8月减少577.6万美元,首次出现环比负增长。但影响是短暂的,10月份出现了强劲复苏,1—10月全省共出口玩具货值不降反升,达49.4亿美元,比上年同期增长22.9%,增速比上年同期高出18.6个百分点,而东莞市共出口玩具12.9亿美元,比上年同期增长23%,充分显示了东莞在广东、在世界玩具行业中的重要地位。许多在全球有广泛影响的玩具品牌都入驻东莞,如迪士尼、芭比娃娃、史努比、蓝猫、小熊维尼等世界著名品牌。众多国外企业将东莞作为其玩具制造基地。

在看到东莞玩具制造业的优势的同时,我们可以看到制约其进一步发展的不利因素。虽然目前东莞玩具生产企业有近4000家,但95%是三资企业,近2/3的玩具企业为"三来一补"型,玩具的设计、销量等多由外方控制,而少有自主研发。很多企业缺乏自己的造血功能,技术开发能力较弱,生产发展主要靠给国外厂商进行来料来样加工、定牌生产,自己没有生产和市场营销权;还有部分企业靠模仿求生存,屡遭侵权投诉,目前还处于单靠制造成本低廉或是赚取少量的加工费和管理费的境地。多数企业的产品以外销为主,鲜有研发投入,没有自己的品牌和设计能力,因而除了低成本制造外,几乎没有自己的核心竞争力。"东莞制造"的玩具绝大部分只是贴着别人的商标漂洋过海,东莞企业只是从中赚取在整体商品售价中占极小比例的加工费。而就东莞本地来看,近几年来95%以上的玩具生产都是用于出口,其中相当大的一部分订单来自迪士尼、蓝猫等知名玩具品牌公司。玩具加工贸易占出口总值的99%左右。总体上还是以OEM为主,很少企业向ODM、OBM发展。就算是产值过亿元的10家企业中,也只有为数不多的几家企业有自主研发能力和自主品牌。

近年来,东莞玩具业还面临着更多的困局。劳动力资源的短缺,能源供应不足,塑料、化纤、铜线等进口原材料价格大幅上升,国际标准林立导致检测成本、营销成本增加,市场规范程度不高,知识产权保护力度不够等因素,使得很多企业驻足观望,满足于 OEM 业务利润的现状,不愿开始自主创新的转型。委托加工业务占据主导,使得技术人员缺少与市场的接触,不能对市场走向有直接的把握,缺乏自主创新的触发器。同时,东莞缺乏良好的创新环境,缺乏外部的智力支持,几乎没有一家专门的玩具设计机构。特别是随着国际上对玩具安全和质量的重视的日益加强,我国玩具企业加工贸易这条路走得并不安稳。2007 年国际玩具协会(ICTI)发起的为维护玩具的合法、安全的《ICTI 行为守则》给我国玩具制造企业带来了一次不小的冲击,如果国内玩具加工企业不能在规定时间内提高产品质量和技术,达到 ICTI 的标准,将面临失去大量订单的危险。2007 年的玩具召回风波更是给我国玩具企业敲响了警钟。

现在,玩具之困也代表了东莞制造业的整体困局。一方面,企业引进的产业仍以低技术含量、低附加值的加工环节为主,在全球生产网络中处于边缘位置;另一方面,产业成长空间受到挤压,未能形成具有核心竞争力的产业,尤其在自主技术和自有品牌方面处于落后地位,在国内生产体系中也处于边缘位置。东莞玩具整体存在着缺乏自主知识产权,技术附加值低,传统玩具占比例过大的现象。制造成本的上升,以及 2007 年有关质量问题的一系列事件,在某种程度上都给了东莞制造业以冲击。中国内地的劳动力成本优势已经逐步为周边国家所赶超,能否快速形成自主创新能力,带来产业及产品的创新升级,占据有利市场,成为东莞玩具制造的当务之急。

东莞需要大力提倡企业提高对国际新标准、新技术的消化吸收能力,进行长期的专业相关知识积累,并在此基础上实现自主创新,才能逐步实现东莞玩具制造由 OEM 向 ODM 乃至 OBM 的升级过渡。

虽然国内学者们对如何提高自主创新能力各抒己见,但他们的研究结果蕴含着共同的倾向,我国的自主创新提升路径应该坚持走引进—消化—吸收—集成创新—自主创新的提升路径。东莞玩具制造企业应该首先注重对外来生产技术、前沿设计的消化吸收,并在此基础上,在知识产权制度允许的范围内进行渐进式的集成创新,逐步提高自己的研发、设计和创新能力,渐渐走上独立自主创新之路。

东莞玩具正处于发展的成长期,应该是创新能力的逐步提升阶段,技术创新可以为企业带来新的成长空间,增强企业的自主性和成长性,塑造新的竞争优势,提高企业的国际竞争力。整个产业也需要自主创新来为产业升级注入新的动力。需要加强企业自主创新的主体意识,增强企业家在企业自主创新过程中的导向作用,重视企业研发设计能力的提升,这是提升东莞企业自主创新能力的关键点之一。同时,政府需要发挥好起引导作用。东莞市在《东莞市名牌培育发展规划(2006—2010年)》出台了对玩具企业品牌建设的扶持政策。计划针对玩具产业中民营企业数量少、规模小、技术力量弱的现状,鼓励和引导外资企业的本土化发展,有重点地选择一批创名牌条件成熟的企业,特别是对基础好、技术新、管理优、内销大的企业给予重点扶持,力争在短时间内实现玩具产业名牌数量上的零的突破,提高东莞玩具的国内市场开拓能力;力争培育部级名牌2个以上,省级名牌5个以上。

二、案例企业:龙昌玩具国际控股有限公司和哈一代玩具实业有限公司

(一) 案例企业选择依据

本案例的研究目的是探究东莞玩具企业自主创新的可行路径及影响因素。纵观东莞的玩具企业,95%左右是三资企业,其中以港资为主,其余一小部分为民营企业。港资企业作为东莞玩具发展的主导力量,他们的自主创新能力的提升对东莞玩具业的升级是至关重要的。因此,探究他们的自主创新路径具有广泛的现实意义。而民营企业作为我国经济发展的新生力量,在我国的国有企业改革之后,在整个国民经济中占据着越来越大的比重。研究民营企业的自主创新提升路径,不仅对东莞玩具业,对整个国民经济的发展都有很大的价值贡献。

龙昌玩具国际控股有限公司是最早落户东莞的港资玩具企业,也是东莞目前最大的玩具企业之一,从它的身上可以看到东莞玩具产业发展的缩影。从20世纪末起,龙昌开始逐步转型,以OEM起家,1994年开始正式介入ODM业务,2002年开始OBM业务,自主创新的行为和过程都具有一定的代表性,对其他港资企业有很大的启发意义。

东莞哈一代玩具实业有限公司是一家成立于1996年的民营企业,是国内少有的独立走自主创新之路的民营玩具企业,相对于我国国内的其他民营玩具企业来说,哈一代的成长过程具有很大的借鉴意义。

因此,对比案例研究挑选了东莞龙昌玩具国际控股有限公司(港资)及东莞哈一代玩具实业有限公司(民营)这两家企业作为研究对象,以揭示其成功背后隐藏的可取之处。

（二）数据来源与收集

本案例通过多方数据推导结论，关注一手资料的同时，适当采用二手资料。一手资料主要来源于多次的企业高层访谈、公司档案信息挖掘、电话访谈及电邮调研等，二手资料主要来源于文献资料，包括著名网站和报纸刊物的采访报道、相关公司的网站、公司和个人的传记等。本案例对获取的数据进行多方验证，并反复征询研究对象内部知情人士的意见，尽量反映其真实情况。

在案例的写作过程中，共进行了两次的调研工作。一次是实地调研，通过访谈的形式面谈了两家企业的高层。在随后的写作过程中，随着研究的深入，根据第一次调研的结果进行了二次调研，主要采用电话访谈和邮件提问的形式，为本研究搜集了宝贵的一手资料。

三、龙昌玩具国际控股有限公司概况

龙昌玩具国际控股有限公司（以下简称龙昌）创办于1963年，创办人是梁麟先生。经过40多年的发展壮大，逐渐成为全球许多著名品牌玩具及消费品的生产商，并成为在海内外享有较高美誉的大型国际化企业集团。由1980年生产单一玩具发展到现在的多元化娱乐产品，具备为客户提供"一站式"玩具制造服务的能力，龙昌的产品现已出口到世界100多个国家和地区，包括遥控玩具、电子及塑胶玩具、消费品及电子产品等，为太阳工业、多美玩具、美泰玩具、Little Tikes、万代等企业加工生产玩具，也从事部分自主品牌产品的研发生产和销售。无线电遥控玩具是龙昌的核心业务所在。凭借自身无线技术之专业知识以及设计及工程方面的实力，龙昌还投放资源于具有较高毛利的无线非玩具业务。除无线电遥控车及塑料玩具外，龙昌进一步扩大产品种类至高科技及具竞争力之非玩具电子产品，扩大收入来源。产品按营业额划分，消费电子产品占营业额的17%，无线电遥控玩具占57%，电子及塑料玩具占26%。旗下自有品牌Bendos系列、Robert X系列等多个品牌系列，还代理生产销售了包括"光能使者"、"装甲特警"、"铁胆火车侠"、"音速小子"等日本卡通品牌，最近还代理了本土卡通《哪吒传奇》。龙昌于2006年实现营业额7.5亿元，2007年实现营业额7.04亿元，现有员工7000多人，主要集中在东莞。集团总部位于香港，分别在中国内地和印度尼西亚设有工厂，在美国设有办事处。公司于1997年在香港上市，成为玩具行业内为数不多的上市公司之一。作为一家拥有稳健基础的香港上市公司，龙昌获得了策略性投资者的支持。龙昌拥有强大的生产基地和充满干劲的市场队伍,使龙昌得以稳占有利地位。2006—2007年的数据显示,龙昌产品在中国内地及香港占集团营业额的23%,美国占39%,日本占14%,欧洲占15%,其他地区占9%。龙昌被中国海关誉为"质量信得过企业",集团主席梁麟于2005年度荣获世界杰出华人奖,并多次被东莞市誉为荣誉市民。龙昌2003年获东莞市"知识产权试点企业"、广东省"知识产权优势企业",2005年成立东莞市"智能教育数码电子产品工程技术研发中心",2006年龙昌的遥控玩具车获得东莞市专利二等奖。龙昌的发展被香港大学亚洲商学院定为研究行业发展过程的案例,并存于美国哈佛商学院以供参考。

东莞龙昌玩具有限公司为香港龙昌旗下公司,集团善用位于东莞的先进工程能力以及印度尼西亚厂房的高成本效益,制造了一系列电子和塑胶玩具及互动产品,其全面优势令龙昌成为全球著名玩具公司不可缺少的优秀伙伴。统一的生产标准和优秀的生产技术是龙昌成功的两大要素。龙昌坚持不断扩充生产设备以配合顾客日趋殷切的需求,在垂直整合生产设施的严格控制成本,每个生产程序都以品质为先,严格控制质量品质,保证了龙昌的信誉和在客户中的地位。2007年,东莞龙昌有限公司被中国市场检测中心评选为中国十大玩具制造企业。

在集团管理层的领导下,龙昌已形成了不断学习和创新的企业文化,并且密切注视市场动向,积极进取。在开展OEM向ODM、OBM转变的同时,龙昌积极建立自有品牌系列,致力于把握电子产品不断涌现的商机,开始涉足娱乐产品业,向综合娱乐型企业迈进。

(一)龙昌成长历程

1963年,梁麟成立了龙昌实业有限公司,1980年12月份才开始生产遥控玩具车,那时候的龙昌不仅产品单一,而且技术含量很低,竞争力很弱。1988年成立了龙昌电子有限公司,龙昌玩具有限公司于1989年才成立,并于1990年取代龙昌实业有限公司的业务,1993年成立印度尼西亚分公司。东莞龙昌有限公司于1994年成立,取代了龙昌电子有限公司的业务;同年还成立了龙昌科技有限公司,并从1995年开始生产电子消费产品。2000年收购了创艺精机有限公司,增强公司在研发设计方面的实力。2002年收购了北美的玩具企业Kid Galaxy,获得旗下品牌Bendos及其分布广泛的销售网络。2004年,龙昌位于东莞常平镇的新厂房开始动工,新厂房策略性地坐落于铁路网络中心,成为于中国的设计、生产、销售及物流中心,有助于龙昌专注发展高档电子产品及高增值产品。

至此，龙昌的组织架构基本形成（如图 3-9 所示）。

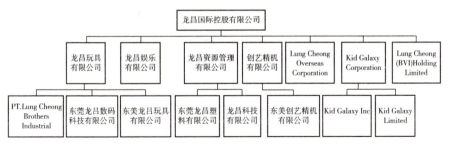

图 3-9 龙昌国际控股有限公司组织架构

（二）龙昌自主创新之路

早期的龙昌是一个加工企业，做一些其他玩具厂不屑于做的产品，或者是别人接，再交给龙昌做，龙昌要经受最终玩具购买商和中间商的双重剥削。从 1979 年 11 月起，龙昌开始从事 OEM 工作。龙昌秉承"以客为尊"的经营理念，努力提高服务素质，降低价格，以吸引顾客，从而获得太阳工业、多美玩具、美泰玩具、Little Tikes、万代等客户的信赖，展开长期合作。OEM 收入已成为公司的主要盈利来源。截至 2000 年 3 月 31 日，OEM 收入占集团全年营业额的 82%。从事加工业务，产品附加值很低，只能赚得微薄的加工费用，而利润大部分为外部企业在设计环节和销售环节截取，且对客户订单有着很强的依赖性，市场地位非常微弱。龙昌如此被动的境地，激发了集团主席梁麟推动企业转型、走自主创新之路的念头。

1. 提升研发设计能力，从 OEM 向 ODM 转型升级

在梁麟的领导推动下，龙昌开始转型，逐渐介入 ODM 业务。虽然还是接订单后再生产，但具体的方案由龙昌自行设计，提升了自身的利润空间。龙昌的 ODM 业务由 1994 年 11 月正式展开，特别以遥控车设计、电子游戏机、电视游戏控制器、电子玩具及电子消费品设计等为主，再以客户品牌行销海外及亚洲等重要市场。

为了加强产品设计开发能力，龙昌积极引进人才，1998 年成立高新产品研发部，2000 年成立高科技智能产品研发部，2000 年以 1800 万港元收购了台商在东莞开设的创艺精机有限公司。创艺精机有限公司为一家模具及有关设备的设计、生产及销售商，除拥有强大的设计及研发实力外，同时与中国台湾、日本等地的玩具商及其他消费品生产商建有固定的合作关系。收购创艺精机有限公司之后，龙昌的研发能力上了一个台阶。创艺精

机有限公司在被龙昌收购时仅有60人左右的规模，如今在龙昌旗下壮大为300余人的工程和设计部门，不仅可以向委托加工的客户提供整套的设计服务（ODM），还有专门的部门为自有品牌设计新产品。创艺精机有限公司的先进铸模技术及人才济济的设计及工程队伍，为龙昌奠下了其"一站式"生产商的地位，通过多元化的设计、发展及制造服务，使龙昌不断扬威国际，其主流玩具、模具及模型产品现渐趋完善。

为了拥有自主知识产权，龙昌稳步进行研发投入，每年投入约2000万元进行设备更新、引进人才和科研活动，形成了由200多名技术人员组成的研发队伍，其中20多人拥有高级工程师认证，专门从事产品、工艺的研发，保证了龙昌玩具研发能力中的智力因素。多年来，龙昌每年研发新玩具产品250款。

此外，龙昌建立了开放式"政产学研"联合开发机制，与香港中文大学合作获得"遥控不倒翁技术"，与清华大学、哈尔滨工业大学、武汉理工大学合作获得智能科研的相关技术成果并将其产业化，并与多家软件设计公司建立策略性伙伴关系，从而提升公司在高新技术领域的开发能力。

2. 走自主品牌之路，向OBM转型升级

龙昌董事总经理梁钟铭逐渐意识到："好的产品还要有好的品牌和好的渠道。"龙昌的自主品牌之路开始于2002年，收购了北美Kid Galaxy的Bendos品牌，然后对其进行包装并引进香港市场，成为集团旗下首个自有品牌。Kid Galaxy是一家以出产一种四肢能屈伸的人形玩具Bendos而闻名的公司，当时在美国拥有2800间礼品专卖店的销售网络，龙昌看中了它的品牌和渠道，以此为自身将来的OBM业务服务。目前，Bendos品牌旗下的造型人物有200多个，Kid Galaxy在美国及全世界各地已建立近3000个销售点，凭借这些优势，龙昌已开始在亚洲及欧洲分销Bendos产品。透过KG，龙昌一方面在美国建立据点，另一方面也进一步拓展Bendos的分销网络至体育用品及家居园艺商店。Bendos品牌在美国已取得冰球、棒球和足球三大职业体育联赛的玩具特许经营权。2004年3月开始，Bendos品牌首次打入北京市场，现在在东部和中部主要省市设有销售网点。

除此之外，龙昌还逐渐发展出多个品牌系列产品，包括KG Races、Elite Fleet、Mad Dog Motors及GoGo等品牌，不断提升自己的自主品牌产品比例。品牌销售使得企业具有直接接触市场的机会，能够成功把握市场需求变化的动态。而龙昌深谙玩具生产的创新路径，非常关注市场需求变化的信息和世界先进技术的变化走势。在收购Kid Galaxy以后，龙昌在美国雇用了12个本地员工负责当地销售，并通过他们来收集、传递美国市场玩具消费的动向，及时与东莞的研发中心举行视频会议，商讨玩具开发的新概念。通过销售网络的部署，将创新的触角伸向市场的每一个角落，

保证龙昌能获得持续创新灵感。同时，保持对世界先进技术的灵敏嗅觉，研发部门分工明确，时刻关注世界生产工艺技术的更新，维持同外界的知识交互，保证龙昌紧跟世界技术潮流。

龙昌2002年的OEM产品约占业务总量的76%，ODM和OBM共占约24%的比例。其中，OBM的边际利润高达50%左右，ODM及OEM分别是20%和15%～25%。目前，龙昌采取OEM/ODM/OBM并存的方式。OEM业务收入由1998年的95%降至50%；ODM业务收入比例则在2000年收购研发企业后上升到10%，到2010年达35%；OBM业务收入比例则从2002年收购品牌企业后实现了零的突破并逐步上升到2010年的15%。

四、哈一代玩具实业有限公司概况

（一）哈一代玩具实业有限公司简介

哈一代玩具实业有限公司（以下简称哈一代）成立于1999年，是集专业开发、设计、生产、销售于一体的具有自主品牌的毛绒玩具企业。现有员工近800人，其中200人左右在东莞。公司以成为中国毛绒玩具第一品牌为愿景，引领国内环保毛绒玩具的潮流与发展，致力于发展高品质、环保的玩具品牌，追求时尚、实用、环保。2004年在河南省驻马店市上蔡县工业区开设分厂，有独立的开发能力及生产能力。哈一代在成立初期主要从事委托加工贸易，主要为麦当劳、迪士尼等企业生产各式毛绒玩具，积累了丰富的毛绒玩具生产经验，提升了自身产品的品质。产品品质是哈一代重要的竞争力，也成为随后的OBM业务的重要基础。现在哈一代已经由原来的生产导向型企业转变为营销导向型企业，摆脱了在低层次市场角逐的被动局面，公司仅仅围绕着大市场，在平稳中求发展，以市场营销为主导，充分整合内外资源，在功能、形象管理等方面充分整合，建立了有效的对外传播机制。目前，哈一代拥有自己的玩具品牌"哈一代"，旗下有产品30多个系列、1000多个品种，涵盖毛绒玩具、节日礼品、汽车用品、文具用品、手机饰品、床上用品、儿童礼品等范畴，产品以时尚、实用为个性特征，在国内设有上百家连锁玩具加盟店，还出口欧美、日本和中国台湾地区，每年有近千万只玩具的生产能力。哈一代玩具实业有限公司被中国国际保护消费者权益促进会、中国管理科学研究院名牌与市场战略专家委员会评为"中国著名品牌"，被东莞玩具行业商会誉为"优秀自主品牌"、"质量信得过单位"，公司产品通过了欧盟EN-71检测认证。"哈一代"作为毛绒玩具品牌，参加由中国消费者满意度调查组织委员会、中国调查统计行业协会、中国优质商品协会、《世界消费者报告》（中文版）联合举办的"中国最有信誉的消费品牌"的公众调查，入围2006年"中国最有信誉的消费品牌"的候选品牌。由《世界品质周刊》（中文版）、《世界经济学人周刊》（中文版）、《世界消费者报告》（中文版）等全球知名财经媒体共同主办，中国市场消费指数研究办公室、中国奥林匹克产业经济研究中心、中国质量监督检疫促进会和中国调查统计行业协会联合主办的"2006年中国我最喜爱的品牌"大型调查评选活动暨"中国消费者最喜爱的品牌影响指数研究"，哈一代玩具被评为"中国消费者最喜爱的品牌"。

（二）哈一代成长路线

哈一代成立于1999年，最初的哈一代是个纯粹的委托加工企业，公司主要从事来料来样加工，品质是其主要追求，对客户的订单有着严重的依赖。随着广东劳动力成本的增加、劳动力资源的紧缺，2004年，哈一代在河南省驻马店市上蔡县工业区开设分厂。2006年开始自主营销、自建渠道，形成如图3-10所示的组织架构：

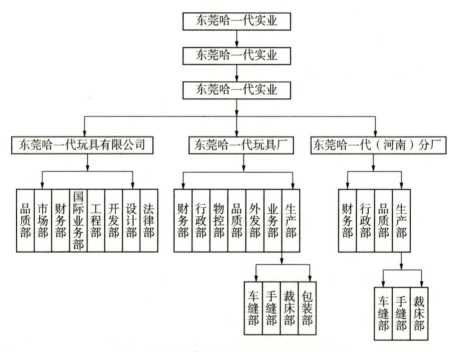

图3-10 哈一代玩具实业有限公司组织架构

资料来源：哈一代玩具实业有限公司网站 www.hayidai.com。

（三）哈一代自主创新之路

在20世纪90年代，玩具产业为东莞成功地创造了近200万的就业岗位，同时，廉价的劳动力和手工制造业完美结合，为东莞玩具产业的发展插上了翅膀。但是，随着国家经济的全面开发，长江三角洲的高速发展，内地、西部的大开发，农业的优惠政策，独生子女工龄段的到来，造成了珠江三角劳动力的匮乏，这种形势还将继续。再加上玩具产品单价未升反降，东莞水费的猛涨，能源的匮乏，用工成本大幅上升，以及国际上的各种技术标准，增加了产品的检测成本，导致玩具的利润空间急速下滑，加工企业被推向了转型的十字路口。哈一代的转型正是在这样的背景下进行的。

从哈一代公司成立到2006年期间，公司的主要业务是接受客户订单，为客户加工制造毛绒玩具，没有自主品牌，是个纯粹的生产导向型的加工企业。2005年在广东地区出现了严重的劳动力短缺，导致从事OEM的企业人力成本上涨，同时，国际市场对产品的要求越来越高，国际标准林立，产品检验费用增加，无形中增加企业成本，再加上国际订单量的波动，对于从事原始加工制造的企业来说，经营环境日益严峻。在这样的背景下，哈一代董事长肖森林意识到要想真正取得长远的发展，必须自建渠道、自主营销，打出自己的品牌。在他的带领下，哈一代毅然开始转型，2006年开始涉及自主品牌业务，打出自己的玩具品牌"哈一代"。走上这条路的同时，哈一代的上上下下也意识到打自主品牌不是一句口号，需要全体员工持续的努力。哈一代本着对等合作的理念，努力同各种企业建立战略伙伴关系，积极探索在互利基础上的多种外部合作方式。

凭借自身的优良品质，哈一代充分利用连锁零售终端，成功进入俄罗斯阿米克连锁超市、韩国乐天连锁超市、沃尔玛连锁超市、家乐福连锁超市、好又多连锁超市、东莞天和连锁超市、河南丹尼斯连锁超市、西安世纪金花连锁超市、深圳海雅连锁超市等，使它的销售网点遍布多个省市。哈一代已经和国内的一汽大众、华晨汽车、中国建设银行、中国移动、深圳欢乐谷、大连老虎滩海洋公园、四川卧龙熊猫基地、台湾德克士、雅士利、徐福记等企业建立了互利合作关系，作为他们的指定提供商，为他们提供毛绒玩具产品。同时，哈一代作为独家生产商，为2007年5月中国第十届残疾人运动会（云南）生产吉祥物，为2007年11月中国第八届艺术节（武汉）生产吉祥物，为2007年10月中国第六届城市运动会（武汉）生产吉祥物，为世界特殊奥林匹克夏季运动生产吉祥物，等等。

同时，哈一代积极自建渠道，计划在全国建立代理经销网络和有统一形象的连锁专卖店，通过深入的市场推广和营销，建立长久稳固的终端渠道。2006年12月，在东莞召开了第一届加盟商洽谈会，向外界展示了哈一代玩具产品的特点和优势。目前，哈一代已经在全国20个省区建立连锁加盟专卖店，是国内第一个中国人自己的玩具品牌在全国各地大范围内以连锁专卖的形式出现的，也是唯一一家集设计、开发、生产、销售于一体的毛绒玩具品牌企业。2007年9月，哈一代在东莞召开了冬季产品订货会，借机向客户推广公司新开发设计的产品，与客户展开交流，把握市场动向，做到反应迅速。

发展至今，哈一代以贴牌加工的方式为麦当劳、孩子宝、迪士尼等多个世界品牌生产各式玩具的同时，推广自己的玩具品牌"哈一代"。哈一代品牌下有30多个系列、1000多个品种，主要以毛绒玩具为主，随着产品更新换代，而不断融入影控、录音、电动等玩具生产技术。公司通过创新，不断地更新换代产品，打造自身的竞争优势。目前公司的OEM业务约占营业额的40%，而自主品牌业务占到60%左右。董事长肖森林表示，希望能不断扩大自主品牌的比例，5年之内让"哈一代"成为家喻户晓的品牌，5年彻底摆脱OEM业务。哈一代制定了长远的战略规划，在OBM的路上不断迈进。

五、案例企业基本情况对比

根据对龙昌和哈一代的情况的了解，笔者对两家企业的成立时间、企业性质、业务情况、规模等基本信息进行了对比（如表3-13所示）。

表3-13 两家企业的特征与基本情况对比

企业名称	龙 昌	哈 一 代
成立时间	成立于1963年，龙昌玩具有限公司作为旗下公司成立于1989年，该公司主体为东莞龙昌玩具有限公司	成立于1999年，其主体为东莞哈一代玩具厂
企业性质	港资企业	民营企业
业务细分	研发生产遥控玩具、电子及塑胶玩具、消费品及电子产品等，为太阳工业、多美玩具、美泰玩具、Little Tikes、万代等企业加工生产玩具（OEM），提供研发生产"一站式"服务（ODM），也从事部分自主品牌产品的研发生产和销售（OBM），拥有品牌"Bendos"	主要从事毛绒玩具的设计、生产和销售工作，为一些知名企业做生产加工（OEM），同时拥有自主品牌"哈一代"（OBM）

续表

企业名称		龙　昌	哈　一　代
规模	员工	截至 2007 年 3 月 31 日,龙昌共有员工 6053 人,其中东莞有 5771 人,其余在中国香港、印度尼西亚和美国	目前有员工近 800 人,其中约 200 人在东莞的工厂,其余在河南上蔡分厂
	营业额	2006 年实现营业额 7.5 亿港元,2007 年实现营业额 7.04 亿港元	每年数千万元人民币的营业额
	生产能力	龙昌每年产值数亿港元	从事 OEM 业务时具有每年千万只玩具的生产能力,走自主创新之路、打自主品牌时,虽然产品附加值增加,但产量相对减少了
	市场	中国,还有包括日本、美国、欧洲在内的 100 多个海外国家和地区	自主品牌主要是国内市场,并进入俄罗斯市场

六、案例企业转型升级:自主创新能力提升对比及其经验

从龙昌与哈一代的成长历程中,我们可以发现两家玩具企业经历了不同的转型升级路径。龙昌从 OEM 开始,逐步涉及 ODM 业务,两种业务同时进行,之后进入 OBM,三种业务同时涉及,实现半转型。哈一代玩具同样从 OEM 开始自己的经营,不同的是,哈一代从 OEM 业务起家,随后直接转型涉及 OBM 业务。同时,这两家企业各自的转型升级过程及自主创新能力提升也有所差别。

龙昌与哈一代企业转型升级过程对比如表 3-14 所示。

表 3-14　龙昌与哈一代企业转型升级过程对比

企业 对比项	龙　昌		哈　一　代
	第一阶段转型升级	第二阶段转型升级	
转型开始年份	逐步展开,1994 年正式介入自主设计的 ODM 业务	2002 年开始拥有自主品牌"Bendos"	2006 年开始拥有自主品牌"哈一代"
转型升级模式	逐步介入,通过提高自身的研发设计能力、收购专业的研发设计公司创艺精机有限公司进一步增强自身的研发能力	通过直接收购北美玩具公司 KG,而拥有其旗下品牌 Bendos 系列,进而逐步拓展其他的系列品牌	逐步介入,凭借自身原有的技术、管理基础,新建品牌,逐步进行渠道建设,走上自主品牌之路

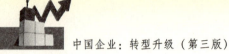

续表

企业 对比项	龙昌 第一阶段转型升级	龙昌 第二阶段转型升级	哈一代
原有业务	OEM业务为主，产品附加值比较低，利润空间小，市场地位不占优势	OEM业务与ODM业务共存，同时具备很强的研发设计能力，以遥控车、电子游戏机、电视游戏控制器、电子玩具及电子消费品设计等为主	毛绒玩具的委托加工业务，以质量为主要竞争优势
转型升级后的业务	进行OEM业务，同时具备很强的研发设计能力，ODM业务以遥控车、电子游戏机、电视游戏控制器、电子玩具及电子消费品设计等为主。OEM占80%左右，ODM占20%左右	进行OEM、ODM业务的同时，拥有多个系列的自有品牌：Bendos系列、KG Races、Elite Fleet、Mad Dog Motors及Go-Go等 已经在国内及北美形成了广泛的营销网络	在进行OEM业务的同时，拥有自有品牌"哈一代"，旗下有产品30多个系列、1000多个品种，涵盖毛绒玩具、节日礼品、汽车用品、文具用品、手机饰品、床上用品、儿童礼品等。且正在全国构建营销网络。OBM占全部业务的60%
转型升级前后的能力差距及弥补方式	①积极引进人才，1998年成立高新产品研发部，2000年成立高科技智能产品研发部，2000年以1800万港元收购了台商在东莞开设的创艺精机有限公司 ②与外部科研机构及院校合作，开展技术研发及新产品开发 ③1997年上市，为转型提供资金支持	①透过KG公司在美国建立据点，进一步拓展Bendos的分销网络至体育用品及家居园艺商店；争取冰球、棒球和足球三大职业体育联赛的玩具特许经营权以拓展市场影响 ②全国的东部和中部主要省市都设销售网点 ③抓住商机，争取"光能使者"、"装甲特警"、"铁胆火车侠"、"音速小子"、"哪吒传奇"等的代理生产销售权，扩大市场份额	①与一汽大众、中国建设银行、中国移动等多家企业合作，成为其纪念品或礼品生产提供商 ②充分利用连锁零售终端，进入俄罗斯阿米克连锁超市、韩国乐天连锁超市等，使销售网点遍布多个省市 ③成为多节日盛会、赛事的吉祥物生产提供商，扩大影响力 ④通过举办连锁加盟洽谈会，广邀加盟商

以上的对比分析从事实的角度反映了龙昌和哈一代这两家不同规模、不同性质的玩具企业进行自主创新前后的差异,对比了龙昌和哈一代在自主创新能力提升及转型升级过程中的不同做法。然而,他们在走自主创新之路时面临的环境和自身条件也是不同的,因此以上的对比分析有一定的个别性。

下面将对龙昌及哈一代的自主创新的能力提升进行对比(见表3-15),探究这两个企业的转型升级路径选择和能力的提升方式中有着怎样的必然性和偶然性,这些经验对企业转型升级具有启发意义。

表3-15 企业自主创新能力提升对比

企业自主创新能力影响因素		龙 昌	哈 一 代
企业家精神		梁麟强烈的忧患意识和自主创新的坚定意念,使得整个集团能够围绕自主创新的目标运转	肖森林在哈一代的自主创新之路上自始至终起着主导作用
创新意识	自主知识产权观念	龙昌对自主知识产权具有强烈的拥有意愿和保护意识	因其主导产品为毛绒玩具,注重产品设计,目前没有形成很完善的自主知识产权观念
	品牌意识	龙昌通过收购拥有自主品牌,更看重研发能力的打造,更看重自主知识产权	由OEM直接过渡到OBM,以打造中国人自己的玩具品牌为宗旨,品牌意识是重要动力
研发能力		①注重研发投入 ②成立专业研发部门 ③吸引科研技术人员	①重视产品设计 ②鼓励全体设计、全民创新
资源状况	人才的获取和利用	做好人才引进工作,为人才技能的发挥提供良好的科研环境	通过外部招聘,结合内部培养,逐步形成自身需要的人才
	资金的获取和利用	外部融资	自身的内部积累以及一些小额借贷
	技术、知识的获取、积累和利用	①鼓励创新,通过内部技术积累提升自身 ②注重外部技术、知识的引入和消化吸收	①鼓励内部所有员工积极为公司提供创新素材和新的设计 ②通过高校教育提升员工设计能力 ③和外部公司合作

续表

企业自主创新能力影响因素		龙　昌	哈　一　代
管理能力	战略规划能力	因时制宜的战略规划，明确目标基础上的战略调整与实施	根据自身的竞争优势明确战略定位，不断调整品牌战略与竞争战略
	组织调整与适应	随着战略部署而持续迅速灵活调整	随着战略部署而持续迅速灵活调整
	知识管理	①健全完善专门知识产权部门 ②制定完善公司知识产权管理制度 ③推导 IP 8001 知识产权管理体系	通过不断的产品更新换代和品质的保证来抵制仿制行为。目前主要的自主知识产权就是它的品牌。对于品牌侵害行为坚决打击，但完全不为外型仿制所困扰
行业特点		产品科技含量高、研发周期长的特点决定其创新的关键是保持绵绵不断的研发创新能力，从而走出了由 OEM 过渡到 ODM 之后再逐步涉猎 OBM 的道路。注重研发设计能力的持续提升，逐步完成自主创新的转型。中间的过渡非常必要	产品科技含量低、产品更新换代快使得它可以跳过 ODM 阶段，关注设计、关注渠道的开发以及品牌建设和拓展上，直接开始 OBM 业务
外部环境	竞争环境	目前龙昌处于行业竞争的高端，产品附加值较高，在市场上直接竞争对手较少，占据较大竞争优势	非常少的同质竞争对手
	市场环境	在世界遥控玩具的研发及制造上继续保持世界前列，国内的潜在需求巨大	国内玩具需求保持每年40%的增长，市场形势较好
政府推动		东莞市政府的政策激励	

通过调查研究，笔者认为，龙昌与哈一代转型升级和自主创新有如下经验值得借鉴。

（一）企业家的创新精神

龙昌自主创新道路的成功与龙昌集团主席梁鳞注重创新、合作的企业家精神是分不开的。梁鳞强烈的忧患意识和自主创新的坚定信念，使得整个集团能够围绕一致的目标运转。同时，龙昌领导人表现出很强的创新精神与合作倾向，保证了龙昌创新能力的不断提升和转型的顺利实施。这一点在哈一代身上也得到了体现。离开董事长肖森林的自主创新的决心，哈一代也很难在自主品牌之路上走得更远。

（二）自主创新的关键是实现自主知识产权，形成自主品牌

龙昌和哈一代都走了自主创新的转型道路，两者却对如何实现自主创新有着不同的理解。龙昌拥有着强烈的实现自主知识产权的意愿，围绕自主知识产权，抓住形成自主知识产权的关键——研发能力，通过提升自身的研发能力而不断实现自主知识产权，成功进行自主创新。在自有品牌方面，龙昌通过收购实现自有品牌，从而拥有其营销网络。而哈一代则主要通过实现自有品牌。哈一代以其产品品质为支撑，通过自建渠道和品牌推广，努力打造"中国人自己的玩具品牌"。由于其产品以毛绒玩具为主，科技含量不高，哈一代准确进行自身竞争优势的定位，没有将自主知识产权作为主要目标。

为了实现自主知识产权，龙昌稳步进行研发投入，每年投入约2000万港元进行设备更新、引进人才和科研活动，形成了有着200多名技术人员组成的研发队伍，其中20多人拥有高级工程师认证，专门从事产品、工艺的研发，保证了龙昌研发能力中的智力因素。2000年成立高科技智能产品研发部，2000年以1800万港元收购了台商在东莞开设的创艺精机有限公司，2005年投资成立东莞市智能教育数码电子产品工程技术研发中心。同时，龙昌内部形成了鼓励研发、激励创新的制度，对每一个研发成果进行直接奖励，研发能力逐步得到提高。而哈一代则主要将研发经费投入在产品设计上，保证产品快速的更新换代，维持其自身的竞争优势。哈一代内部正逐渐形成"众人划桨开大船"的良好创新氛围，鼓励每位员工为产品提供创新设计或者元素，形成了良好的创新激励氛围，推动好的设计的产生。不花大的投入在研发上，而花在渠道建设和品牌推广上，力争打响自主品牌。对于以科技含量低的产品为主的哈一代，其自主创新路径的选择可谓睿智。

(三）企业的自主创新都离不开资源

在创新所需资源的获取上，两家企业就有颇多的相似之处。龙昌积极做好人才引进工作，提高公司的核心竞争力。高薪聘请专业技术人才，同时做好育人、留人、用人三篇文章，为人才技能的发挥提供良好的科研环境。积极进行技术积累和工艺研发，鼓励创新，形成自身内部的知识沉淀。与此同时，注重外部技术、知识的引入和消化吸收，与香港中文大学合作获得遥控不倒翁技术、与武汉理工大学、清华大学、哈尔滨工业大学获得智能科研的相关技术成果，等等，并在消化之后将其产业化、产品化。此外，与多家软件设计公司建立策略性伙伴关系，发展游戏配件。龙昌充分利用周边可以获取的一切资源谋求自身的发展。1997年成功挂牌上市，为自主创新转型融到充裕的资金支持。1999年原有股东花旗光大基金管理有限公司增资，同时有客户入股，保证了龙昌能够继续发展ODM业务，加强OEM的生产设备，扩大客户基础及争取国内电视卡通玩具特许及销售权。哈一代通过外部招聘，结合内部培养，不断的教育培训，逐步形成自身需要的人才。虽然早期的哈一代以质量打天下，靠品质赢得客户。如今的转型使得哈一代将自身的发展重心放在市场开拓上，在技术上采取市场跟进战略，由专门的信息采集员跟踪生产工艺技术的进步。鼓励所有员工积极为公司提供创新素材和新的设计。同时，哈一代保持对外界资源的敏感，通过派送员工进入高校深造，增强员工的研发设计能力。和外部公司合作，沿用其外型设计，开发相应产品，并依靠自身的渠道推广销售，同外部企业形成合作伙伴关系，为自身的转型服务。不同于龙昌的是，哈一代自主创新转型所需资金主要靠内部积累，辅以部分借贷，其中小民营企业的性质限制了对很多金融服务的获取。

（四）企业转型升级需要一定的管理能力的支撑

1. 战略规划能力

在自主创新道路上，龙昌与哈一代都表现出很强的战略规划能力，这是他们成功转型的重要保证。早期，龙昌试图通过自建分销渠道摆脱被动局面，与东莞供销社合营成立龙昌电子，借助国内的供销社体系开拓国内市场，但因为国内市场的不规范而失败。随后龙昌开始了另一番战略布局，通过收购提高自主研发能力，走上提高研发设计能力的第一步，逐步搭建起自身的研发设计优势；在此基础上，战略性收购品牌公司，实现拥有自主品牌，一步步实现自主创新能力的提升。至此，龙昌逐步形成了自己的发展战略：以大力巩固发展企业科研实力为主线，以企业知识产权发展、建立企业自主品牌为重点,以深化改革、创新企业制度为动力,全面提高企业综合实力,努力把公司建设成为行业内一流先进企业。哈一代则根据自身的竞争优势所在,即专业化生产、优质,明确战略定位——做中国人自己的毛绒玩具品牌。由于广东省劳动力紧缺导致的成本上升,哈一代果断完成研发设计在东莞、生产制造在河南、市场触角升向全国的布局。定位于国内市场,围绕品牌不断争取市场,市场定位准确为中高端,逐步向高端迈进。经过几年的努力,形成了由品质树口碑,借口碑打品牌,通过媒体宣传、参展等多种途径提升品牌价值的发展战略,向"家喻户晓"的品牌目标逐步迈进。同时,哈一代形成了独特的品牌战略:广泛邀请品牌加盟商,结合连锁专卖,联合大小不一的经销商代理商,稳步发展自己的品牌。

2. 组织调整与适应能力

龙昌的组织结构伴随着它的战略部署而持续迅速调整。1998年成立高新产品研发部,2000年成立高科技智能产品研发部,2000年收购了创艺精机有限公司,2002年收购 Kid Galaxy,同时建立海外机构管理机制。2007年开始逐步将厂房由周屋搬至常平,不仅扩大了生产能力,还节约了成本。表现出了灵活的组织调整能力,保证了转型战略的实施。哈一代玩具实业作为一家成立不久的民营企业,其规模虽然不是很大,但在其转型战略实施过程中也表现出很大的灵活性。在意识到广东省的资源短缺会阻碍自身发展时,哈一代果断挑选内陆省份作为新的主要生产基地,形成了新的组织架构,在解决企业的人力资源短缺问题的同时节约了经营成本。

3. 知识管理能力

龙昌通过健全和完善专门知识产权部门来保护自己的自主知识产权。2003年年底成立公司知识产权部,制定了公司知识产权工作的指导方针及相关目标。配备了专业人员及相关设施设备,并制定和完善《龙昌知识产权注册及登记管理办法》、《龙昌专利管理制度》、《龙昌商标管理制度》、《龙昌产品研发保护流程》、《龙昌保密协议》等规章制度及管理办法,保障了龙昌知识产权工作有章可循。同时,推导 IP 8001 知识产权管理体系,规范公司各个环节的知识产权管理,保障自己公司知识产权及客户的知识产权同时,预防误犯他人知识产权。哈一代的产品以毛绒玩具为主,自打出自主品牌以来,哈一代采用了独特的品牌保护策略。由于自身走自主品牌之路不久,品牌价值不是很突出。哈一代通过不断地产品更新换代和品质保障来抵制仿制行为。由于品牌价值还不突出,使得相同质量条件下的外型仿冒的利润空间小。目前主要的自主知识产权就是它的品牌。对于品牌侵害行为坚决打击,但完全不为外型仿制所困扰。

（五）几个外在因素影响企业转型升级及自主创新路径

1. 行业特点影响着企业自主创新的路径选择

玩具作为一种特殊的娱乐产品，可以粗略地分为科技含量高的和科技含量低的。龙昌的玩具产品以无线遥控产品、电子产品为主，具有科技含量高、研发周期长的特点，而整个玩具行业具有产品更新换代快的特点。因此，在整个自主创新过程中，龙昌深谙创新的关键是保持绵绵不断的研发创新能力，从而由 OEM 过渡到 ODM 之后再逐步涉猎 OBM，注重研发设计能力的持续提升，逐步完成自主创新的转型。中间的过渡对于龙昌来说是非常必要的。哈一代以毛绒玩具为主，科技含量低、产品更新换代快，容易与其他科技产品整合。哈一代根据自身特色准确定位了自主创新路径，不拘一格地跳过 ODM 阶段，在关注设计的新意、实用和创新的同时，将主要精力放在渠道开发以及品牌建设和拓展上，直接开始 OBM 业务。可以说，两者的选择都抓住了提升各自自主创新能力的关键。

2. 外部环境对企业的影响

两家企业都面临相对好的竞争环境和市场环境。在竞争环境方面，龙昌处于行业竞争的高端，产品附加值较高，在市场上的直接竞争对手较少，占据较大竞争优势。这也使得龙昌可以根据自身发展及时调整战略。假冒伪劣产品是其主要的非正常竞争对手，对策是运用行政、司法措施予以打击。龙昌的知识管理体系很大程度上也因此而建立。在市场环境方面，龙昌在世界遥控玩具的研发及制造上继续保持世界前列，同时仍在加大智能机器人系列产品的研发及生产。即使在国际市场，龙昌的技术优势依然明显，市场空间广泛。目前龙昌同时关注国内市场的开发和占据，国内的潜在需求巨大，龙昌的转型部分受潜在的市场空间吸引。而对于哈一代而言，目前国内市场中很少有类似哈一代这样走自主研发设计，推广自主品牌的毛绒玩具企业，所以哈一代很少有完全同质的竞争对手。虽然也有部分毛绒玩具品牌，但多为品牌运营商，通过与单一生产商的合作实现品牌产品的运作，合作关系脆弱，不能像哈一代那样实现一体化的品牌产品运作。同时，哈一代以国内市场为主导，致力于国内市场的开拓。据商务部的统计，我国国内玩具需求保持每年 40% 的增长，市场形势较好。宏观经济政策对毛绒玩具产业弊少利也少，因为科技含量不高，很少受益于政府扶持政策。

3. 两家企业的转型升级都受政府的影响

近几年来，东莞市政府出台了一系列的扶持政策和措施，推动企业自主创新。每年 10 亿元的"科技东莞"专项资金，支持企业的技术研发并不断完善专利服务和知识产权保护。对民营企业，着重优化融资环境，引导购买国内外研发机构、研发团队和研发成果，提高其科技创新能力；对外资企业，鼓励和支持其建立本土化的科研团队和科研机构，由"三来一补"转为合资合作企业。同时，政府积极进行公共技术平台、行业技术平台、企业研发机构的建设，东莞市也建成毛纺织技术创新中心、国家模具重点实验室东莞实验中心等公共创新平台；此外，市政府制定覆盖面更广的人才户籍准入制度，完善人才服务与配套政策，充分发挥留学人员创业园、博士创业园、中小企业创业园的承载与集聚作用，依托创新项目与优质企业，积极引进更多的高素质人才，为自主创新提供智力支撑。

七、案例企业自主创新的影响因素

以上对比从研发设计能力、资源状况、管理能力、外部环境和政府作用几大方面分析了龙昌及哈一代在自主创新道路上的转变过程，从中可以看出，无论是龙昌还是哈一代，在转型过程中都受其自身内外部的影响和推动。自主创新道路不是一时的心血来潮，企业转型的成功与否与多方面因素有关。从以上两家企业的发展历程来看，他们都是在特定的历史背景下走上自主创新之路的，其模式和过程虽然有所差别，但其中隐藏着某些共性。

（一）龙昌自主创新的影响因素

1. 龙昌转型的外在压力

被动的市场地位和成本压力是转型的重要原因。委托加工业务仅是产业链上的一个中间环节，仅仅从事委托加工容易被品牌商牵着鼻子走，缺乏与市场的接触，难以打造自身持久的竞争力，还可能成为品牌商转移成本的牺牲品。原因在于，品牌商把节约制造成本省下的费用变成了自己的利润，而发生问题时却把责任推向加工方。2007年的"召回事件"是最好的佐证。梁麟曾表示：如果龙昌10年前不开始拓展自有的渠道和品牌，估计也难逃此劫。就消费者而言，他们通常根据品牌而非产地来作出购买决定，即使加工方制造出高质量的产品，所有的荣誉却被品牌商拿走。龙昌10年前就意识到这种局面，坚定不移地走出了自主创新之路。

胶价、油价等原材料价格的上升，广东省的劳动力缺乏增加了人力资源成本，最终导致制造成本的上升、利润空间的萎缩，这是推动龙昌转型的直接原因。市场竞争激烈，委托商压价，成本压力巨大，使得OEM业务的利润率受到极大的挤压，需要拓展和提升ODM和OBM业务来维持较高的利润率。梁麟表示，在1980年，代工可以做到30%~40%的毛利率，

如今利润跌去了一半。通过走自主创新之路，依靠高附加值、高利润贡献的 ODM 和 OBM 业务，龙昌至今维持着 30% 左右的利润率。不仅如此，龙昌还在积极开拓非玩具产品业务，以应对玩具行业激烈的市场价格竞争，如教育无线机械人和蓝牙耳机等。

市场规范性差，仿冒现象严重，必须增强品牌的力度。在国内玩具市场，市场竞争规范程度低，仿冒产品层出不穷，知识产权保护体系还不够完善，对龙昌的不断创新、提高研发设计能力提出了新的要求。只有不断地提升自主创新能力，不断地增强自主品牌的力度，提高品牌的市场认可度，才能逐步摆脱市场竞争中的不利地位。

2. 龙昌转型成功的内部因素

首先，集团领导层的主体意识是推动龙昌走上转型之路的重要力量。1985—1995 年的 10 年，是龙昌玩具发展的轻松 10 年，但轻松的代价是对客户订单的严重依赖。客户一旦取消订单，工厂就无以为继。多年的玩具代工生意，龙昌公司经受着品牌商的剥削，梁麟始终希望能更多把主动权留给自己。基于此，梁麟一直计划着转型，搭建自己的分销渠道。1988 年，龙昌和东莞供销社合营成立了龙昌电子，设想通过国内的供销社体系帮助龙昌开拓国内市场。然后，因为冒牌产品充斥国内市场，消费者没有鉴别产品真伪的能力，且冒牌产品的生产成本和流通成本相对较低，使得龙昌的渠道探索之路举步维艰。2000 年收购创艺精机有限公司和 2002 年收购 Kid Galaxy 都是在梁氏兄弟的精心谋略下完成的。前者提升了龙昌的研发设计能力，后者则使龙昌走上了自主品牌之路。两者结合，促使龙昌从单纯依赖加工转型为拥有自我品牌、自我研发、自我销售能力的综合玩具企业。龙昌的转型之路，是企业家在内部推动的结果。

其次，有效整合资源、利用机会的能力是龙昌顺利转型的保证。龙昌的转型开始于 20 世纪末期，1997 年龙昌的成功上市，在转型的关键时刻融资成功，为龙昌随后的转型提供了有利的资金支持。龙昌长期对研发设计的坚定投入是集团研发设计能力形成的关键，甚至对后来的自有品牌之路也非常重要的。准确地洞察周边的机会、资源，选择创艺精机，与本地高校合作取得高新技术的专营权，抓住娱乐动态，及时争取品牌代理，都给予龙昌的发展以很大裨益。

最后，龙昌的成功得益于公司高层长期以来注重研发投入，以科技为中心，以市场为导向的经验理念。公司注重连贯的研发投入，保证企业研发能力的持续提升，再加上多年委托加工业务积累的制造经验保证了产品品质，两者相结合，为龙昌带来了稳定的客户群体，保证了龙昌的业务量。同时，龙昌形成了完善的创新意识。龙昌鼓励员工积极创新，对员工提出的新点子、新想法在评估之后予以奖励，对员工的科研成果予以嘉奖，整个企业内部形成了不断进取、积极创新的良好氛围。走上ODM之路的龙昌，在逐步强大的设计及工程部门的辅助下，运用其成熟的无线电技术研制推出了多款遥控车、遥控船及遥控飞机。

在内部加大研发投入、挖掘内部潜力的同时，龙昌加强同外部各科研机构和高等院校的合作，如清华大学、哈尔滨工业大学、武汉理工大学等，获得智能产品相关信息及合作项目，将一些有效益和市场潜力的智能科研项目产业化，为增加公司OBM产品的份额提供一个枢纽式的窗口。同时，积极同国内的媒体及组织合作，利用各种相关项目，组织开发市场潜力大的产品并提升公司的品牌形象，增加公司有形及无形的资产，打造公司持续发展的新动力。在以上宗旨及指导下，龙昌成功地实现了同香港理工大学、清华大学、哈尔滨工业大学、武汉理工大学等高等院校的，合作分别开发机器人、家庭机器人，智能教育机器人等项目，有的已完成并成功地推向了市场，有的正在进行完善。这些项目既对加速龙昌科研力量的发展，又对提升公司的品牌发挥了促进作用。

此外，为强化集团的业务水平，管理层正在计划透过重组管理及生产流程，令各种生产运作的资源利用更加合理化，同时整合生产设施，提高集团的整体利润率。

（二）哈一代自主创新的影响因素

哈一代能够转型成功是由多方面因素决定的。

1. 董事长肖森林的企业家主导意识起了很大的推动作用

岌岌可危的处境促使肖森林带领自己的企业开始转型，并为自己的品牌建设而努力。中国民营企业的发展，企业家的主体意识始终有着很大的影响力，一定程度上决定着企业的走向。从原本的接订单加工，到自主研发设计、生产、自主销售，最初阶段成本上升、业务量下降，企业需要在以前无需关注的研发、销售环节投入新的努力，企业需要不断在摸索中成长。同此，企业家能够在自主创新的路上坚定不移地走下去关乎企业转型的成败。肖森林和他的员工一起，制定了长远的发展规划，并坚定不移地将之执行下去，使得哈一代能够在自主品牌的道路上走过来。

2. 哈一代在早期的委托加工业务中积累了深厚的产品生产经验，用国际标准规范了产品，也使得哈一代在早期就注重不断提高产品质量

品质是哈一代能够成功转型的重要因素。在受资金限制，不能大量进行市场推广的前提下，产品品质是哈一代的竞争优势之一。哈一代本着以

"质量为本,科学管理,以信誉求市场,以质量求发展"的精神理念,努力打造高质量的产品,为客户提供高质量服务,这为哈一代提供了自主品牌之路的敲门砖。现在,哈一代基本不会担心自身产品被仿冒,凭借自身种类繁多的产品系列、快速的产品更新换代和出色的产品品质,再加上准确的中端市场价格定位,导致哈一代产品仿冒商的利润空间微乎其微,使得哈一代在产品知识产权保护中出奇制胜。

3. 哈一代从事毛绒玩具生产制造,毛绒玩具具有和电动玩具、机器玩具不同的特点

毛绒玩具形式多样,容易与国内外的各种节日相融合,具有很大的灵活性,产品科技含量不高,同时更新换代也非常快。并且,毛绒玩具的设计很难申请专利。这使哈一代不用担心被侵权、被仿冒,企业可以大胆的推出新产品、新设计。

哈一代注重持续创新,重视研发设计能力的提升。20多人组成的研发队伍,利用市场部采集的市场信息及时调整方向,把握消费者的需求变化,不断地推出新型设计,通过不断的创新塑造自身的竞争优势。哈一代注重对研发的投入,据董事长肖森林介绍,研发投入约占营业收入的20%。同时,哈一代不定期地送员工进高校学习深造,增强自身的研发设计实力。哈一代利用外部的资源提升自身产品的附加值,善用外部机构的设计,与电子玩具、电动玩具企业合作,利用他们的先进技术,丰富自身产品系列。

八、事实发现

龙昌和哈一代的成长历程对东莞玩具企业有着一定的启发意义。无论是龙昌还是哈一代,他们的转型很大程度上是一定的历史环境下的被动行为,在其实际进行中又成为由企业家主导的主动行为。经营的困境作为外界的压力迫使原本从事低附加值加工业务的企业开始寻求更大的利润空间而进行转型。龙昌和哈一代的成功虽说是不同类型的玩具企业的成功,其过程和模式的差异背后,暗示着一定的共性。

首先,从前文的对比分析中可以看出,龙昌与哈一代在整个转型过程中遇到的外部环境有一定的差异。但是,他们都看准了市场的潜力和未来竞争的制高点所在。这是他们有意愿进行自主创新的前提。

其次,两家企业走自主创新道路的初期,领导者的企业家精神在其中起着非常重要的作用。企业进行自主创新的案例不少,成功者有之,失败者更众。很多失败的自主创新是源于领导者的自主创新意愿不够强,没有表现出具有影响力的企业家精神来带领整个企业沿着创新路径走下去。这一点在私营企业中表现得尤为明显。

再次,当企业家表现出很强的企业家精神,具备坚定的决心去带领企业转型时,其管理能力和资源状况在整个自主创新道路上就会显得更加重要。自主创新之路不是一个短期行为,需要企业进行长期的战略规划,并围绕发展战略去不断地寻得资源,提升能力。在抓住主要矛盾的同时,注重知识管理、注重自主知识产权保护,适时进行组织调整,保证企业的顺利成长。龙昌的主要产品科技含量高,研发能力是长期发展不可或缺的环节。因此,龙昌在整个转型过程中都关注研发的投入和人才的获取,并时刻保持对周围知识资源的敏感。哈一代的主要产品为毛绒玩具,技术含量低,渠道和品牌是长期发展的关键。因此,哈一代在保证品质的情况下,致力于渠道的建设和品牌的建设。同时,不断地进行人才培养和组织调整,保证自主创新成果的顺利产生。当然,每一家企业都有其特殊性。进行自主创新路径探究不代表要概括出适合所有企业的光明大道。龙昌由OEM转型为ODM再涉入OBM,逐步进行创新,哈一代则直接由OEM过渡到OBM,进行品牌的创新。他们各自的路径选择都是基于各自的优势和产品特点。因此,企业的自主创新路径没有绝对的对和错,只有适合和不适合。

最后,虽然很多国内学者对企业自主创新能力的提升路径研究不少,但他们过多地将注意力放在政府的角色扮演上。龙昌的发展中或许政府还起到一定的促进作用,但对于哈一代,它主要依靠自身的实力在自主创新道路上成长。

因此,概括起来讲,推动东莞玩具企业自主创新,需要在市场环境的可行性分析的基础上,在激发企业家创新意识的同时,提高企业的管理能力和获取关键资源的能力;在制定详细战略规划的基础上,挑选适合企业实情的自主创新路径,提高创新所需的关键能力,及时进行组织调整和产权保护,稳步推行自主创新。

第三节 照明行业企业转型升级:国星光电股份有限公司

一、国星光电股份有限公司概况

位于广东佛山市的国星光电股份有限公司(以下简称国星光电)成立于1969年,从事研发、生产、销售LED及LED应用产品,是国家火炬计划重点高新技术企业、广东省优秀高新技术企业。目前,国星光电在佛山、无锡等地建有生产基地。凭借在 LED 封装领域的专业技术优势，以及资金、渠道、研发和管理上的优势，国星光电得到业界的广泛认可，是国内最大的 LED 封装企业之一，并于 2010 年 7 月 16 日在深圳证券交易所成功上市。

国星光电注重技术研发创新，设有企业博士后工作站、省企业技术中心、省光电子工程技术研究开发中心、苏锵院士工作室。近年来，公司先后承担了多项科研项目，如国家"863"计划项目、国家"十五"科技攻关项目、国家电子信息产业发展基金项目、省市重大科技专项，等等。公司产品多次获国家级、省级重点产品称号，多次获省市科技进步奖等荣誉。公司还先后通过了 ISO 9001、ISO/TS 16949 质量管理体系认证、ISO 14001 环境管理体系认证、OHSAS 18001 职业健康安全管理体系认证。

国星光电的基本情况如表 3-16 所示。

表 3-16 国星光电基本情况

内　　容	国 星 光 电
成立时间	1969 年
企业性质	由国营转为民营
所在行业	半导体光电器件制造行业（从事 LED 器件及其组件的研发、生产与销售，产品广泛应用于消费类电子产品、家电产品、计算机、通信、平板显示及亮化工程领域）
业务现状	在国内开展 OBM 业务，在国外开展 ODM、OBM 业务，加工采用 OEM
企业规模（截至 2013 年 12 月 31 日）	企业人员数：1617 人 销售额：114237.6 万元 资产总额：340088.1 万元
上市情况	2010 年 7 月 16 日在深圳证券交易所上市
行业排名	国内最大的 LED 封装企业之一，行业龙头
企业荣誉	半导体照明技术标准工作组成员单位、广东省科技型中小企业技术创新基金优秀企业、国家火炬计划重点高新技术企业、广东省知识产权示范企业、AAA 级信用企业、广东省诚信示范企业、2010 年广东省企业 500 强等

二、国星光电股份有限公司转型升级路径

(一) 以 LED 封装为支撑，通过技术积累，建设核心能力

LED 封装处于产业价值链的中下游，同芯片、外延片制造等上游环节相比，封装企业的升级似乎较为受限。然而，国星光电以封装为支撑，通过技术积累，将其做强做大，建设核心能力，成功实现了企业升级。

国星光电在创立的前十几年里一直都在从事利润微薄的 OEM 业务。1981 年开始与日本三洋公司合作加工 LED 显示板，并在 1991 年引进其先进的 Lamp LED 生产线。这次合作为国星光电带来了国际领先的 LED 封装技术，极大地提高了企业的技术与生产制造能力，并将日本先进的管理体系和理念引入企业，至今依然对国星光电影响深远。此后经过 30 年的发展，国星光电逐渐发展成为 LED 封装行业的龙头。赛迪顾问研究指出，2008 年中国 LED 市场销售额位于前十位的企业中，前七位分别被中国台湾厂商、美国 Cree、日本 Nichia 占据，国星光电则位列第八位，即为大陆第一。

LED 封装不同于集成电路封装，大型高端的 LED 封装企业在技术储备、人才储备和规模效应等方面能形成核心竞争优势。LED 封装技术决定着 LED 产品的可靠性，良好的封装和散热技术还可延长 LED 寿命。并且从手机屏幕到户外全彩显示屏，从室内灯具到室外路灯，不同的应用领域对封装技术也提出了不同要求。比如，用于液晶电视的 LED 背光源需要封装出来的器件色温高度一致，大功率照明对散热和使用寿命有更高要求，用于户外显示屏的器件在发光性能之外还要满足防水和防紫外线。国星光电十分注重这些方面的技术积累，努力打造该领域的核心技术。基于在 LED 封装领域的技术优势，2011 年国星光电研发出了一种基于印制电路板（PCB）的新型大功率 LED 器件及其制造技术，在散热性能、光学性能及生产成本方面有很大的竞争优势。

LED 封装是企业的主要利润来源。2007—2009 年，公司 LED 产品销售收入占比分别为 85.98%、81.60%、84.28%，并且与同行业相比，公司的毛利率较高，可见核心能力优势明显。图 3-11 表明国星光电的毛利率明显高于行业平均水平，图 3-12 则表明国星光电的毛利率也明显高于其他三家台湾 LED 封装大企业的毛利率。

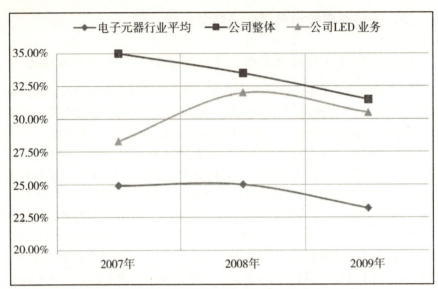

图3-11 2007—2009年国星光电与行业毛利率比较
资料来源：招股意向书（国泰君安证券研究）。

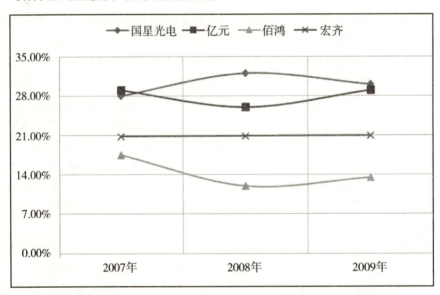

图3-12 2007—2009年国星光电与台湾LED封装大企业毛利率比较
资料来源：招股意向书（国泰君安证券研究）。

在该领域的核心竞争优势也使得国星光电得到社会的更多认可。2010年国星光电开始成为IBM合格供应商；2010年1月，国星光电又中标中国移动营业厅节能照明项目，中标的LED射灯达到31%的份额之多。

(二) 以OEM起步，统筹国内外两个市场，OEM/ODM/OBM并存

国星光电在创立初期只是一家制造单晶硅以及半导体器件的代工型国营小厂。OEM代工业务维持了十几年，后通过学习日本三洋公司先进的LED封装技术，才逐步走向了ODM/OBM的道路。目前，国星光电在国内开展OBM业务，在国外开展ODM、OBM业务，同时还承担了国外的OEM加工业务。

国星光电具体销售情况如表3-17所示：

表3-17 国星光电2007-2009年业务构成

	2009年		2008年		2007年	
	金额（万元）	比例（%）	金额（万元）	比例（%）	金额（万元）	比例（%）
OBM	52104.32	82.98	45336.21	80.00	38008.60	85.63
ODM	1148.85	1.83	1125.14	1.99	295.74	0.67
OEM	9537.93	15.19	10211.04	18.02	6082.23	13.70
合计	62791.09	100.00	56672.39	100.00	44386.57	100.00

资料来源：据公司调研、招股说明书。

在国内市场，国星光电的LED产量不但位列全国前三，而且是全国最大的表面贴装器件（SMD）LED供应商。在国外市场，国星光电主要通过展会及利用品牌的影响力进行营销，销售范围广泛，美洲、欧洲、亚洲、非洲都有客户，其中，美国、英国、德国、西班牙、澳大利亚、韩国、日本、印度、俄罗斯等国的交易量占比较大。[1] 公司的全球化进程取得了显著成效，2011—2013年主营业务收入情况如表3-18所示。

表3-18 国星光电2007—2013年主营业务收入地区分布情况

区域	2011年		2012年		2013年	
	金额（万元）	比例（%）	金额（万元）	比例（%）	金额（万元）	比例（%）
国内	82256.0	76.8	71128.7	75.4	91612.1	80.6
国外	24889.2	23.2	23235.9	24.6	22004.6	19.4
合计	107145.3	100.0	94364.6	100.0	113616.6	100.0

资料来源：据公司调研、招股说明书及公司年报整理。

---

[1] 根据调研资料整理所得。

(三)从技术引进到消化吸收再到自主研发的创新研发

国星光电的技术创新,主要通过引进—消化吸收—模仿—自主创新的路径得到发展。国星光电最初与日本三洋公司合作加工 LED 显示板,由于引进了日本三洋公司的 Lamp LED(直插式发光二极管)生产线,通过对先进技术的消化吸收,国星光电掌握了 LED 封装技术,并建立了相对完善的工序流程控制、生产管理和质量管理体系。此后,国星光电在学习与实践中成长,逐步具备自主研发创新的能力(如图 3-13 所示)。

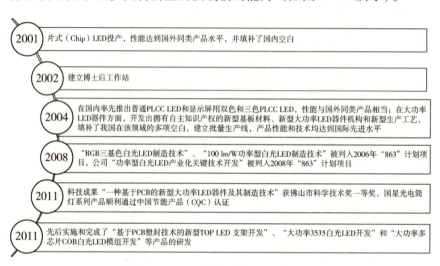

图 3-13 国星光自主研发创新进程

资料来源:根据公司调研和官网、年报等二手资料整理。

在这些成果的背后,是国星光电对于自主创新的高度投入。国星光电设有省级企业技术中心和省级光电子工程技术研究开发中心。截至 2009 年 12 月 31 日,国星光电在新产品技术研发和技术改造上累计投入资金 5000 多万元。至 2011 年 10 月,已申请专利 180 项,获授权专利 135 项,其中包括 10 项授权发明专利,专利成果显著。

此外,公司作为国家半导体照明工程研发及产业联盟常务理事单位、中国光学光电子行业协会光电器件分会副理事长单位、工业和信息化部半导体照明技术标准工作组 2005—2009 年度成员单位,曾参与制定多项国家标准。

如今,国星光电已由以前的来料加工的劳动密集型企业转变为自产自销的自主创新企业,实现了从被动到主动的华丽转身,成为中国三大 LED 封装企业之一,以及最大的 SMD LED 封装企业。

(四) 以 SMD LED 为战略点,开发新领域产品与客户

SMD LED 在 LED 封装中技术难度最大,产品附加值高,盈利能力远高于 Lamp 类产品。国星光电坚定着重点发展 SMD LED、稳定传统的 Lamp LED 的发展战略。公司目前的产品结构,按照产品分类分为 Lamp LED、SMD LED、LED 照明产品三大类;按照客户端分类,分为显示屏用产品、家电用产品、照明用产品,其中显示屏用产品和家电用产品是公司的传统产品,且显示屏用产品的增长速度最快(如表 3-19 所示)。

表 3-19 国星光电产品结构及其应用

支架式(Lamp)LED			家电、户外显示屏、汽车照明等
表面贴装式(SMD)LED	片式(Chip)LED		家电、户内全彩显示屏等
	PLCC LED	顶部发光(TOP)	户内外全彩显示屏,中小尺寸背光源,室内照明等
		侧面发光(Sideview)	小尺寸背光源等
	大功率 LED		通用照明、大尺寸背光源等

资料来源:据公司公告、东北证券资料整理。

基于此,国星光电将 SMD LED 视为战略点,调整公司的产品结构。2010 年 SMD 产品产能扩张,尤其是 TOP View 产品的产量由 2009 年的 1.3 亿只扩充至 2010 年的 10 亿只,由此带动公司营收增长 32%。同时,加大照明产品的研发与销售,照明亮化用 SMD 组件收入增长 0.6 亿元,带动营收增长 10%。

附加值较高的 SMD LED 产品应用领域广泛,具有较多利润增长点,目前国星光电已大力拓展了新领域的客户,如 IBM、Sandisk(全球最大的闪速数据存储卡产品供应商)、华为技术有限公司、京东方(用于生产 LED 背光源液晶电视)、南京洛普股份有限公司、上海三思科技发展有限公司等国内知名 LED 显示屏制造商。除此之外,国星光电还凭借自主创新能力及技术优势,利用产品应用广泛的特点,及时推出高端产品,成功开拓了显示屏等新领域的客户,创造了新的利润增长点,使得公司在报告期内维持了较高毛利率。目前显示屏客户已成为国星光电继家电类客户后的主要客户,创造了新的利润增长点。国星光电 2009 年对显示屏客户的销售收入占总收入的比例达到了 28.40%。

（五）借助并购、产学研合作等进行产业链垂直整合，提升竞争力

LED 产业链较长，上游芯片等技术是 LED 的关键环节，也是附加值最高的环节，下游应用则极为分散，应用特点千差万别。产业链垂直整合可以提供有技术竞争力与成本竞争力的产品与解决方案，提高企业的抗风险能力。因此，对于国星光电来说，除了自身采取相关举措向上下游进军之外，并购与合作对于其产业链垂直一体化战略也有着很大的意义。

立足于封装，国星光电向 LED 产业上下游拓展。

1. 下游拓展

2009 年底设立 LED 照明事业部，从事 LED、光源模块等下游 LED 应用产品的研发，向 LED 的照明应用延伸。2011 年 6 月，国星光电又将原有的照明事业部升级，成立佛山市国星光电股份有限公司照明分公司。2011 年 10 月 30 日，国星光电 LED 照明四川营销中心正式成立，这是国星光电 LED 照明产品国内首家省级营销中心。朗月光电科技有限公司作为国星光电 LED 照明产品在四川省内唯一合法的总经销，其建立是国星光电新渠道战略的重要开端，在未来的 LED 照明渠道建设中，国星光电仍将继续重视细分市场的开发。

2. 上游拓展

2009 年，国星光电与美国芯片制造商 SemiLEDs（旭明光电）等公司合资成立旭瑞光电，持股比例为 15%，从事 LED 外延、芯片生产；2010 年 8 月，国星光电决定使用超募资金 1717 万元购买位于佛山市禅城区一处 16805.23 平方米的土地使用权，并斥资 1.32 亿元在这一地块建设新厂区。而在新厂区上，国星光电投 2.24 亿元实施新型 TOP LED 制造技术及产业化项目。作为一项全球首创的技术，新型 TOP LED 项目产品是一种具有自主知识产权的采用 PCB 材料制造的新型 TOP LED 支架，基于这种新型基板材料设计和封装的新型 TOP LED 具有高导热性，使得器件具有更好的散热性能。2011 年 3 月，与诚信创投、广发信德等合资设立国星半导体，其中，国星光电使用超募资金出资 4 亿元，占股比例 66.67%，进行 LED 外延芯片研发与制造。该项目计划投资 25 亿元，拟建生产厂房及配套用房 5 万平方米，2011 年计划引进 MOCVD 生产线 20 条及相应的芯片生产设备；并计划项目投资 25 亿元，引进 50 条 MOCVD 外延片生产线及相应的外延生产设备。已进入厂房建设阶段的国星半导体将继续推进国星光电的封装业务，并为 LED 的规模化生产提供支持。

在 LED 产业链中，外延片的研发制造是关键，能为企业带来产业链与市场开拓的主动权。国星光电将依据"海外引智、自主研发、产学研与产业链协同创新"来提高外延芯片的技术，推进产业链垂直一体化。综合来看，垂直结构公司在内生动力、成本控制、经营稳健性等方面均应好于专业化公司。

三、企业能力支撑国星光电股份有限公司转型升级

（一）环境洞察能力

国星光电作为国内 LED 封装巨头，进入该行业已有 30 多年，其成长壮大也都是伴随着对市场的敏锐洞察力而逐步实现的。作为行业的先行者，国星光电在稳固了封装业务的同时，觉察到市场未来的变化趋势及发展潜力，便开始了向上下游产业链的延伸，促进产业链的垂直整合。而随着 LED 照明产业的迅猛发展，LED 技术的进步以及成本下降，国兴光电又敏锐地觉察到 LED 照明灯具的巨大市场空间，投入更多的资金用于市场与品牌的建设，并采取设立 LED 照明事业部等举措，有效地促进了企业升级的进程。

（二）技术创新能力

国星光电同样注重研发投入，每年用于研发的投入均超过营业收入的 4%。企业有一支高学历的年轻的研发团队，本科及以上学历的研发人员就占到研发总人数的 76%。这些研发人员确保了公司能够紧跟 LED 行业的发展趋势，加快技术创新和产品升级步伐，不断适应 LED 行业发展的需要。

表 3-20 为 2008—2013 年来公司的研发投入、研发力量以及专利成果。

表 3-20　2008—2013 年国星光电研发情况

年份	2008	2009	2010	2011	2012	2013
研发支出（万元）	2677.34	2898.24	3572.16	3817.73	4109.68	4467.19
营业收入（万元）	56672.39	62791.09	87746.55	103994.91	92190.07	114237.63
研发占比（%）	4.72	4.62	4.07	3.68	4.48	3.91

续表

年份	2008	2009	2010	2011	2012	2013
研发人数（人）			136		601	583
占员工总数（%）			7.2		39.41	36.05
专利数（项）		已有70项授权专利	新申请33项，新增授权专利29项	新增授权专利36项	新增专利申请共46项	截至2013年年底，共申请专利286项，共授权专利218项

资料来源：根据实地调研、公司招股书和年报整理。

拥有核心技术的自主研发能力，能够帮助企业实现技术积累，获得产品技术升级。国星光电设有半导体照明材料及器件国家地方联合工程实验室、博士后科研工作站、广东省光电子工程研究开发中心、广东省企业技术中心、苏锵院士工作室，目前还在筹建国星光电中央研究开发院，同样具有极强的自主研发能力。

为了增强企业的研发能力。国星光电与中山大学、华南理工大学、西安交通大学、厦门大学、浙江大学、华中科技大学、武汉理工大学、深圳大学、中国科学院广州电子技术研究所、中国科学院半导体研究所、工业和信息化部中国电子集团公司第13所等高校及科研院所建立了多层次、多形式的产学研合作关系。

（三）生产制造能力

生产制造能力是制造型企业的关键能力。产品制造工艺流程和技术先进、产能充足、生产效率高等，都是该能力的体现，突出的生产制造能力对于企业的过程升级和产品升级也起到了积极的推动作用。

国星光电专注于LED相关组件和器件的生产，在佛山、无锡等地建有四大生产基地，各基地的情况如表3-21所示。

表 3-21 国星光电四大生产基地情况

基 地 名 称	生 产 范 围	基地面积（平方米）
佛山华宝厂区（分）	LED 器件、LED 组件	建筑面积 139000
佛山汾江厂区	LED 照明产品生产基地	建筑面积 20000
无锡国星光电科技有限公司	从事电子线路板的来料加工业务，专业生产 PCB 电路板和 LED 器件及其应用产品	建筑面积 9000
佛山国星半导体技术有限公司	LED 研发生产	建筑面积 60000

资料来源：根据国星光电官网资料整理。

立足于 LED 封装，在国星光电的主营业务中，Lamp LED 和 SMD LED 的组器件为主要业务收入来源，尤其是 SMD LED，占据公司营业收入的 70% 以上。2004—2006 年，公司 LED 产量占全国 LED 产量的比例分别为 2.28%、2.8%、4.10%，LED 生产规模位居全国前三名；公司 SMD LED 产量占全国 SMD LED 产量的比例分别为 17.86%、22.27%、34.00%，生产规模为全国最大。这些都得益于公司的生产制造能力强，产能逐年提高。

表 3-22 表明了公司 2007—2009 年 SMD 器件、Lamp 器件的产能和销量的上升情况。

表 3-22 2007—2009 年国星光电产能变化情况

（单位：百万只）

	2007 年	2008 年	2009 年
SMD 器件			
产能	1800.00	2400.00	2570.00
产量	1686.72	2012.31	2107.08
销量	1574.73	1953.34	2177.99
Lamp 器件			
产能	260.00	360.00	360.00
产量	359.58	252.12	261.32
销量	349.97	257.58	267.32

资料来源：据招股说明书整理。

近几年，国星光电 Lamp LED 产能基本保持稳定，SMD LED 的产能提升较快，尤其是 Top View 产品的产量由 2009 年的 1.3 亿只扩充至 2010 年的 10 亿只，带动公司营收增长 32%；同时，公司加大照明产品的研发与销售，照明亮化用SMD组件收入增长0.6亿元，带动营业收入增长10%。

国星光电凭借显著的规模经济性，并利用工序流程管理的优势，不仅提高了产品的质量，还拥有高于行业平均水平的产品合格率，这些都有效地降低了公司产品的生产成本，扩大了生产规模。

国星光电通过产业链的垂直整合，向上游的应用领域进行延伸，进一步提高生产制造能力。2011年3月，国星光电与诚信创投、广发信德等合资设立国星半导体，进行LED外延芯片研发与制造，并投资25亿元引进50条MOCVD外延片生产线及相应的外延生产设备。长期以来，国星光电使用的LED芯片均从国内外外延芯片厂商外购获得，高端产品使用的高亮度、大功率芯片还需从日本日亚、中国台湾晶元光电等进口，核心原材料在一定程度上受制于人。通过进入LED上游外延芯片领域，极大提高了公司的生产制造能力和市场竞争力。

（四）营销能力

随着业务的扩张以及升级的需要，国星光电不断努力构建更强的营销能力。国星光电的国内销售由市场营销部负责，使用自主品牌，采取直销模式；海外销售由海外贸易部负责，一般通过当地代理商进行，采取OBM模式或ODM模式，而加工业务则采用OEM。根据发行人产品的具体销售流程，国星光电的业务分为自主销售、通过经销商/代理商销售这两大销售模式。其中，对大型家电类客户，如格力电器、美的电器，国星光电采用直接销售，属于自主销售。国星光电的加工业务也是直接面对日本客户，并不通过任何代理机构。代理商/经销商的销售模式主要应用在北美地区，Virginia Optoelectronics Inc. 为国星光电在北美地区的唯一代理商，负责北美地区的业务推广。该代理商主要面对LED产品的应用类客户，国星光电通过该代理商销售的产品均根据相关授权使用应用客户的品牌，属于ODM业务模式。

国内市场是国星光电的销售重点，LED器件和照明应用类及其他为主要的销售收入来源。2013年销售区域与产品销售市场分布情况如表3-23所示。

表3-23 国星光电2013年销售区域与市场分布

销售区域	国内：80.63%；国外19.37%
销售市场	（营收比重）外延芯片：0.26%；LED器件：62.54%；LED组件：17.06%；照明应用类及其他：20.14%

资料来源：据国星光电年报。

国星光电也越来越注重全方位渠道的建设，2011年使用超募资金9029.31万元实施品牌与渠道建设项目，包括使用6000万元建立20家直营渠道，用2000万元建立10家合作渠道，1000万元用于品牌建设。项目实施后，国星光电将能够更好地把握和跟踪市场需求，提高对现有客户的服务能力，开拓新市场，进一步扩大公司产品的市场占有率。

随着西部地区的经济开发，国星光电将成都作为打开西南地区LED照明市场的一扇大门。2011年10月30日，国星光电LED照明四川营销中心正式成立，这是国星光电LED照明产品国内首家省级营销中心。朗月光电科技有限公司作为国星光电LED照明产品在四川省内唯一合法的总经销，其建立是国星光电新渠道战略的重要开端。在未来的LED照明渠道建设中，国星光电将继续注重区域市场和细分市场的开发，希冀在渠道上能有新的突破。

国星光电凭借40余年的技术底蕴树立了良好的品牌形象与企业形象，得到了市场的认可。其突出表现为：多款产品获得"广东省名牌产品"称号；企业多次获得"中国半导体照明行业最具成长性企业"、"广东省战略性新兴产业骨干企业"、"激情十年——最具影响力企业"等荣誉称号；2013年被评为"高工LED金球奖十大流通渠道LED照明品牌"、"十大工程渠道LED照明品牌"。

（五）资本能力

具有较强资本能力的企业能够为企业升级提供坚实的保障。国星光电通过内部资本积累、上市融资、合理的资本运作等方式，在企业升级进程中扮演着重要的角色。公司近年来的流动比率、速动比率、资产负债率、利息保障倍数等指标均较为良好，说明公司偿债能力较强。这些都是良好财务状况的体现，也保障了公司正常有序的经营发展。

国星光电资本积累能力如表3-24所示。

表3-24 国星光电2007—2013年资本积累情况

年 份	2007	2008	2009	2010	2011	2012	2013
营业收入（万元）	44386	56672	62791	87746	107563	94797	114237
净利润（万元）	6501	10967	11804	14773	12050	3760	10338
利润率（%）	14.65	19.35	18.80	16.84	11.20	3.97	9.05

资料来源：根据公司年报整理。

上市融资对于企业的资金募集、技术设备新增与更新、实现企业规模

扩大和市场扩张同样起着极其重要的作用。国星光电登陆深圳证券交易所，超额募集资金 15.4 亿元。国星光电将其中的 5 亿元用于"新型表面贴装发光二极管技术改造"、"功率型 LED 及 LED 光源模块技术改造"、"LED 背光源技术改造"、"半导体照明灯具关键技术及产业化"四个项目。这些项目将为国星光电新增 Chip LED 2 亿只/月、PLCC LED 4000 万只/月、年产 12000 万只功率型 LED 和 1200 万块光源模块的生产规模，大幅提高公司产品的技术含量和产品档次。2010 年 8 月，国星光电将超募资金的 1717 万元用于购买位于佛山市禅城区一处 16805.23 平方米的土地使用权，并斥资 1.32 亿元建设新厂区。而在新厂区上，国星光电将投 2.24 亿元实施新型 TOP LED 制造技术及产业化项目。资金的募集和合理的使用规划为企业的升级举措提供了重要的物质保障。

2011 年国星光电与南阳西成科技有限公司共同设立宝里钒业科技有限公司，参与开采目前河南省最大的钒矿，将对业绩带来较大影响。同时，为补充现金流，公司计划发行少于 5 亿元债券并向银行贷款 13 亿元。此次投资主要源于对方有技术专利、矿产资源以及地方政府支持等优势，这也将为企业的资本运作带来了一定的影响。

（六）管理能力

国星光电作为行业龙头企业，逐步铸造了出色的管理能力。国星光电学习引入日本先进的工序流程管理体系和质量管理方法，借助信息化系统，打造了完善的管理体系。除此之外，还注重人才、供应商、合作伙伴等的管理，为企业的正常运营提供了保障。

完善的工序流程管理是超精细、大规模 SMD LED 封装的质量保证。国星光电与日本三洋公司 20 多年的合作，不仅掌握了先进的 LED 封装技术，还帮助企业建立了一套完善的工序流程管理体系和质量管理方法，实现与国际接轨。公司已建立起比较完善的企业管理制度，拥有独立健全的产、供、销体系，并根据积累的管理经验制定了一系列行之有效的规章制度，同时，国星光电已经通过了多项国际认证，建立了 ERP 管理系统。

国星光电对于人才的管理也有自己的独特优势。目前，研发中心拥有一支 200 余人的技术开发队伍，其中包括 6 名博士、12 名高级工程师（含教授级高工 3 名）、30 余名硕士。另外，公司有 300 余名本科以上学历的专业技术人才遍布各单位，从事设备技术、质量技术、工艺技术和计算机技术工作，其中知名院校毕业生占到 60% 以上。公司采取了一系列的举措加强人才队伍建设，例如，广泛招聘，重视培训，科学进行人力资源配备；引入绩效考核机制，实行灵活的薪酬政策；实行专业技术聘任制，建设专业技术人员职级晋升"第二通道";加强研发建设,建立博士后科研工作站,为人才全方位搭建事业平台;用情感留住人才,创造和谐企业文化氛围;等等。

值得注意的是,成立于1969年的国星光电曾经是一家国有企业,如今成功转制为民营股份公司,成功的管理层收购体现了领导者出色的管理能力。通过公司改制、国有股退出、邀请首富助阵、清理职工股等手段,王垚浩等三位管理者将国星光电打造为LED封装领域第一家上市的国内企业。

四、企业所在产业集群促进国星光电股份有限公司转型升级

国星光电所在的佛山是国内重要的传统照明光源生产与研发基地,形成了LED制造装备、芯片、封装与应用产品生产等完整的产业链。2009年集群总产值超100亿元,相关上中下游企业超过400家,电光源产业的高新技术企业达45家,占全市高新企业总数的9.5%,已建立5个省级电光源领域技术研发中心。在佛山市LED产业中,国星光电、佛山照明、旭瑞光电、裕升光电等企业都是LED行业的佼佼者。

(一)集群内创新网络促进企业升级

在佛山市,为充分延续原有电光源产业的优势,南海区已经为半导体照明产业的发展先行建立了广东金融高新技术服务区、南海经济开发区、罗村新光源产业基地等载体,并且打造了从芯片研究、装备制造、LED外延片和芯片制造、大功率封装、应用产品开发、中试及生产、产品检测到市场流通的半导体照明全产业链。在佛山禅城区,2011年前三季度专利申请2037件,较上年增长约50%;发明专利申请量336件,较上年增长超过40%;发明专利授权量为178件,较上年增长约30%。

佛山市也积极推动产学研合作。例如,推动西安交通大学广东研究院落户佛山禅城区,同时利用省科技厅与独联体国家开展国际科技合作的机遇,主动承接配置国际创新资源,组建了一批新的公共创新平台。在实施知识产权联盟战略中,禅城区以组织、技术、专利、标准和市场五大联盟构成的"五位一体"模式,构成了禅城知识产权联盟体系的完整有机体,打造区域产业创新链。南海区引入了国内顶尖的半导体照明技术团队和省级半导体照明产学研创新联盟,包括中山大学、北京大学、清华大学、中科院半导体研究所等全国10所重点科研院校。2007年,19家院校及企业单位携手搭建"数字化制造装备产学研创新联盟",推动了创新资源整合,以创新能力提升推动广东省装备制造业向更高层次发展。在向半导体照明

产业升级的过程中,佛山南海区集聚旭瑞光电、国星光电、奇力电子等龙头企业,与中山大学、华中科技大学、香港科技大学等高校建立了紧密的LED产学研关系,现有LED相关企业和服务机构数十家,2009年产值超20亿元。2011年9月,广东省半导体照明产业联合创新中心的成立,进一步推动了佛山LED产业技术创新平台的建立。

(二)集群企业间联合行动助力企业共同升级

集群内企业的联合行动能够使企业形成合力,更大程度地实现资源优势互补,提高集群效应。行业协会是企业联合行动的主要表现形式,通过组织学习国内外同行业优秀企业、参与本行业的产品展览等,为集群企业提供先进的技术与管理创新理念与信息,进而推动企业升级。

2009年5月20日,佛山南海电光源灯饰照明行业协会正式成立,结束了南海电光源灯饰照明企业"单打独斗"的局面。目前,协会共有上百家企业,涵盖了从电光源到灯饰照明及其配件的上下游产业链的各个环节企业,协调和推动整个行业的发展。两年多时间里,该协会共开展了57项活动以打造区域品牌。在广州琶洲会展中心举行的第16届广州国际照明展览会上,南海电光源灯饰照明行业协会组织22家会员企业参加了展会,并在南海品牌馆集中展示,吸引了大量国内外客商的关注,有利于会员企业的国际市场拓展。随着广东新光源产业化基地落户南海区,协会将搜集相关技术和市场信息,引导和协助会员企业开展LED等绿色环保照明产品的开发和推广,增强产业凝聚力,逐步打造行业区域品牌,促进广东新光源产业化基地的加速集聚和发展,形成区域经济竞争力。2011年6月,禅城区《普通照明用LED管形灯》、《普通照明用LED球泡灯》两项联盟标准发布实施,通过共建"联盟标准",为室内LED照明产业标准抢占了话语权,提高了区域新兴产业品牌竞争力。2012年3月13日,由佛山市技术标准研究院、佛山市照明灯具协会、顺德照明电器协会联合国星光电等LED龙头企业,成立了国内首部LED企业联盟标准——"LED灯具产品包装标识佛山联盟标准",共同进行LED包装标识标准的研制,通过标准化联盟的成立与实施,促进了企业与产业升级。

这些联合行动也增强了企业的信心,感受到集群及政府对行业的支持,能够更好地发挥企业自身优势,寻找更佳的合作伙伴,有利于企业加速升级。

(三)制度环境为集群企业升级提供良好条件

佛山市政府为产业集群的发展提供了良好的制度环境。2010年2月,佛山市 LED 产业发展联席会议制度的建立,完善了 LED 产业的制度环境,佛山市政府出台的多项鼓励政策,也极大促进了 LED 产业的发展。为提高南海 LED 产业的应变能力,2012 年 2 月,南海出入境检验检疫局利用"企业服务年"活动协助区内电光源企业建立 LED 产业联盟,并继续为信用等级高的企业设立绿色通道,以技术手段提高放行速度,减少滞港时间。作为 LED 封装的龙头企业,国星光电同样受益于多项补贴政策,得到了政府及相关制度的大力支持,有利于原有产业的发展,并加速了对国际市场的开拓。

五、国星光电股份有限公司顺应市场环境变化进行转型升级

(一)节能减排等政策的出台,推动全球节能灯及 LED 产品市场的发展

"低碳经济"已经成为全球经济发展的潮流。自 2003 年"低碳经济"被正式提出以来,全球很多国家纷纷加入节能减排的队伍,以能源技术创新等提高资源利用效率,做到低能耗、低污染、低排放和高效能。在这样的大背景下,全球很多国家纷纷宣布禁售白炽灯(如表 3-25 所示)。

表 3-25　一些国家和地区白炽灯禁用时间

禁用/禁售时间	国家和地区	具 体 规 划
2010 年	澳大利亚	2009 年起停止生产,最晚在 2010 年起初步禁止使用传统白炽灯
2012 年	欧盟	2009 年 9 月起分为 4 阶段,于 2012 年禁售所有瓦数白炽灯
	法国	2009 年起禁售 100W 以上白炽灯,2012 年期禁售所有白炽灯
	中国台湾	自 2010 年开始执行白炽灯禁产政策,2010 年起全面禁产
	加拿大	2012 年起禁止使用白炽灯
	日本	到 2012 年止,禁止生产和销售高耗能白炽灯
	美国	2012 起执行,至 2014 年禁售大部分白炽灯
2013 年	韩国	2013 年年底前禁止使用白炽灯
2016 年	中国	2011 年 11 月起,分为 5 个阶段,于 2016 年禁售所有瓦数白炽灯

资料来源:据二手资料整理。

我国也于 2011 年 11 月正式发布白炽灯淘汰路线图，计划于 5 年内逐步淘汰白炽灯。在淘汰白炽灯的背后，是政府对于节能灯及 LED 照明产品推广计划的政策支持，极大地推动了这些节能产品的市场化进程。2013 年 2 月，国家发展改革委员会、科技部、工业和信息化部、财政部、住房城乡建设部、国家质检总局等六部委联合编制了《半导体照明节能产业规划》，从政策上再次明确加快国内环保、节能、减排步伐。我国政府从 1996 年起在不同阶段实施的政策，极大地拉动了 LED 应用市场的消费需求，如图 3-14 所示。

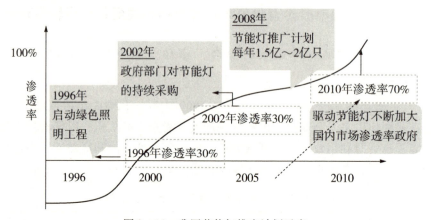

图 3-14 我国节能灯推广计划示意

资料来源：据高华证券研究所资料整理。

为了推动节能灯产品和环境保护，我国政府加大了对于 LED 产业的补贴力度。在产业链的上游环节，对于企业 MOCVD（金属有机化合物化学气相沉淀）设备的采购给予了较大力度的补贴。而在下游应用环节，对从事"十城万盏"等工程的相关企业给予了相应的补贴。在"十一五"科技发展规划中，将半导体照明产品列为第一重点发展领域，投入 350 万元人民币作为固态照明研发经费。2012 年 3 月，政府公布了 LED 照明新补贴政策，初步补贴数量约为 400 万只。据了解，在未来的 3～5 年，国家对 LED 行业的补贴约为 80 亿～100 亿元，终端价格补贴率预计为 30%～50%，补贴总额可能高达 160 亿～200 亿元。这些政府补贴及优惠政策，极大地推动了 LED 产业的发展。

2011 年，国星光电的子公司——佛山市国星半导体技术有限公司收到 LED 外延芯片项目政府补助 6000 万元，同年，国星光电还收到国家科技部发放的一批"863"专项经费，分别是 250.43 万元和 99.6 万元，共计 350.03 万元，分别用于"大尺寸 Si 衬底 GaN 基 LED 外延生长、芯片制备及封装技术"及"基于垂直结构的高效白光 LED 外延芯片产业化制备技术研究"。2012 年 2 月,国星光电的"新型高导热 LED 封装基板与模块化光源研究及其产业化"项目获得了政府 1000 万元专项资金,以推动相关项目的研发。

(二)原材料价格上涨,推高传统节能灯成本,从而刺激 LED 照明产品的生产

在传统节能灯的生产过程中,其配件毛管中的三基色荧光粉和稀土是主要原材料,其中稀土占原材料的比重达到 75%。2011 年原材料价格一路上扬,在三基色荧光粉涨价前,荧光粉在节能灯成本中只占 10%,而荧光粉涨价后,其在节能灯成本中所占比重上升到了 60% 左右。半年内,稀土、荧光粉价格上涨近十倍,使得传统节能灯产品的成本大幅提高。

为应对原材料价格快速上涨的巨大压力,不少传统节能灯企业开始加速向 LED 照明转型,因而推动了 LED 产业的发展。

(三)国内 LED 芯片产能过剩,激发产业链下游的应用市场

由于我国政府出台了很多有利的政策,如一台 MOCVD 设备可得到政府超过 300 元的补贴,很多企业为了强夺制高点,大量购买 MOVCD 机、投资芯片项目,导致行业 LED 芯片产能迅速过剩。据报道,2011 年年初,我国 80 多家企业订购了约 3000 台 MOCVD,2010 年年底的安装总数为 327 台,但这些企业后来纷纷减少了订单和发货量。此外,目前有 40 多家中国企业计划建造规模为 3.3 亿 TIE(两英寸当量)的蓝宝石产能,而高盛全球 LED 团队预计 2011 年全球蓝宝石需求不足 7000 万 TIE。可见,蓝宝石和 LED 芯片将供应过剩。2009 年第三季度至 2011 年第二季度,蓝宝石和 LED 芯片产品均价也进一步反映了行业供应过剩的局面(如图 3 - 15、3 - 16 所示)。

同时,LED 市场应用本身有着广阔的发展前景,2007 年全球 LED 产业规模为 68.5 亿美元,有机构预测,2011 年全球 LED 产值将达 125 亿美元,行业复合增长率为 16%。国星光电也于 2009 年年底设立 LED 照明事业部,从事 LED、光源模块等下游 LED 应用产品的研发,向 LED 的照明应用延伸。并于 2011 年 6 月将原有的照明事业部升级,成立佛山市国星光电股份有限公司照明分公司,对 LED 照明应用领域的市场作出反应。

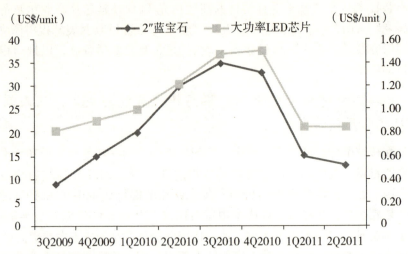

图3-15 2009年第三季度—2011年第二季度间蓝宝石和LED芯片产品均价变化情况
资料来源：据中国LED在线、高工LED、高华证券研究资料。

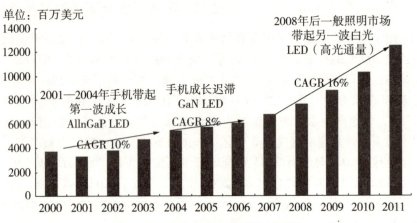

图3-16 全球LED规模增长与预测
资料来源：据IEK、日信证券研发部资料。

六、事实发现

（一）企业根据市场环境变化，确定企业转型升级的方向

诸如成本上涨、政策引导、行业需求变化等环境因素都会对企业转型升级的方向产生影响。国星光电正是结合对于环境变化的观察与分析，把握升级时机，并采取正确的转型升级方式和路径。随着市场需求与政策导向的变化，LED照明应用逐渐成为行业发展的新增长点。国星光电也开始向 LED 芯片和照明应用中延伸，并将其作为转型升级的方向。

（二）生产制造能力和技术创新能力在企业转型升级中起着最关键的决定作用

对于制造型企业来说，生产制造能力是企业发展的基础，而技术创新能力则是使企业在动态环境中形成核心竞争力的关键。领先的生产制造能力和技术创新能力能够为企业生产出具有竞争力的产品，提供具有竞争优势的服务。可以说，面对激烈的竞争环境，生产制造能力和技术创新能力越强，基础越牢固，企业战胜竞争对手、可持续发展的能力也就越强。

国星光电有着非常出色的生产制造能力和技术创新能力，是企业的核心竞争力。几十年的行业经验成就了其在 LED 封装领域的强大生产能力，高技术 SMD LED 产品的销量在公司的所有业务中占据最大比重，多项产品达到国际先进水平，填补了国内空白。正是这些能力，帮助国星光电建立了在 LED 封装行业的龙头地位。

（三）营销能力和资本能力对企业转型升级起到越来越重要的推动作用

随着市场竞争的加剧，营销能力在企业的发展与升级中扮演着越来越重要的角色。国星光电前期专注于 LED 封装等制造技术的提升，在营销能力上有所欠缺，但近年来越来越注重这一能力的培养。

自我资本积累能力反映出企业经营过程中获利能力、偿债能力、流动性等各方面的水平。而外部融资能力则会为企业赢得更多的资金支持，从而能够更顺畅地展开升级。对于 LED 产业等新兴高技术产业来说，稳健的资本投入越来越重要，企业往往需要购置大量的高价值设备才能开展生产，并进一步扩大形成规模效应从而降低成本。国星光电近年来盈利能力不俗，并于 2010 年成功上市，为企业在资本市场融资并获得风险投资等的资金支持，不仅帮助企业渡过资金周转难关，还支持了企业扩大在生产、研发、销售等领域的投入，从而推进企业升级。

（四）产业集群环境改善与企业转型升级相互促进，是一个互动的过程

产业集群的某些特性，诸如区位优势、文化传统、便利性、资源共享、创新平台等因素，对于企业乃至集群升级都是极其重要的。

案例企业处于的佛山 LED 产业集群，该集群中的企业、政府及相关机构都致力于打造一个积极的创新网络，为身处其中的企业提供最好的创

新平台,激发出整个集群的创新动力。在这些与创新相关的行动和政策下,企业升级得到了明显的促进,随着集群企业创新能力的增强,这又反过来进一步推进集群内创新资源的进一步共享、创新平台的进一步完善,以及更多创新政策的推出,并优化绩效,从而形成良性互动。集群中企业联盟的形成也十分重要,联合行动往往可以起到"单打独斗"所没有的效果,并且能够带动整个产业集群的绩效提升,增强整体实力,形成区域品牌影响力。有利的制度环境还会激发集群内企业的创新精神,升级动力,帮助企业快速嵌入全球价值链中,获得更高的附加值。

第四节 替代跨国公司产品及提升企业技术能力:珠江钢铁公司[①]

一、钢铁企业发展和提升技术能力的经验与环境

(一)国际钢铁企业通过重组实现企业升级和结构优化

21世纪的世界经济发展呈现三大特点:一是随着WTO作用的加强,全球经济化世界贸易高速增长,金融资本在世界范围内流动加速,各国的国内市场与国际市场进一步接轨,贸易的国际竞争更加激烈;二是随着以知识经济和网络经济为代表的新经济的问世,给世界经济发展带来了新机遇和新挑战;三是各国加快了对经济结构的战略调整,开展资产重组和有限资源的合理分配。为适应经济全球化和新经济的发展,世界各国企业根据市场经济的要求,实现现代企业的最佳运行机制——规模化经营、专业化生产、现代化管理的模式。为了达到这一目标,企业必须通过资产重组和结构调整,在提高产业集中度后,才能做到专业化分工和有限资源的合理分配,使企业保持高的生产效率和高的经济效益。

通过联合重组形成了一批新的更具有国际竞争力的跨国公司,主导着国际市场的竞争,重新划分世界市场。在这种形势下,各国钢铁行业从20世纪90年代后期开始,纷纷进行结构调整和企业重组。其主要做法包括:一是通过对现有企业组织结构的改组、改制、改造和兼并、联合、重组,

---

[①] 珠江钢铁公司已被宝钢集团兼并(可参见财经网《宝钢兼并重组广东钢铁方案变身》,http://www.caijing.com.cn/2011-08-23/110822581.html),但珠江钢铁公司转型升级实践具仍有重要研究价值。

组建具有国际竞争力的钢铁企业集团,来实现企业的集团化管理、设备大型化、产品专业化、生产连续化自动化,提高企业的生产效率和经营管理水平;二是通过淘汰落后的生产能力和工艺设备,开发新产品、新技术和新兴产业,提高企业的产品质量和性能,来降低成本和提高企业的国际市场竞争力;三是通过国际化经营,充分利用国际和国内两个市场、两种资源,实现专业化分工和有限资源的合理配里,最大限度地发挥企业的潜力,实现企业工作效率和效益的提高。

国际钢铁行业联合重组兼并后,对企业的组织结构、产品结构进行调整,实现了企业产品升级、资本增值和结构优化,从而提高了企业的国际市场竞争力。比较典型的实例有:

(1)法国的于齐诺公司、卢森堡的阿尔贝德集团和西班牙的阿塞拉里亚公司联合组建的新钢铁公司(NEW CORPO),现成为世界钢铁生产的巨无霸,其钢生产能力达到5000万吨,占世界钢铁生产总产量的5%,预计其销售额可达260亿美元。主要生产汽车所用扁平材和不锈钢。

(2)德国蒂森公司与克虏伯公司联合组成蒂森-克虏伯钢铁股份公司,其钢的生产能力为1770万吨,年销售额达107亿美元。主导产品是不锈钢、镀锡板、硅钢等高附加值品种。

(3)2001年4月,日本钢管与川琦公司宣布将于2002年10月合并成立JFE股份公司,合并后其钢的生产能力达3600万吨。合并后通过结构优化,可降低成本600亿日元,预测到2005年其利润可达2000亿日元。其主要做法是:合并后加快淘汰落后设备和过剩生产能力200万吨,对口的商社的钢铁部门也将合并重组,即伊藤忠商社与丸红商社的钢铁部已合并,三菱商事与日商岩井的钢铁部也在2002年10月合并。这样一来,可以进一步实现在国内的集约经营,同时发展其海外的目标,稳定北美汽车市场,进军中国市场。

(4)2000年8月,日本新日铁和韩国浦项宣布结成战略联盟,两家的钢产量合计近5000万吨。目前两家联合尚处于原料采购和技术开发等方面,如今后能全面合作,那将成为钢铁世界又一巨人。2001年12月,新日铁又宣布与神户制钢和住友组成三方的战略联盟,通过在原料采购、半成品供应等物流方面的合作,以降低成本,提高国际竞争力。

(5)美国钢铁公司正在与伯利恒钢铁公司、LTV钢铁公司、国民钢铁公司等六家钢铁公司进行合并谈判,其目标是组成一家年产3000万吨的大公司。

(6)英国LNM集团从20世纪90年代开始通过在世界上收购处于困境的钢铁公司,实现了低成本扩张(平均吨钢投资为150美元),现已成

为年产钢 2000 万吨的大钢铁企业。被收购的企业有：美国的内陆钢铁公司、德国的汉堡厂、哈萨克斯坦钢厂，以及墨西哥、加拿大、法国、苏格兰等国家的钢铁企业十几个。其主要做法是收购后大幅度裁员、推行全球采购以降低成本；同时，发展高附加值产品和发展全球的销售网络系统，使企业获得最大利润。

（7）1997 年，英国钢铁公司与荷兰霍高文钢铁公司联合成立考罗斯公司，其钢产量达 2129 万吨，销售额已达 136 亿美元，主导产品是不锈钢、铝板材。

（8）2001 年，澳大利亚的 BHP 集团与英国的比里顿公司联合成立了 HBP–BILLTON 公司，成为世界第一大矿业集团，其年销售额达 186 亿美元；主要经营铁矿，现在世界矿业的跨国公司中它坐第一把交椅。

从上述实例可以看到，钢铁企业热火朝天的联合、重组、兼并已是 21 世纪初期世界经济发展的一大趋势。20 世纪 80 年代，欧洲地区曾有 22 家钢铁企业林立称雄，经过联合、重组、兼并，目前已变为 4 家超级大型钢铁企业集团主宰欧洲钢铁市场。

（二）日韩钢铁企业提升技术能力分析

1. 日本钢铁工业的发展是一个技术创新层出不穷的发展过程

20 世纪 50 年代，日本钢铁业首先成功地引进和完善 LD 转炉技术，从而使其得以在短时间里赶上了美欧等国先进水平。在此基础上，日本钢铁业开发了一系列主要的技术创新，例如，工艺创新方面的连续铸造技术、复合吹炼技术、计算机控制技术、大型高炉建设技术等；产品创新方面有高张力钢表面处理钢板；等等。正是这些主要的技术创新，极大地推动了日本钢铁工业的发展。反观战后美国钢铁业却鲜有带动产业良性发展和获取竞争优势的技术创新，新产品很少，工艺改进远远落后于日本，从而使其劳动效率低，产品成本居高不下。由于技术创新的累积效应和学习效应，终于使美国钢铁业的技术水平与日本的差距越拉越大。这是自从 20 世纪 60 年代日本钢铁工业崛起后，美国钢铁工业就逐步失去竞争优势，并由盛转衰的根本原因。技术创新的差异使美日两国钢铁工业技术水平的差距非常明显。例如，1981 年，日本就已完全淘汰了技术效率低下的平炉炼钢方式，该年日本钢铁产量中有 75% 以上是由技术先进、效率更高的转炉方式生产的；而美国钢铁业还保留了平炉炼钢方式，该年只有 60% 的产量是由转炉生产的，一直到 20 世纪 90 年代初，美国还有将近 4% 的平炉炼钢方式。1981 年，日本采用连铸技术的钢铁产业达到 77.7%，而美国的比重只有 21%。到 20 世纪 90 年代初，日本采用连铸技术的钢铁产业达到95.3%,而美国只有68.1%。从劳动生产率看:1996年,日本为637吨/人,年,而美国仅为398吨/人,年。从钢材生产成本看:以高附加值的冷轧带钢成本为例,2000年美国的总制造成本为441美元/吨,而日本为398美元/吨。从钢材出口结构看:美国低附加值产品出口占10%,高附加值产品出口比重为50%;而日本初级钢铁产品出口仅为5%,高附加值产品出口为64%。①

日本是工业革命起步较晚的国家,1946年产钢仅56万吨,当时技术装备水平比欧美先进国家落后二三十年,与我国的鞍钢相同。从20世纪50年代开始,日本大量引进国外的新技术,其钢铁工业的新技术全部是引进的。其特点是博采众长,综合各国的技术优势,使自己技高一筹,如引进的高炉技术便是从美国、苏联、法国3家技术合成的。通过对引进技术的消化、吸收和创新,使日本掌握了半个多世纪世界各国的重大发明和应用技术,在钢铁工业各个领域跃居领先地位,在技术上也独树一帜,这是世界公认的史实。创新的例子也很多,例如,八幡从美国阿姆科引进硅钢技术,通过吸收和创新,创造了"海比"硅钢专利,反过来又被阿姆科引进,也被我国武钢引进。日本人引进技术采取循序渐进、先易后难的方针,第一个5年创新了高炉,第二个5年生产出了炼钢,第三个5年生产出了轧钢,15年全面赶超世界水平,变成世界上最强的钢铁和技术双出口国。

2. 韩国钢铁企业通过引进、吸收、创新发达国家企业的技术以提高自身实力

韩国战后钢铁工业十分落后,1962年只有几个小电炉厂,年产14.1万吨,没有高炉和转炉。1970年学习日本经济,高起点建成浦项钢铁厂,形成产钢940万吨的能力。1992年又建成光阳制铁所,形成年产1140万吨的现代企业,再加上电炉厂,全国产钢达到2900万吨。经过消化、吸收和创新,韩国钢铁工业出色地培养出了较强的技术力量,已经出口技术并在国外建厂,1991年成套设备出口额已达10亿美元。2004年9月,韩国钢厂两个项目再度落定中国。山东威海经济技术开发区从韩国东洋锡板株式会社引进30万吨层板、锡板、锌板生产线,总投资达2.1亿美元。韩国用较少的时间,达到了日本的最高成就,其产品质量不比日本逊色,

---

① 汪琦:《日美钢铁业技术创新与贸易竞争优势的实证分析》,载《亚太经济》2006年第1期。

并且售价低廉,日本已经面临韩国强有力的挑战。①

日本、韩国的方式以引进软件为主,花大力气消化吸收外国技术,其目的是有所创新,达到技术出口,加入国际竞争。我国是以引进硬件(设备)为主,其目的是消化达产。据统计,日本仅投入16亿美元引进技术,较短时间内就生产出1.2亿吨钢并全面实现了钢铁工业现代化,从技术进口国成为技术出口国。我国花费较长时间、投入了近百亿美元,生产出1亿吨钢且只有不到30%的现代化钢铁企业。早在20世纪80年代初期,我国就开始引进3整套欧洲先进的高速线材生产线,到2002年还在引进;1997年我国实行捆绑式,一次性引进3套CSP生产线,目的就是想通过集中引进,便于消化吸收、创新,形成自己的专有技术,实现国产化。可是进入21世纪,在短短的4—5年间,我国又从国外引进了7～8套薄板坯连铸连轧生产线。进入21世纪,我国仍然继续执行引进硬件为主的方式,导致"引进—落后—再引进"的恶性循环,没有能够形成日韩产品、技术双出口的局面。

(三) 我国钢铁企业的现状和困难

1. 我国钢材进出口贸易格局的转变

随着全球经济近几年的持续增长,带动了钢铁行业的发展。在钢材需求的拉动下,世界发达国家采取稳定本国产能、扩大海外投资的战略,一些发展中国家也不甘落后,加大了投资力度,这种趋势导致全球钢铁产能进入新一轮增长期。特别是在2004年,全球经济达到了30年来的最高水平的时候,全球钢产量首次超过10亿吨(表3-26)。据国际钢铁协会统计,2004年全球产钢量超过3000万吨的有9个国家,其中,中国产钢27280万吨,占世界钢产量的25.8%,日本产钢11268万吨,美国产钢9855万吨,俄罗斯产钢6429万吨,韩国、德国、乌克兰、巴西、印度均在5000万吨以下。②

目前,世界钢铁生产的品种主要分为三个层次。发达国家生产总量下降,"大路货"减少,主要生产优质钢、高附加值产品。新兴国家(如韩国、巴西、墨西哥等)则利用已经掌握的技术和资金生产一般高级钢。我国是发展中国家,经济增长带来了对钢的需求增加,有资料表明,发展中

---

① 刘先礼:《提升钢铁企业创新能力的思考》,载《安徽冶金科技职业学院学报》2005年第15期增刊。

② 中国钢铁工业协会:《2005年中国行业发展报告——钢铁篇》,中国经济出版社2006年版。

国家60%以上的钢用于建筑类,用于制造类和交通运输类的比例相对较小,除了少数设备较先进的钢铁公司外,大多数钢铁公司主要是生产以满足国内需要为主的普通钢。能源在钢铁工业生产中消耗很大,每年的能耗占国民经济总能耗的55%~18%,能源很难通过进口来满足,世界发达国家钢铁工业能源消耗费用占成本的12%,而我国1988年为20%。再加上旧设备多、管理落后等因素,使得我国虽然在产钢的数量上成为一个大国,但却不是一个钢铁强国。

表3-26 2000—2004年世界钢产量

(单位:万吨)

2000年		2001年		2002年		2003年		2004年	
产量	增长(%)	产量	增长(%)	产量	增长(%)	产量	增长(%)	产量	增长(%)
84869	7.68	85034	0.19	90363.4	6.27	96716.4	7.03	105480	9.67

资料来源:国际钢铁协会:《中国钢铁统计(2004)》。

经济与合作组织(OECD)分析指出,2004年全球贸易发生了明显变化,OECD成员国净出口量减少60%以上,中国的钢铁进口量下降20%以上,而出口量增加一倍。2004年美国进口钢材3235万吨,较2003年增长54.2%;2004年日本出口钢材3499.9万吨,同比增加2.5%。由于2004年中国钢材、钢坯进口减少、出口增加,把净进口钢材和净出口钢坯折算成钢,全年净出口约1383万吨,比2003年净进口钢3655万吨,减少2272万吨,下降62.16%,即2004年中国增加的钢产量中有45%是用于顶替进口和扩大出口的。这是具有重大意义的转折,进口钢材6年来首次出现负增长。

尽管如此,我国进出口钢材的品种结构差异仍然较大,产业结构不合理,普通产品供大于求,高附加值品种还不能完全满足下游行业的需要,仍需进口(如表3-27所示)。2004年进口钢材中,板材比例仍高达85.6%,一些高技术含量、高附加值产品进口比例仍然很高。进口热轧合金钢条杆增长44.3%,冷轧合金钢条杆增长61.8%,热轧合金中宽带增长171.1%、镀锡板增长13%;石油天然气钻探无缝管增长23.5%,高压锅炉钢管增长90.4%。2005年,我国热轧普薄板自给率87.08%、冷轧普薄板自给率61.65%、冷轧不锈薄板自给率67.6%、镀锌板自给率63.48%、镀锡板自给率77.92%、彩涂板自给率84.93%、冷轧硅钢自给率64.42%,这充分反映钢铁工业的产业结构需要调整,高端产品与国民经济需求还有较大差距。

表3-27 2005年我国钢铁产品部分产品进口基本情况

类型	细分	进口量（万吨）	说明
长材	中小型材	2	
	棒材	10	
	螺纹钢	1	
	线材	30	
	大型材	25	
热轧卷板	普通中厚板	50	主要进口来源地50%左右为日本，其次是欧盟和韩国等
	普通热轧薄板卷	190	主要进口来源地俄罗斯25%，泰国12%，其他是台湾地区、印度、哈萨克斯坦等
普通冷轧薄板卷		450	主要进口来源地：日本19%，俄罗斯16%，韩国16%，台湾地区15%，其他是哈萨克斯坦等
镀锌板		145	主要进口来源地：日本28%，印度28%，其他是台湾地区、哈萨克斯坦等

资料来源：中国钢铁工业协会：《钢铁信息》2006年第3期。

另外，2005年1—9月份世界主要钢材产量情况如表3-28所示，从中可以看出中国钢铁企业在调整产品结构、提高技术能力方面的发展。

表3-28 2005年1—9月份世界主要钢材产量情况

（单位：万吨）

品种	1—9月产量	去年同期	增量	增幅（%）	扣除中国产量后	增幅（%）
热轧薄板	13339	12586	753	5.98	10102	-0.42
冷轧薄板	7498	7215	283	3.92	5646	-2.97
线材	8671	7940	731	9.21	4938	2.34
螺纹钢	13748	11994	1754	14.62	7747	4.59
小型材	7026	6658	368	5.53	5219	-1.10
结构钢	4545	4400	145	3.30	3415	-2.23

资料来源：《钢之家》，2005年第3期。

我国钢铁产品进出口贸易格局的新转折，显示出我国钢铁工业虽然在短时间内无法改变钢材进口大国的局面，但是已经显示出在进入WTO之后，通过技术进步，我国钢铁工业国际竞争能力有了增强，以及我国国产钢材开始出现部分品种供大于求的局面，某些品种开始依赖于开拓国际市场。从国产钢材自给能力看，数量上，国产钢材自给率达到100%的品种有无缝管、线材、小型材、优型材、焊管、带钢等，虽然其中有少量产品进口，但是总体出口大于进口；国产钢材自给率达到60%～90%的品种有热轧薄板、镀锡板、中厚板；国产钢材自给率低于60%的品种有硅钢片、彩涂板、冷轧不锈薄板、冷轧薄板等，主要是因为这些品种发展建设投资大，技术门槛高，产能发展滞后，国内需求不断增加，这些相当数量的高附加值高性能的产品至今不能自给，还需进口。这些都提醒中国钢铁企业：高新技术是靠钱买不来的，特别是关系到企业生存的核心技术更是买不来的，这些技术被发达国家视为传家宝，是绝对不会外传的。世界经济的发展已充分说明：当今社会谁拥有高新技术，谁就在国际市场竞争中掌握主动权，谁就会占有最大的市场份额。

因此，今后中国钢铁工业在面临国内市场对钢铁的巨大需求和国内原料严重不足的困境下，唯一的出路是提高企业的自主创新能力，走新型工业化道路，决不能再走过去那种浪费资源、污染环境的粗放式经营之路。

2. 国内钢铁企业主要面临的困难

（1）产品结构不合理。2005年是国内钢铁企业规模迅速扩大的一年。年产1000万吨粗钢以上的企业发展到8家：宝钢、鞍钢、武钢、首钢、沙钢、莱钢、济钢、唐钢；年产500万～970万吨粗钢的企业有10家：马钢、华菱钢铁、包钢、邯钢、本钢、攀钢、安阳钢铁、太钢、酒钢、建龙钢铁；年产300万～500万吨粗钢的企业有16家：柳钢、国丰钢铁、南京钢铁、北台钢铁、新余钢铁、宣钢、韶钢、天铁、津西钢铁、萍乡钢铁、昆钢、三明钢铁、青岛钢铁、广钢、杭钢、通钢。从以上可以看出钢铁行业市场集中度低。

与总体产能过剩并存的是产需之间的结构性矛盾，一是先进产能与落后产能并存，低水平产能过大，全行业有8000万吨左右，占现有生产能力20%以上的高能耗、高污染、工艺装备落后的生产能力，急需淘汰。淘汰落后产能已经成为我国钢铁工业当前进行结构调整的重大课题；二是普通产品产能过剩与高端产品产能不足并存，以冷轧薄板为代表的高端产品产能不能满足国内市场需要，尚需依靠进口。从技术装备水平来看，高炉达到国际先进水平的只有25.9%，转炉达到国际先进水平的只有23.6%，电炉达到国际水平的只有21.9%，淘汰落后工艺还不彻底，装备水平仍然偏低。

我国低附加值的普通钢材品种，特别是建筑用长线产品严重过剩，但是国民经济发展急需的高档次、高附加值的产品如轿车用钢、家电面板、轴承钢、齿轮钢等还不能满足需求，仍需进口；目前世界发达国家钢铁产品中板带比已经达到 60% 以上，而且 80% 的热轧板带转化为冷轧产品。而我国 2000 年的板带比只有 34.5%，热轧板转化为冷轧板的比例不足 25%，产品结构不合理。

（2）钢铁产品出口的阻力加大。由于国内钢铁产业结构不合理，国内产能的大量释放在低端产品，在国内贸易受阻的情况下，国内钢铁企业开始选择出口。钢铁领域是我国遭反倾销的重灾区，特别是 2002 年 3 月 20 日美国启动 201 钢铁保障措施，对板坯、板材、长材等 12 种进口钢材征收最高达 30% 的进口关税，并对厚钢板实行进口配额限制，这一措施为期 3 年，涉及 40 多个国家 12 个品种。而近两年欧盟国家也开始收集中国钢材倾销的证据，准备对中国进行反倾销制裁。因此我国钢铁企业面临两个方向的竞争，在技术输出和高附加值产品上要和西方发达国家竞争，同时在一般产品和质量上要和发展中国家和地区（如东南亚地区）竞争，促使我国在专业化生产、市场分工、劳动生产率提高、资产结构调整等方面都要注意这种挑战。同时，随着钢铁生产短流程等新技术、新工艺的采用，钢铁生产成本还会进一步降低。在吨钢综合成本中，原料成本和能源消耗所占比例很大。我们应不断采用新技术、新工艺，降低原料成本和能源消耗，消除成本竞争的压力。

（3）核心技术能力不强。主要表现为重大冶金装备和高技术、高附加值的钢材品种仍然依靠进口，制约着我国钢铁技术水平和国际竞争力的提高。为解决我国国民经济各部门所需板材问题，据不完全统计，到 2004 年我国已引进热连轧机 18 套、冷连轧机 10 套、不锈钢轧机 8 套、大无缝钢管轧机 5 套、万能轨梁轧机 3 套、H 型钢轧机 4 套，还引进了一批棒线材轧机。这些设备的引进对改变我国钢铁行业装备水平、提高产品档次发挥了重要作用。预计 5 年内，我国的薄板坯连铸连轧生产线可能将达到 15 条，产能将突破 4000 万吨/年，其产能将占我国热轧板卷产能的 30% 以上，薄板坯连铸连轧生产线将占世界的近 30%。但是，也应该看到，由于我们没有掌握相关核心技术，不少产品还需进口，如高档汽车板、高档家电板、高牌号取向硅钢、特殊扣石油化工用管、抗压溃石油套管、高牌号钢帘线用线材、高精度合金钢棒材、平行腿槽钢、大型造船用 T 型钢和 L 型钢等。

（4）不能满足国民经济需要的主要钢材品种不少。目前主要是不能满足汽车、电子、家电等部门对钢材质量的需要。特别是如下产品：

第一，汽车板。主要是高强度、超深冲钢板，特别是无间隙固深 IF 钢板、高强度烘烤硬化 BH 钢和双相 DP 钢等，板厚精度、镀层的耐腐蚀

第三章 转型升级企业的案例分析

性、板型控制、表面质量、性能稳定性、复合减震钢板、裁剪拼焊板等与国外还有差距。如日本 JFE 公司开发出的高强度钢 SFGHITEN（超细晶粒高强度钢板），其钢种有 TS 340、TS 390、TS 440MPA 等，可作为热轧薄板和镀锌板。此外还开发出析出硬化高强度热轧钢板 NANOHITEN、时效高强度烘烤硬化钢板 BHT 等。

第二，集装箱板。主要是 1.6～6 毫米的热轧薄板，钢种为耐大气腐蚀钢和不锈钢，我国对 1.6～2 毫米的集装箱板的产量少。2005 年统计数据显示，小于 3 毫米的集装箱板仅占热轧板产量的 23.72%，大于 3 毫米的集装箱板占热轧薄板总产量的 3.74%，无法满足集装箱行业的需要。

第三，电工板。我国的电工板与日本比，低 5 个牌号，尤其是还不能生产薄规格的低铁损高牌号产品。冷轧无取向的高牌号电工钢生产质量不稳定。

第四，家电用板。我国高档冰箱侧板（厚度 0.5 毫米以下、1300 毫米以上宽度）不能生产，主要由韩国、日本进口。冰箱用 PVC 覆膜板，国内可供规格有限，不少规格需进口。洗衣机侧板，国内不能按双倍尺生产。电镀锌基板（0.5～1.6 毫米），国内产量少，资源不足，靠进口解决。荫罩带钢，国内刚起步，尚未实现批量生产，仍靠日本、德国供应。镀锡板的基板，尤其是厚度在 0.5 毫米以下的主要靠日本、法国、韩国供应。

第五，桥梁板。桥梁板对钢材性能要求高，必须同时具备高强度、高韧性、良好可焊性和耐疲劳耐大气腐蚀、良好的表面质量。我国的桥梁钢板性能可满足要求，但表面质量和热处理还不能满足高档桥梁板的使用要求，特别是热处理工艺还不完善。

第六，硬线和高强度棒材。近几年我国生产的硬线性能和质量有较大提高，但在高强度（3250 MPA）和超高强度（3650 MPA）的钢帘线、预应力钢丝和钢绞线、超高层电梯用钢丝绳、汽车悬挂弹簧、紧固件等用高碳硬棒线或合金棒线材等产品上，在钢质纯净度、脱炭层、尺寸精度和表面质量等方面还与国外产品有差距，目前仍需进口。

第七，石油专用钢管。目前，我国石油钢管生产能力和水平有了很大提高，可以生产 J55、N80、P110 等钢种直径 60 毫米的油管到 339.7 毫米的套管，C95、T95、Q125、V125 等也在研制，但还不能大批量生产。对超深井、抗挤压、抗硫化氢、高连接强度、高压高密封用管国内还不能生产，仍然靠进口。而日本 JFE 公司已研制出高强度高耐腐蚀油井管 UHP15CR，住友公司也研制出 110KSI 级油井管。

第八，管线钢板。我国目前已掌握 X42～X70 以下管线钢板生产技术，并批量生产，但对 X80 以上的用于厚壁大口径钢管用板才刚刚开始研

制和试生产，而日本新日铁已研制成功高强度管线钢 X120。

第九，造船板。我国造船板主要是生产宽度在 4 米以上的板材，且供货数量太少，高强度造船板如 AH32－EH36 级、F 级的船板性能和质量还不稳定；抗 Z 向撕裂的造船钢板和耐零下 150℃ 低温的船用液化石油气钢板目前还不能生产，仍靠进口。

第十，高速铁路和重载铁路所需的钢轨、车轮、车轴和车辆用钢。我国鞍钢、攀钢、包钢和马钢正在进行的铁路用钢生产线的技术改造即将完成，但还缺少生产高速铁路和重载铁路钢轨等钢材的技术经验及生产经验，还需加快研究开发。

未来国内钢材市场与海外钢铁企业的竞争将更加激烈。2004 年下半年以来，海外钢铁企业向我国出口钢材的势头增强。在我钢铁产能过剩的情况下，2003 年全年仍然进口了 2582 万吨钢材，这是我们应当高度关注的。在这方面，我国钢铁行业面临着两种选择，要么在品种、质量、价格、服务的激烈竞争中逐步扩大市场，要么缩小国内这一块市场，对此，我国钢铁行业必须积极应对，继续提高国产钢材国内市场占有率，必须实施通过技术革新，加快产业升级，缩小与发达国家跨国公司的差距。

二、案例企业：珠江钢铁公司

（一）珠江钢铁公司概况

1993 年，国家为了改变国内板带材长期依赖进口的局面，为了适应国家经济的发展，提高钢材的自给率，调整产业结构，有意向引进 CSP 薄板坯连铸连轧先进技术和设备。当时广州市政府充分利用这次机会，于 1995 年 7 月成立了广州珠江钢铁有限责任公司（以下简称珠江钢铁），通过贷款，以中外合资方式，于 1997 年 8 月由广州钢铁企业集团有限公司作为控股单位合资建设珠江钢铁，1999 年 8 月一期工程建成投产，24 个月的建设工期创造了当时中国冶金建设史上高速度建设的奇迹。2003 年珠江钢铁续建工程全线贯通投入试生产。两机两流配套生产，使产钢能力翻一番，达到年产钢 180 万吨、热轧板卷 170 万吨的生产能力。珠江钢铁公司是广钢集团的控股企业，它以广钢为依托，建设新型的现代化企业，反过来又促进广钢的发展，实现产品结构调整，达到向高新技术要市场、要效益、要出路的目的。珠江钢铁是中国第一条 CSP 薄板坯连铸连轧生产线，也是当时中国唯一的电炉短流程扁平材生产线。

珠江钢铁公司的装备水平高，国内最大的 150 吨节能型超高功率交流电弧炉 EAF 2 座，钢包精炼炉 LF 2 座，真空处理炉 VOD 1 座，CSP 薄板坯连铸机2套,辊底式均热炉2座,六机架热连轧机组1套,卷取机组2套,平整分卷机组1套和相应的自动控制以及配套设备。全线生产由基础自动化、过程控制、生产控制和信息管理三级计算机系统实施全过程管理和控制,经营管理流程采用 ERP 系统控制。有员工约600人,达产后人均年产钢3000吨,劳动生产率居于国际同行业先进水平,在国内更是首屈一指。紧凑型生产线节省大量中间工序,从原材料到成品,生产时间为2.5小时,而传统工艺为28小时;从订货到交货时间仅为3天,而传统工艺为10~15天。

珠江钢铁为热轧薄钢板卷专业生产企业,主要品种有优质碳素结构钢、低合金结构钢、深冲钢、焊管钢、管线钢、高强度汽车用钢、气瓶板、集装箱板、铁路用耐候钢、花纹板等一系列钢种。产品规格为宽度为1000~1350毫米,厚度为1.2~12.7毫米,并曾试轧出1.0毫米、0.97毫米热轧板,创造了中国热轧板卷最薄规格纪录。薄规格(≤2.0毫米)生产比例为中国最高,在世界上也处于领先地位。珠江钢铁生产的<2毫米薄板占50%,其中<1.5毫米达25%,可代替部分同规格的冷轧板。品种有高强度、高塑性的特殊钢——超级钢,有集装箱板、汽车板、气瓶容器板、花纹板、耐候板、管线钢等特种钢,广泛应用于钢管、汽车、集装箱、公路建设、造船机械、冷轧原板、家电、五金、压力容器等行业。

珠江钢铁坚持产、学、研相结合,通过与多家国内知名的大学和科研院所进行科技合作,促使珠江钢铁在 CSP 产品开发、基础研究、工艺创新等方面走在国际和国内同行业的前列。2003年,广钢集团在珠江钢铁挂牌成立 CSP 应用技术研究所,以课题组的形式开展工作;还把广钢集团博士后科研工作站设在珠江钢铁公司,促进珠江钢铁更好地开展技术研究和应用。在良好的技术创新条件下,珠钢掌握了热轧薄板生产技术的诀窍,打破了以前国内<2毫米的热轧薄板长期依赖进口的现实,处于行业领先地位。同时,珠江钢铁开发出一系列产品,包括集装箱板、气瓶板、高强度汽车板、花纹板等,其中集装箱板生产技术在世界 CSP 工厂中领先。2003年,珠江钢铁成为全国最大的集装箱板生产企业之一,产量约占全球市场份额的20%。低碳高强钢(HSLC)的生产技术世界领先,珠江钢铁用普通钢的成分生产出合金钢才能达到的性能,大量稳定生产400 Mpa 级的高强度热轧板,被全国钢铁界称为"超级钢"。不断的技术创新也为珠江钢铁带来了很多荣誉:"珠钢电炉薄板坯连铸连轧技术研究应用与创新"项目荣获2002年度国家冶金科学技术特等奖和国家2003年度科技进步二等奖,"低碳铁素体/珠光体钢的超细晶强韧化与控制技术"项目荣获2004年度国家冶金科学技术特等奖和国家2004年度科技进步一等奖。

(二) 珠江钢铁公司的优势和劣势

1. 珠江钢铁作为中国引进的第一条 CSP 生产线所拥有的优势

(1) 源于技术的系统优势。表现为劳动生产率高，人均产钢3000吨/人，年，能耗低，设计单位产品综合能耗350公斤标准煤，比国内先进企业的标准能耗减少一半以上。

(2) 源于技术的产品优势。主要表现在薄规格、以热代冷、电炉炼钢的品种开发优势。

(3) 技术生命周期优势。珠江钢铁拥有国内第一条 CSP 生产线，具有时间优势。

(4) 产品制造周期优势。短流程钢铁生产技术所具备的流程紧凑和制造周期短的特点。

(5) 现已形成的规模优势和产品优势。两机两流达产后具备200万吨钢生产规模，已经开发成功的产品（集装箱板、气瓶板、汽车板等）以及产品规格配套优势。

(6) 现以形成的内部资源优势和集团化协作优势。主要表现在人才、企业文化、管理模式、资金、业务协作等资源方面的支持。

(7) 地理市场优势。

2. 珠江钢铁 CSP 工艺的劣势

(1) 废钢资源的紧缺和炼钢炉料的可调性低，制约了电炉炼钢的过程控制和产品质量优化，在一定程度上限制了产品开发和技术创新。

(2) 电炉炼钢成本高。在中国特定的资源条件下，电价高成为制约电炉炼钢成本的主要因素，消减了 EAF + LF + CSP 流程的成本竞争力。

(3) 国内其他薄板坯连铸连轧生产线在流程配置、技术应用和装备上都比珠江钢铁更胜一筹，也使国内热轧板产量迅速上升带来市场竞争加剧。

(4) 采购与营销模式控制能力不强。由于珠江钢铁是广州钢铁企业集团下属的主体企业，其在物资采购和产品销售上都依托于广钢集团，采用集中采购、集中销售的方式。所以不论是采购还是销售环节都非常被动，与供应商和销售商都接触较少，缺乏谈判能力，处于市场弱势，往往不得不被动地接受不利价格。[①]

[①] 广州珠江钢铁有限责任公司：《基于价值创造的企业战略》，载《企业管理》2006年第3期。

通过以上对珠江钢铁公司外围竞争环境和自身优劣势的分析，可以判断，珠江钢铁必须扬长避短，走价值创造之路，必须避开同质性竞争，通过提升企业技术能力，替代跨国公司产品，才有可能规避市场风险，从新产品上需求技术创新，以新产品填补国内空白，替代国外产品，有利于企业产业升级，有利于企业进行技术积累，有利于企业逐步与国际市场接轨，最终形成竞争优势。

三、珠江钢铁公司替代跨国公司产品及提升企业技术能力的过程

（一）建设珠江钢铁公司的定位

珠江钢铁公司是国家"七五"时期确定的利用外资发展一千万吨钢产量的项目，建设珠江钢铁是为了满足当时广州市和广东省珠江三角洲地区轻工、家电、汽车等制造业对板带材的需求，摆脱长期依赖进口的局面，加速实现产品国产化，并部分出口东南亚地区。经过较长时间的调研和国外考察，珠江钢铁选择了德国 SMS 公司开发研制的薄板坯连铸连轧短流程工艺技术（以下简称 CSP），生产热轧板材。这是有胆量的决策，当时在国内是第一家采用具有革命性的世界先进技术的钢厂。

薄板坯连铸连轧是 20 世纪 80 年代末开发成功的、生产热轧板卷的全新短流程工艺，是世界钢铁史上继氧气转炉炼钢、连续铸钢之后钢铁工业最重要的革命性技术，世界各国都给予了极大的关注，并先后投入了大量的人力、物力进行研究、开发、推广。从 1989 年年底，美国印第安纳州纽柯钢铁公司克劳福兹维尔厂的第一条薄板坯连铸连轧生产线投产后的 13 年里，世界各地已有 50 多条薄板坯连铸连轧生产线投入使用或正在建设，而且今后仍有广阔的市场前景，成为目前钢铁界的技术热点。

与传统的热轧板卷生产工艺相比，薄板坯连铸连轧工艺在技术和经济等方面具有明显的优势：工艺简化、设备减少、生产线短，从而大幅度降低了基本建设投资；周期比较短，从冶炼钢水至钢卷送到运输链仅需 2.5 小时，从而减少了大量流动资金；成材率提高 2%～3%，能耗降低约 20%，从而降低了生产成本；产品的性能更加均匀、稳定，由于薄板坯在结晶器内的冷却强度远远大于传统的板坯，其二次和三次枝晶更短，薄板坯原始的铸态组织晶粒就比传统板坯更细、更均匀；产品的纵、横向精度更高，同时更便于生产对轧制温度要求较高的钢种，如硅钢等；适于生产薄规格热轧板卷，从而提高产品的附加值，甚至替代部分冷轧钢产品，获得更好的经济效益。

珠江钢铁采用的薄板坯连铸连轧生产线由电炉、钢包精炼炉、薄板坯连铸机和热连轧机组成。主要关键设备由国外引进，其他为国内配套，使珠江钢铁生产能力达到20世纪90年代的先进水平，一期工程建设预算总投资47.27亿元人民币。因此，珠江钢铁公司建设初期的定位是引进当时世界最先进的设备，来填补国内热轧薄板的空白，替代进口产品，满足国内日益增长的需求，提高国产钢材自给率。

（二）珠江钢铁公司引进技术，模仿学习，消化吸收，替代跨国公司引线产品（1999—2002年）

1. 热轧薄板产品的选择

改革开放以来，广东经济建设取得举世瞩目的成就，经济持续、快速、健康发展，国内生产总值年平均以14%的幅度增长，居全国之首。经济快速发展必将有力推动全省钢铁消费的增长，从20世纪90年代初起，全省钢材消费量只有337万吨，而到了2000年，钢材消费总量达到1068万吨，突破1000万吨大关。据2001年的不完全统计，钢材消费量已达到1230万吨（表3-29）。根据广东省"十一五"规划，未来将走适度重型化的工业发展道路，加快发展汽车、装备制造、钢铁等主导产业，可以预计，未来广东省的钢材消费仍将保继续持强劲增长的势头。①

表3-29 广东省钢材消费情况

（单位：万吨）

年 份	1991	1993	1995	1997	1999	2000	2001
钢材消费总量	337	536	659	750	850	1068	1230
其中薄板消费量	85	135	172			568	573

从表3-29可见，10年时间里钢材消费增长3.65倍，年平均增长速度高达18%，高出全国10%的平均速度。同时可看到广东省薄板增长也是十分高的，10年时间增长6.7倍。广东省钢材消费增长快的一个重要因素是三资企业消费大量钢材；另一个重要因素是全省基础设施和市政工程建设非常之快，全省高速公路网已基本形成，珠江三角洲发达的水路交通运输系统也已全面建成，加上城镇的市政工程大量兴建，因而大量耗用以钢筋为主的各种钢材。总之，广东省钢材消费总量在全国来说是非常高的。但是1999年之前广东省钢铁生产能力单薄：广钢集团具有约100万

---

① 参见 http://business.sohu.com/20070920/n252261274.shtml, 2007-09-20。

吨棒线生产能力，地处粤北山区的韶钢集团具有约100万吨棒线生产能力和50万吨中厚板生产能力。此外，还有从国内外采购钢坯生产棒线材的独立轧钢厂如华美、裕丰、惠州厂等。2000年全省产钢量287万吨，钢材产量406万吨。2001年全省产钢352万吨，钢材产量567万吨，其中板材约120万吨，占全部钢材产量的21%。由此可见，广东省钢铁生产能力单薄，不仅表现为钢材产量低，而且钢材品种规格不齐全，各种冷轧薄板还是个空白品种。同时在钢材质量方面，只能生产中低档次的产品，高档次钢材产品依靠外省或国外供应。

由于广东紧靠港澳地区，进口钢材条件良好，加之约有6万个三资企业要从国外采购钢材原料进行加工生产各种产品，因此，广东省是国内进口钢材最多的省份。2000年全国进口钢材1560万吨，广东省则进口钢材662.2万吨，约占全国进口总量的42.5%；2001年全国进口钢材1722万吨，而广东省进口钢材663.5万吨，约占全国进口总量的38%。广东进口钢材中大部分为板带材，2000年进口板带材占85.8%（即568.5万吨），2001年进口板带材占86.4%（即573.4万吨），从当时进口钢材数量和品种来看，广东缺得最多的就是板带材。

广东省市场短缺的钢材，除了靠进口得到补充外，其余部分从国内市场采购得到满足。从2001年国内钢材流向统计分析资料来看，从外地区流入本区的钢材数量，最多的是华东地区，约1236万吨，其次是中南地区的1163万吨；净流入钢材数量最多的是中南地区，达到558万吨，而在中南地区中，广东则是最大的流入钢材省份（如表3-30所示）。

表3-30 2001年钢材流向流量

（单位：万吨）

地区	从外地流入本地的钢材	从本地流入到外地的钢材
华北	577	1227
东北	322	797
华东	1236	985
中南	1163	605
西南	345	252
西北	305	112

由于珠江钢铁建设定位就是热轧薄板生产线，基于当时的市场情况，第一步就要尽快实现产能，提高热轧薄板生产比例，提高国产钢材的自给率。

2. 消化和吸收先进的设备和技术，提高技术能力的过程

珠钢薄板坯连铸连轧生产线的关键设备是薄板坯连铸机，而它的核心是上宽下窄的漏斗型结晶器，它能生产出厚度仅 50 毫米、宽度为 1000～1350 毫米、长度为 47.8 米的薄板坯。而且板坯的表面质量良好，加上热连轧机组配置了 6 个机架，这样才有可能生产薄规格钢卷。

虽然机组本身比较先进，但是为了消化和吸收先进的设备和技术，珠江钢铁公司的员工们付出了很多的辛勤劳动。由于这是国内第一条 CSP 生产线，工厂也是新建的，所以生产一线的操作工人多是新毕业的大学生，缺乏实践经验，也没有先例可以借鉴。于是大家发挥初生牛犊不怕虎的精神，向每一个技术要点冲刺。公司组织了炼钢、铸轧等生产一线部门的生产骨干组成技术攻关小组，一方面向前来安装调试的国外专家学习，另一方面派往墨西哥 Hylsa 公司、宝钢学习。技术骨干小组的成员们克服语言等种种障碍，牺牲了休息时间，在很短的时间内就有效掌握了关键技术要点。这批技术骨干也成为珠江钢铁今后技术能力提升的有效技术保障。经过大家的顽强奋斗，珠江钢铁投产以后，薄规格（＜-2mm）热轧钢卷的比例不断增加，单个连浇≤2mm 的比例可达 90% 以上，在投产后的一年时间内，就创造了最薄生产 0.98mm 的国内纪录。针对这种情况，珠江钢铁第一步就是要充分发挥设备引进时的优势，尽快上产能，提升薄板轧制能力，来满足国内市场，替代国外产品，提升企业竞争力（如表 3-31 所示）。

表 3-31　珠江钢铁公司薄规格钢卷生产情况

年份	热轧钢卷产量（万吨）	≤2mm 的钢卷（万吨，占%）
1999	4	未统计
2000	38	6.7，占 17%
2001	75	26，占 35%
2002	80	42，占 52%
2003	100	40，占 40%
2004	150	60，占 40%
2005	140	65，占 46%

表 3-31 说明：2003 年以后由于生产了许多新品种钢，因此总体薄板比例变化不大，但在普碳系列产品生产中，实际生产薄板比例可达到 70%，而且创下过单个连浇 90% 的最好记录。

与国内同类型的热轧板材生产线相比，珠江钢铁的薄板生产能力是最

强的,薄板生产比例也是最高的;后续上马的 CSP 薄板坯连铸连轧生产线目前都没有能够达到这样的生产比例。由于以珠江钢铁为首的国内热轧板卷生产线的顺利投产,对进口材的替代作用明显,进而导致热轧板卷的进口量大幅下降,出口量大幅增长,2004 年全国热轧薄板的表现消费量为 1543.8 万吨,其中国内生产 1353.66 万吨,进口 338.64 万吨,出口 148.5 万吨,市场占有率为 78.06%;2005 年,我国热轧普薄板自给率就已经达到了 87.08%(如表 3-32 所示)。

表 3-32 2003—2005 年国内热轧板卷分规格进出口情况

进出口	规格	2003 年	比例	2004 年	比例	2005 年	比例	增长%
出口	热轧板卷	104.66	100%	330.16	100%	386.13	100%	16.95
	<3.0 毫米	51.67	49.37%	144.89	43.88%	145.44	37.67%	0.38
	>3.0 毫米	52.98	50.62%	185.27	56.12%	240.69	62.33%	29.91
进口	热轧板卷	807.59	100%	509.26	100%	396.38	100%	-22.17
	<3.0 毫米	602.04	74.55%	301.07	59.12%	306.94	77.44%	1.95
	>3.0 毫米	205.55	25.45%	208.19	40.88%	81.32	20.52%	-60.94
净进口	热轧板卷	702.93	100%	179.1	100%	10.25	100%	-94.28
	<3.0 毫米	550.37	78.30%	156.18	87.20%	161.5	71.00%	3.41
	>3.0 毫米	152.56	21.70%	22.92	12.80%	-159.37	28.00%	-795.33

资料来源:据海关统计资料。

此外,珠江钢铁热连轧机除了能大量生产薄规格热轧卷外,还可以生产"超薄板",其厚度为 0.8~1.0 毫米,这是一种应用前景很好的品种,它可以"以热代冷",取代部分冷轧薄板市场。

(三)珠江钢铁公司模仿、创新,扩大替代产品的范围(2002—2005 年)

1. 集装箱产品的项目

珠江钢铁二期续建工程的热加工系统于 2003 年上半年全面建成投产,形成了 180 万吨热轧钢卷生产能力。2003 年计划生产 120 万吨,比 2002 年增产 50%,根据目前的市场销售形势,珠江钢铁发挥地缘、人缘的优势,可以抢占一大块热轧钢卷的市场,约 80 万吨,但是还有约 100 万吨热轧钢卷的出路在何方?这是亟待解决的现实问题。于是珠江钢铁的领导者们开始寻求其他的用钢行业和领域,此时,集装箱行业的迅猛发展为珠江钢铁创造了机会。

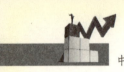

集装箱运输是 20 世纪 50 年代开始兴起的运输方式，它可实现从发货商到用户的整箱直接交接，有货物保存好、中转快、费用低等优点，目前已成为世界上主要的运输方式；与此同时，集装箱生产也得到了迅速发展。集装箱生产为劳动密集型行业，开始时以我国台湾地区和韩国为主，80 年代开始逐步向我国大陆转移，目前我国已成为世界集装箱第一生产和出口大国，约占世界消耗量的 96%，1995 年我国集装箱板消耗量为 79 万吨，1999 年达到 140 万吨，2004 年集装箱共出口约 256.1 万 TEU，集装箱板消耗量达到 400 万吨。我国经济和世界贸易的高速增长，促进了集装箱制造业和运输业的迅猛发展。我国集装箱制造业自 1980 年以来，已创造了三个世界第一：集装箱生产能力世界第一，集装箱产销的种类和规格世界第一，集装箱产销量世界第一。目前，我国是世界最大的集装箱货物出口国，对外贸易的 90% 以上通过海运方式实现；我国港口集装箱吞吐量已连续 11 年以 30% 的速度增长，中国在世界集装箱运输中发挥着重要作用；我国已形成了全球最大的集装箱制造基地和完整的运输相关配套体系，集装箱运输综合能力进入世界大国的行列，已 7 次连任国际海事组织 A 类理事国，成为名副其实的世界航运大国。目前，国内最大的集装箱生产企业为深圳蛇口的中集集团公司，其他还有圣狮集团、新华昌集团、中海集团等，我国集装箱生产的主要产地为珠江三角洲（40%）、长江三角洲（40%）和环渤海地区（20%）。

由于珠江钢铁公司的地理位置与集装箱的南方生产基地相当近，具有得天独厚的地理优势，因此，珠江钢铁公司很快就意识到要将集装箱板作为下一个效益增长点。

2. 集装箱板技术的模仿、创新

集装箱用钢种 90% 以上为日本 JIS. G3125 中耐候钢热轧薄板的 SPA-H 和热轧中板的 SM490（即美国的 cor-tenA 钢，中国的 09cnpcrni 钢），还用一些不锈钢牌号为 sus304、sus410、sUS316L 等。由于集装箱大部分出口受限制，生产厂对其他钢种不予接受。SPA-H 钢在大气中的耐蚀性为普碳钢的 5~7 倍，至今仍为各国首选的耐大气腐蚀用钢，普遍用于铁路、公路、海洋运输、桥梁、建筑、电力、能源等行业。由于集装箱的规格薄（板厚为 1.6~6 毫米，其中 1.6 毫米、2.0 毫米占 60% 以上），公差尺寸、板型、表面质量及成型性要求极严，并要求配套供应，以前世界上只有韩国和日本能用高度自动化机组大批量生产，我国各大钢厂用传统工艺很难配套供应质量完全达到要求的集装箱板。1994 年以前，所有的集装箱板全部依靠进口，后来宝钢和武钢经过装备和工艺改进，开始供应部分集装箱板。1999 年，我国生产的集装箱板达到了 100 万吨，但是在规格、公差尺寸、板型、表面质量等方面与集装箱厂的要求还有一定差距。

面对这么大的一个用户市场,当时珠江钢铁总工程师方总工程师就大胆提出用珠江钢铁的这条生产线开发生产集装箱板的设想,但是当时这个设想遭到了前所未有的阻力。主要原因在于,虽然板材短流程生产工艺(CSP 薄板坯连铸连轧工艺)20 世纪 80 年代在美国约克公司获得成功,而且经过 10 多年的开发,该工艺在热轧薄板生产中显示出巨大的优势,墨西哥 HYLSA 已能轧出厚度为 0.9 毫米的热轧板,使用热轧板部分代替冷轧板成为当时轧钢界研究的热门,也为生产低成本、高质量的集装箱板创造了条件;但是珠江钢铁 1996 年 4 月与德国 SMS 公司签订的 CSP 项目合同产品大纲中没有集装箱板这个品种,1997 年珠江钢铁正式向 SMS 公司提出要求合同产品大纲应列入生产集装箱钢种,SMS 公司经过研究后答复:由于 CSP 薄板坯连铸机采用漏斗型结晶器,不能生产集装箱板钢种。在这种大困难下,方总工程师带领的科技人员并没有放弃,他们仔细研究了这条生产线:珠江钢铁是国内首条投产的短流程热轧板材生产线,其优势是板坯温度均匀,六机架精轧机组具有高度自动化控制,板型好,厚差小,适宜生产超薄规格热轧板。为了考虑企业效益,开发新品种,实现集装箱用钢的国产化,珠江钢铁的领导者并没有屈服于外国专家的意见,而是主动于 1999 年 12 月向广州市政府提出了"珠钢 CSP 工艺生产集装箱板技术研究"项目的申请。

项目申请后就面临着众多的技术难题和挑战,首先是如何寻求客户共同开发集装箱板。当时任销售总监的刘总带队跑遍了所有的集装箱厂,但是当时珠江钢铁刚投产,并没有多少知名度,箱厂用惯了日本新日铁和韩国浦项的钢材,而且国内宝钢等厂的集装箱板当时刚开发,产品质量无法保证,因此箱厂对于国内其他钢厂的信心不高。张总发现找大的箱厂不行,就从小的箱厂着手,终于与东莞的一家小箱厂公司达成技术研制协议,提出在技术研制期间,免费提供给对方部分钢材作为试用。于是技术人员开始进驻此箱厂,研究集装箱板的使用性能和日韩集装箱板质量情况,经过充分的调查研究和技术准备,珠江钢铁于 2000 年 3 月用 CSP 工艺成功地进行了首次集装箱板的生产。在试制使用的过程中,一开始,发现珠江钢铁集装箱板的表面质量并不理想,有麻点、凹坑等情况出现,于是抓紧进一步调试设备、寻求技术的突破点,终于把表面的质量问题解决了;后来又发现有冷弯微裂的情况,这个缺陷问题不好查原因,技术专家们反复查验原因,技术带头人方总工程师也亲自到箱厂生产现场观测使用情况,经过和国外专家的技术讨论和对于生产现场设备的深入研究,甚至专门派人去马来西亚的同类型 CSP 钢厂学习取经,终于查清楚了原因,解决了这个技术难题。通过一年多的研究，珠江钢铁终于开发了一种利用CSP工艺生产集装箱板的专有技术，申请了发明专利。2000年12月已成功生产出2毫米薄规格集装箱板，各项性能均达到了技术要求；2001年的5月17日，珠江钢铁顺利轧制出1.6毫米薄规格集装箱板，标志着珠江钢铁完全攻克了集装箱板批量生产轧制的难题。

3. 集装箱板技术模仿创新后的实效

从2002年开始，珠江钢铁的集装箱板就逐步扩展到广东省的集装箱厂和全国的集装箱厂，销售量节节攀升，特别是抓住了集装箱行业迅猛发展的这几年，珠江钢铁产品以优胜的质量、高效率的服务赢得了市场，实现了企业效益的最大化，珠江钢铁已经将集装箱板作为其主导产品。目前，我国主要生产集装箱用钢材的企业是宝钢、武钢、鞍钢、本钢等。宝钢用热轧薄钢板生产集装箱板已基本实现系列化，生产产品最薄厚度为1.58毫米。武钢、鞍钢热轧卷板的生产将目标定位在生产高附加值产品上，也将进一步增加集装箱板的产量。[①] 现在，集装箱用钢材的国产化率已达55%以上。2004年就占据了中国国内集装箱行业采购量近50%的市场（如表3-33、表3-34所示）。

表3-33　国内集装箱板主要生产企业以及产量

（单位：万吨）

年　份	宝　钢	鞍　钢	珠江钢铁
2003	15.26	50	50
2004	5.81	70	100
2005	17.14	100	110

表3-34　珠江钢铁公司2001年到2004年的集装箱板销售收入

项　目	2001年	2002年	2003年	2004年
生产量（万吨）	0.3	20	50	100
收入（万元）	750	81200	170000	500000

从以上数据可以看出，在短短的4年内，珠江钢铁公司的集装箱板从刚起步到占领了世界集装箱行业近1/4的市场，不仅有效地促进了集装箱行业的国产化，而且增强了企业坚持自主创新的信心。

---

① 参见中国市场研究报告网《对我国集装箱板生产现状和趋势的分析》，2006年10月26日。

（四）企业自主创新，替代高端产品，实现企业升级（2002—2005年）

1. 高强度汽车板项目

随着国内钢铁产能的进一步释放，产品的同质化竞争非常激烈，与宝钢、鞍钢、武钢这些大型企业相比，珠江钢铁是国内唯一一条电炉+CSP的生产线，从生产工艺而言就有非常大的局限性，技术力量积累的时间较短，企业的竞争优势并不明显。因此，珠江钢铁必须寻找目前还需要大量进口的高端产品，同时又适合珠江钢铁工艺特点的产品进行研究突破。

2002年，珠江钢铁公司成功聘请了武钢设计研究院吴总工程师作为珠江钢铁的总工程师，他是参与珠江钢铁CSP设计和建设的专家，对于珠江钢铁的设备非常了解。在他的推动下，广钢集团在珠江钢铁公司成立了CSP研究所和博士后工作站，专门研究珠江钢铁设备的新品种开发项目。通过市场营销部门的调查，经过吴总工程师和研究所的充分论证研究，珠江钢铁把目光投向了高强度钢板。

高强度汽车用钢板可分为普通冲压级、深冲级、超深冲级，用它代替传统钢板制造汽车，能够降低15%～20%的汽车自重。为了实现汽车的轻量化，提高汽车安全性能，高强度钢板在汽车中的应用正在逐年增加，且强度级别有所上升。高强度钢板主要应用于汽车内部加强件、结构件及部分外板。随着各国提高汽车节能降耗要求以及美国、欧洲和日本等国强化冲撞安全法规，高强度板被大量使用。根据对日本11家汽车公司进行的调查，2000年高强度汽车用板平均使用率达到36%。国内汽车生产厂家开始将原有车型部分零件改用高强度钢，以减轻车重、提高安全性。

相关资料显示，欧美国家的公路车辆中，专用车占80%，而中国只有40%，半挂车目前广泛流行于欧洲、美国、澳大利亚等发达国家和地区，是内陆货物运输的主力军。一般而言，中长距离的公路运输均可以由半挂车等大型运输车辆来承担，这样的选择是最经济的。在国内高等级公路普遍实行收费的背景下，半挂车的市场潜力未能真正发挥。但是，随着综合治理道路超载的实施，其发展高峰可能比预期的来得要早。2005年中期以来，依据我国《道路交通安全法》，七部委联合开展治理公路超载行为，使公路货运成本急剧上升，运输车型由中型卡车向重型卡车方向发展，散装卡车向厢式货车等方向发展，这样的公路运输模式已呈不可避免的趋势。国家开始积极倡导在高等级公路上使用现代化的运输工具，由此，半挂车将迎来飞速发展。中国目前半挂车的市场规模，2004年就有30亿元人民币；美国就有58亿美元的市场规模，而在美国，这些产品都是本土企业在做。就这个产品，在全球来说，各个国家都以本土企业生产为多，集装箱和半挂车的主要原材料是钢铁和木材，集装箱是航运工具，而半挂车则是专为陆路运输而设，在先进国家已经被广泛使用。例如，美国85%以上的中、长途公路货物运输采用重型厢式车及其他专用半挂车。作为陆路运输的主力，我国半挂车的发展空间会很大。

在半挂车行业迅猛发展的趋势中，珠江钢铁看到了高强度板广阔的市场前景和诱人的经济效益。但这也是一个非常大的挑战，因为以前从来没有CSP薄板坯连铸连轧生产线生产过高强度板。

2. 高强板的技术自主创新案例

我国是世界上集装箱生产的大国，在2002年以前，高强度薄规格集装箱板基本靠进口，当时售价达到700～800美元，附加值和经济效益极高。高强度半挂车在国内还是经济发展的新兴产业，据2003年不完全统计，年产量大约为10万辆，而高强度半挂车用钢量大约4万吨。目前，中集集团下属上海宝伟、中集专用车和新会中集在其出口的半挂车、特种集装箱和工程机械用材中大量使用屈服强度为550 MPa的高强度钢板做梁板、侧板、框架等，材料主要从国外进口。在国外只有美国、日本等少数国家采用传统热轧流程生产，国内宝钢、鞍钢、武钢等还在试制过程中（如表3－35所示）。总体来看，我国汽车用钢产品精炼较少，纯净度低，残余元素及气体含量较高，非金属类杂物控制不好。特别是钢中B类杂物的超标，造成后期制造的板材强韧度差；钢厂对化学成分波动范围和均匀性尚难以进行有效控制，供料机械性能和协议存在差异；钢板成型性能较差。屈服强度大于550 MPa板材的售价高于600美元/吨，比普通汽车大梁板高200美元/吨以上，具有很高的附加值。

表3－35　国外部分热轧高强度汽车板的开发情况

钢材种类	开发企业	应用情况
热轧双相钢	法国Usinor钢公司、韩国Hoesch公司、英国BSC公司	"凯特勒克"牌汽车保险杠
高强度板（CHLY980）980 MPa级	日本川崎制钢公司	挡泥板、冲击梁
铁素体＋马士体组织冷轧薄钢板，700 MPa级	瑞典SSAB公司	
高强度钢	韩国浦项公司、韩国机械研究所、现代汽车和大宇汽车公司	"国产汽车轻量化材开发事业"，其目标是使汽车自重减少10%

资料来源：据机械工业信息研究所《国内汽车用钢市场研究报告》整理。

中集集团于 2003 年收购了北美几家半挂车制造厂，但这些半挂车的一些重要零部件用钢主要向瑞典 SSAB 钢板有限公司（世界最大的高强度钢板公司）进口。珠江钢铁公司是中集集团最大的集装箱板供应商之一，自然也相当关注高强钢的发展。中集集团和珠江钢铁的几次高层会谈后也充分表露出愿意协助珠钢公司开发高强度板的意向。有了客户的支持，也增强了吴总工程师和 CSP 研究所开发高强度板的信心。2002 年，珠江钢铁根据市场对高强度、高性能钢板的需求和钢铁生产新技术及新产品开发的趋势，结合薄板坯连铸连轧工艺流程的特点，开始立项开发超高强度汽车用热轧钢板或钢带 HSLA – F80。

在开发的过程中，吴总工程师主动和北京科技大学联系，共同组织研究开发项目小组，小组的成员由吴总工程师和北科大的教授亲自带队，与专门需求高强度板的上海宝伟进行了密切地沟通联系，决定从超细晶粒钢着手开发高强度钢。超细晶粒钢是一种新的高强度钢板材料，该钢种主要指在经济指标进一步提高的基础上，钢铁材料的强度、韧性比现有的钢材提高一倍。新一代超细晶粒钢在组织结构上主要具有超细晶粒、高洁净度、高均匀度的特性。超级钢已经成为钢铁领域研究的热点，例如，1997 年日本首先启动了"超级钢基础研究十年计划"，1998 年韩国启动了"21 世纪高性能结构钢"计划，2001 年欧盟启动了"超细晶粒钢开发计划"，2002 年美国在《钢铁研究指南》中公布了两个超级钢开发项目。我国钢铁研究总院、东北大学、北京科技大学、清华大学、中科院金属研究所等钢铁方面的研究单位，以及宝钢、武钢、鞍钢、首钢、本钢等钢铁企业也有相关研究。

由于这是一个非常前沿的研究项目，而且 CSP 流程以前从未生产过此钢种，因此，研究小组的成员们都非常谨慎。他们碰到的问题都是没有前人经验可以借鉴的，所有的困难必须自己去解决，必须通过反复创新性探索和实践才能得出结论的。经过三年多来的研究，在薄板坯连铸连轧过程微合计化技术研究开发上取得了突破性进展，分别开发出适合不同强度级别、性能要求的 Ti、V、Nb 微合金化技术的高质量、高强度、高性能热轧带钢产品，并在中集集团等公司推广应用。CSP 生产低碳高强度汽车板变形奥氏体转变规律研究和控制轧制、冷却工艺对钢板组织性能研究表明，合理调整轧制和冷却工艺制度可以显著细化钢板显微组织，提高钢板的力学性能。珠江钢铁和北京科技大学在开发低碳高强度汽车板过程中，为降低生产成本，同时便于组织生产，保证炼钢、连铸、轧制各工序之间的相互衔接，充分发挥轧机的产能，在 CSP 工艺流程下实现了低成本、高效率生产低碳高强度汽车板的柔性化生产技术。柔性轧制工艺控制技术的核心思想就是在同一冶炼工艺、化学成分及连铸工艺的条件下，根据轧机工艺设备能力,通过改变轧制、层流冷却及卷取工艺制度,从而生产出不同强度级别的高性能板材,以满足不同用户的需求,而且可以在一定程度上提高生产节奏和效率。在此开发过程中,国内薄板坯连铸连轧生产流程无此相关产品,使用 V 微合金化技术开发出铁素体晶粒尺寸达 3.0~4.0 微米的均匀超细晶粒钢,国内外无相关产品,具有国际先进水平。HSLA - F80 钢各项性能指标完全满足重载运输拖挂车车架对高强度板的要求,而且扩大了薄板坯连铸连轧工艺产品的品种和应用范围,开拓了薄板坯连铸流程高强度钢种生产新的技术路线,丰富和发展了薄板坯连铸连轧生产技术和产品的品种范围。这个项目填补国内空白,替代进口,有效地促进了我国大型重载运输车技术进步,对汽车行业减轻自重、节约资源、改善环境、降低生产成本、促进钢铁技术进步和物流运输的发展都起到了促进作用。

3. 高强度板开发的实效

高强度板开发后,我国汽车对比需求较大具有良好的社会效益(如表 3-36 所示)。

表 3-36 2003—2010 年汽车行业对高强度板需求预测

年份	载货车	客车	轿车	全部
2003	38.11	4.42	3.12	45.84
2005	54.18	4.75	6.04	64.97
2010	72.82	13.47	9.35	95.64

资料来源:据机械工业信息研究所《国内汽车用钢市场研究报告》整理。

珠江钢铁开发出的 550 MPa 级半挂车用高强度热轧板 HSLA - F80,将会创造较好的社会经济效益。该项目的成功开发,对提高珠江钢铁的核心竞争力和促进我国薄板坯技术发展均具有十分重要的意义。随着国内物流业的不断发展,加上北美市场的拓展,高强度半挂车用钢需求将不断增加,项目效益将不断增加。根据当时国内制造技术现状,珠江钢铁估计占有 1/3 的市场份额,以此估算,开发高强度半挂车用钢大约为珠江钢铁每年新增产值:4 万吨×5500 元/吨=22000 万元,新增附加利润:4 万吨×200 美元/吨×8.11=6488 万元(如表 3-37 所示)。

表 3-37 珠江钢铁高强度板投入市场后的经济效益估算

年份	产量(吨)	单位成本(万元)	产值(万元)	销售额(万元)	利润(万元)
2005	3685	0.46	1730	2392	662
2006	20000	0.42	11000	11000	3244
2007	40000	0.40	22000	22000	6488

（五）珠江钢铁公司替代跨国公司产品的效益

珠江钢铁公司在投产 6 年以来，运用替代战略，通过不断的技术模仿、消化、吸收、开发和创新，各种替代跨国公司产品不仅增加了企业新产品的比例，提升了企业的技术能力，为企业赢得了市场，也逐步为企业创造出更大的效益（如表 3-38 所示）。

表 3-38　珠江钢铁 2001—2004 年替代产品创造的效益

		2000 年	2001 年	2002 年	2003 年	2004 年
替代产品占企业产量的比例(%)	≤2.0 普碳薄板	17	35	31	15	10
	集装箱板		0.4	24	45	60
	合计	17	35	55	60	70
为企业创造的经济效益（万元）		17440	67100	12800	20400	54500

从表 3-38 可以看出，随着珠江钢铁技术能力的提升，≤2.0 毫米普碳薄板的比例逐年减少，对于效益的贡献也减弱；集装箱板的比例逐年增大，对于效益的贡献也增加；而且随着高强钢的进一步开发应用，高强钢对于效益贡献的比例将迅速增加。

四、珠江钢铁公司替代跨国公司产品的市场路径

珠江钢铁实施跟随战略，替代跨国公司产品的市场路径是：从进口替代份额的增加到出口导向的增强，以实现企业转型升级。

（一）进口替代份额的增加

珠江钢铁生产的热轧薄板、集装箱板、高强度板都替代了外国进口的产品。其中，热轧薄板和集装箱板的市场占有率较高，高强度板由于是新开发品种，目前还未达到很高的替代率。

由于国内热轧薄板仍不能满足需求，进口材仍占有一定市场份额（如表 3-39 所示）；而珠江钢铁 2004 年 <3.0 毫米的生产量已经达到了 100 万吨，占据国内 10% 左右的市场份额。

表 3-39　2004-2005 年国产材市场占有率的变化情况

(单位：万吨)

年份	2004			2005		
热轧板卷	国产材(剔除出口)	进口材	国产材市场占有率(%)	国产材(剔除出口)	进口材	国产材市场占有率(%)
<3.0毫米	624.61	301.07	67	777.32	306.94	72
>3.0毫米	2420.44	208.19	93	2635.4	81.32	97
总量	3045.05	509.26	85	3412.72	388.26	90

资料来源：《钢之家》，2005 年 12 月第 3 期。

2004 年，我国集装箱出口数量和金额实现了大幅度增长。据海关统计，2004 年，我国集装箱共出口 197.44 万只（约 256.1 万 TEU），出口金额 51.25 亿美元，分别比 2003 年增长 11.36% 和 32.96%，在国际集装箱市场的占有率超过 92%。2005 年，在世界经济增长趋缓的背景下，我国集装箱出口共 204.8 万只，出口金额为 58.7 亿美元，分别比 2004 年增长 3.7% 和 14.6%，为我国集装箱年出口的历史最高水平。扣除中间集装容器，2005 年我国集装箱产销量约为 232 万 TEU，同比下降 4.41%，在国际集装箱市场的占有率超过 96%，连续 13 年保持世界第一集装箱产销国的地位。2004 年，国内生产集装箱板约 200 万吨，而珠江钢铁生产集装箱就达到 100 万吨，全球市场占有率为 25%。

(二) 出口导向的增强

珠江钢铁建成投产初期，就不仅仅满足于占据国内的市场，而是在国内市场积累了经验后，大胆向国外市场扩展。其国外市场替代路径为：先选择出口到发展中国家，后选择出口到发达国家。产品的替代路径是：从大量低端的热轧薄板入手，再到中端的集装箱板产品，再到高端的高强钢等产品。主要出口的地区除了印度尼西亚、越南等东南亚国家和地区外，还远销意大利、丹麦、日本、韩国等发达国家，出口量不断上升（如表 3-40 所示），2006 年最高峰时可以达到每月 6 万吨的出口量。

表 3-40　珠江钢铁 2001—2005 年出口额

年份	2001	2002	2003	2004	2005
出口额（万美元）	15.6	304	1020	5080	6090

五、事实发现

（一）珠江钢铁技术能力学习吸收的途径

随着我国改革开放的深入，加入 WTO 后我国大多数企业面临着技术变革的巨大挑战，也面临着市场全面开放的激烈竞争，如何快速地积累企业技术能力，形成技术变革以应对全球经济一体化，这是对我国大多数企业的严格考验。我国"十一五"规划已明确提出要走自主创新之路，我国企业如何快速提升自身技术能力，形成自主创新的核心竞争力，显得尤为重要。珠江钢铁坚持"产、学、研"相结合，通过与多家国内知名大学和科研院所进行科技合作，在 CSP 产品开发、基础研究、工艺创新等方面走在国际和国内同行业的前列。2003 年，广钢集团在珠江钢铁挂牌成立 CSP 应用技术研究所，以课题组的形式开展工作；还把广钢集团博士后科研工作站设在珠江钢铁，促进珠江钢铁更好地开展技术研究和应用。为了开发高强度钢板，和北京科技大学合作成立课题小组，使得企业的技术力量获得了很大的提高。同时，珠江钢铁公司积极向国外先进 CSP 生产线进行学习和技术交流，先后多次派技术人员去马来西亚、墨西哥、意大利等钢厂学习先进技术，解决开发过程中的难题。这些工作不仅促使公司不断创新求发展，还为公司积累了具有相当理论知识和实践经验的优秀年轻技术骨干。

（二）企业技术能力提升的路径

通过研究珠江钢铁的企业技术能力提升过程，我们将企业技术能力细分为搜索能力、选择能力、模仿能力、吸收能力、突破能力、超越能力和自主创新能力。

具体来说，搜索能力是指建立链接国内外的、四通八达的、低成本的信息网络，选择适合企业自身的适用技术；选择能力是指在技术搜索之后，跟踪搜索原创新和技术领先者的技术及其发展动态，确定跟随对象；模仿能力是指通过各种方式将目标技术模仿到企业内部；吸收能力是指将模仿的目标技术消化到企业自身的技术体系内，并将这些技术转化为能满足市场需求的产品；突破能力是指在消化吸收的基础上，在关键点处作出改进，从而渐进地提高引进技术的过程；超越能力是指在突破的基础上，局部做到比引进的技术更好；自主创新能力是指企业已全面掌握技术，能够独立开发新产品。例如，珠江钢铁选择薄规格板、集装箱板、高强度板就是搜索能力的体现；在集装箱开发的过程中，以日本新日铁和韩国浦项

为选择确定跟随对象；通过深入使用厂家，了解工艺和产品特性来进行模仿；将其他公司先进的技术、工艺强化吸收，迅速开发出集装箱板供应市场需求；通过生产高强度板，突破企业的局限，体现了企业的突破能力；通过生产更高强度的钢板，实现了企业自主创新能力的培养。

通过对珠江钢铁的成长案例研究，可总结出珠江钢铁的技术能力提升路径是：采取跟随战略，通过替代跨国公司产品，走技术搜索、选定跟随对象——行业佼佼者跨国公司、模仿学习、解剖分析、消化吸收、重点突破、局部超越、自主创新的路线，来提升企业技术能力。替代跨国公司产品的市场路径可以是：从模仿生产、替代外国进口产品开始，到替代跨国公司在华生产的产品，到企业"走出去"。在国际市场，先是出口到发展中国家，再到扩大到出口欧美、日本等发达国家。产品的替代路径是：先是低端的产品替代，接着是中端产品替代，最后是高端的产品替代。

（三）珠江钢铁实施跟随战略、提升技术能力的启示

钢铁工业属于资本密集且产品同质性高的行业。我国作为发展中国家，钢铁工业更容易实施主动跟随战略，并且获得很好的效果。一方面，因为我国拥有钢铁工业发展的资源和市场优势，国内市场的蓬勃发展为企业产品的更新换代提供了比较好的平台；另一方面，钢铁工业经过这么多年的发展，从以前大量的引进设备，自我消化和吸收，已经开始技术积累，具有实施跟随战略的可能。具体而言，珠江钢铁的跟随战略、提升技术能力有如下启示。

1. 遵循技术发展的规律，循序渐进，寻找市场风险小、市场潜力大、能够替代国外进口的产品

我国企业可以通过利用后发优势，采取跟随战略，通过替代跨国公司产品，走技术搜索、选定跟随对象、模仿、解剖分析、消化吸收、重点突破、局部超越、自主创新的技术能力提升路径，来提升企业技术能力，实现企业的快速成长。珠江钢铁公司作为一个创业时间不长的新型钢铁生产企业，在国内钢铁业的综合实力并不突出。介于设备、资金等成本的压力，珠江钢铁必须稳定地走出自己的步伐。根据自身的技术水平和能力，上一个新的产品项目会有很大的市场风险，而采用跟随战略有利于规避市场风险。珠江钢铁在发展初期，就根据实际情况，针对进出口市场的需求，从生产普碳薄板开始，一步步地发挥自己的潜力，来逐步替代国外产品；选择进入集装箱板市场后，珠江钢铁更是以日本新日铁和韩国浦项为目标，通过提高产品质量、提高薄规格比例，来扩大对于集装箱市场的占有率，蚕食原来几乎被日本新日铁和韩国浦项垄断的集装箱板市场，到后

期甚至基本取代日本和韩国成为国内集装箱板第一大生产企业。在这个过程中，珠江钢铁采取跟随战略，减少了市场风险，并迅速缩小与先进企业的差距，也减少了其走弯路的概率。跟随行业中的标杆所生产的产品不仅符合国内标准，还符合国际标准，不仅为国内所需求的，也是国外所需的，有利于企业的成长，又有利于企业实施替代跨国公司产品的战略。

2. 不断更新换代的产品，迫使企业不断提升自我技术能力和水平，促使产品结构转型升级

珠江钢铁公司在开发集装箱产品的过程中，通过对产品质量的不断摸索，针对集装箱厂的业务需求，还开发出了高强度 500 MPa、600 MPa、700 MPa 的集装箱板来供应集装箱的市场。一开始，集装箱厂只需要普通的 SPA－H 集装箱板，后来由于集装箱厂自身竞争压力的需要，他们不断开发各种特种箱，对于高强度的集装箱板的需求开始上升。由于珠江钢铁的集装箱板质量比较好，因此，集装箱厂主动要求与珠江钢铁共同研究高强度集装箱板的应用和开发。通过供需双方不断地努力和合作，珠江钢铁公司的高强度集装箱板开始占据原来由瑞士 SSAB 公司垄断的市场。在这个过程中，珠江钢铁从低端产品替代跨国公司产品，到中端产品，再到高端产品，不断积极升级产品；提高产品技术含量，替代跨国公司产品，开发出新产品，将产品定位在高附加值产品上；从原来的低端产品竞争，通过学习，提高企业技术能力，到高端产品与跨国公司产品竞争，夺取市场份额。新产品相对于初期产品和原有低价值的产品而言有着更高的附加价值，有利于企业形成新的业务组合，有利于产业高级化发展、运用新的技术装备，用附加价值高的产品替代附加价值低的产品。企业在高质产品的基础上进行产品、业务重组，形成新的业务组合，也有助于提高企业的技术水平，促进产业结构升级。企业必须具备持续创新能力，才能维持技术优势；否则，企业技术能力就会逐步消失，企业竞争力就会下降。

第五节　逆势成长：台湾阿托科技公司

从 2007 年年底至今，全球经济受到了金融危机的巨大影响。许多企业在危机冲击中面临低谷，有的甚至因为市场低迷、资金链断裂等原因被迫破产关闭。最引人关注的，莫过于包括位于东莞的世界最大的玩具加工企业之一的合俊在内的一批玩具企业的倒闭。从东莞玩具厂家倒闭风波中，全球价值链低端者在面临外部环境动荡时表现出来的低风险承受力让人担忧。

相比起合俊等企业，海峡彼岸的台湾阿托科技公司（以下简称阿托科技）却在逆势成长，面对国际金融危机，阿托科技加大研发投入，收入高速增长，2007年比2006年的收入高出了10.5%。

是什么因素使阿托科技能够有如此强劲的竞争能力，在颓势市场中保持成长？通过调研发现，企业依靠自主创新实现转型与升级是其中的关键。

一、台湾阿托科技公司概况

笔者于2006年5月17—18日、2008年11月17日、2011年11月30日三次对台湾阿托科技（ATOTECH）进行了调研和访谈，公司总经理黄盛郎博士、研发主管罗经理、环安卫和品质部吴副理接受了我们的专访。台湾阿托科技是阿托科技集团（ATOTECH）在台湾的子公司。阿托科技集团隶属于世界第四大石油及天然气集团、第五大化学公司法国道达尔TOTAL集团，是全球最大的化学原料、制程技术和专用设备的供应商，提供表面处理制程技术、化学品、设备和服务给半导体、IC封装、导线架、电路板、电子零组件、航空、车辆等产业。阿托科技的总部设在德国柏林，分布遍及亚洲、美洲、欧洲35个国家，设有40个地区服务中心、16座工厂及2个设备制造厂。台湾阿托科技扎根于台湾本土，设有台北总公司、桃园和台南两个分公司、桃园观音生产厂和高雄研发中心。

除了系列产品以外，阿托科技还提供系列解决方案，包含新设备计划、软件更新及客户端系统知识的教育训练。公司的科技咨询服务包括：系统保养、操作成本及预算价格制定、投资及财务咨询、成本效益分析、环境生态评估、废水回收、制程最优化计划、营运成本效率分析等。

（一）经营理念

1. 具有前瞻性及国际观之经营理念，有助于提升该产业的整体国际优良形象

阿托科技具有前瞻性和全球化的经营理念，依托先进技术研发中心，不断开发并引进国际上最先进的电路板与晶圆封装技术，帮助客户通过国际大厂（OEM）的认证，并与客户一同成长，提升企业的国际竞争力。过去多年来，通过成立台湾电路板协会，提升了台湾电路板与晶圆封装产业的整体形象。

另外，借鉴台湾先进技术研发中心的成果运作，阿托科技在2008年投资200万欧元，在高雄成立第二座先进技术研发中心，与台湾螺丝线材和企业扣件产业一起合作，继续推动着台湾产业的发展。

2. 致力于为顾客提供优质服务的五大理念

阿托科技为顾客提供优质服务的五大理念是：

（1）多元产品。阿托科技制定了新产品销售额必须占每年总营业额 1/4 以上的规定，也就是说，每个产品的生命周期只有 4 年，必须不断研发新产品及新技术，以丰富产品线、开拓市场新领域。阿托科技多元化的产品组合与客户的生产技术紧密配合，满足客户的需求。

（2）优良品质。阿托科技的产品以最高生产标准制造并通过各种严格的质量认证，让全体雇员都参与到持续改善流程的工作中，以确保产品优质，并如期提供符合顾客要求质量的产品和服务，协助顾客降低生产成本和提升市场竞争力。

（3）准时交货。阿托科技通过全球化生产、送货系统，以及区域性的运输，准时将产品交到客户手中，协助客户弹性、机动地生产，加速交易过程节约流通成本、库存成本，充分利用了速度经济性。

（4）完善服务。阿托科技在专业领域方面积累了数十年的生产经验，拥有专业的工程师技术团队，可以提供周到的现场服务，确保客户的产品保持在最佳状态并顺利生产。

（5）环保理念。阿托科技的产品及技术不仅符合质量标准，也合乎环境保护要求。面对全球对珍惜资源和环境保护愈来愈严格的要求，阿托科技既了解世界各地的环保标准及趋势，也与产品研发的方向相结合，不仅提供给顾客绿色的环保产品，还将环保的技术转移给顾客，协助顾客进行清洁生产，以降低环保和社会的成本。

（二）经营策略

1. 整合型营销策略

为加强公司的理念、产品、技术的传播，阿托科技特别重视产品广告的深度（内涵）及广度（种类），并定期了解广告的效果，以适时作出调整。除了通过专业杂志、报纸、信息报道等平面媒体发表产品广告、专业论文及技术资讯之外，还定期印制 DM 邮寄给具有潜力客户来加强讯息沟通和提升公司形象。

除了静态的广告之外，阿托科技还定期举办研讨会、巡回客户拜访、技术座谈会、地区经销商会议与顾客策略联盟活动、新产品发布会、推动产业协会活动、参加展览以及海内外社团交流等各项促销的动态活动。除此之外，阿托科技还积极与战略联盟顾客进行合作，提升研发能力，通过合作开发新产品、新技术。阿托科技除了本身的论文发表外，还和厂商合作共同发表，其技术论文发表数每年都为业界之冠。阿托科技还会举办为期三个月、每周一次的技术研讨会,联合市场、客户、研发以及业务人员进行技术交流。

2. 全员营销和顾客满意

近年来,全球资讯市场受到经济不景气的影响,大部分客户的订单减少。阿托科技开始推行"全员营销的运动",将全部雇员动员起来,增加和客户的互动,加强沟通联系,并提高服务,以确保客户不流失。

3. 电子商务及客户关系管理,与客户进行战略结盟

阿托科技的销售网中,除拥有台湾前三十大的电路板厂外,还拥有遍及欧美、大洋洲以及亚洲的国际客户,并与之建立了长期的合作关系。其中,电路板业界的龙头老大华通计算机公司将阿托科技列为三大战略联盟伙伴之一,而且是化学品供货商中唯一获此殊荣的。

(三)研发能力

1. 基本情况

阿托科技于2000年在台湾设厂,次年即建立生产基地,2002年年底实现量产。2004年,阿托科技投入600万欧元(1.8亿新台币)正式在台湾观音乡设立半导体技术研发中心,开始自主研发并致力于台湾电子业技术升级。阿托科技于2008年投资200万欧元,在高雄建立第二座金属表面先进技术研发中心,以提升台湾汽车、螺丝和电子产业的国际竞争力。目前,第三座先进技术研发中心正在筹建中,投资金额达450万欧元,准备为半导体业服务,不断开发和引进国际上最尖端的技术(含绿色环保科技)。

阿托科技每年都会投入营业额7.5%以上的经费支持研发中心的工作。研发投入使阿托科技每年可得到台湾当局30%的研发退税补贴。每年的研发贡献均维持较高的水平,2010年研发费用为1700万台币,研发贡献达2.35亿台币,占总收入的比例约为7.8%,如表3-41及图3-17所示。

表3-41 阿托科技2007—2010年研发费用及研发贡献收入

项 目	2007年	2008年	2009年	2010年
研发费用(百万新台币)	64	12	56	17
研发费用占营业收入比例(%)	2.2	0.4	2.1	0.6
研发贡献收入(百万新台币)	140	150	201	235
研发贡献占营业收入比例(%)	4.8	5.4	7.4	7.8

图 3-17　阿托科技 2007—2010 年研发费用贡献的销售收入

2. 主要任务

与其他研发基地相比，阿托科技的研发定位也有所不同。从母子公司来看，阿托科技全球总部主要负责基础性研发，如纳米技术的研发；分公司和子公司的研发中心任务则在于将基础性研发发展为市场产品，主要是从客户需求的角度出发完成后端的开发工作。从地区来看，德国、美国及日本的研发中心以尖端的配方研发为主；台湾研发中心的主要任务是引进国外前瞻技术，开发适合本地需求的高新产品后，再进行量产工艺技术的接续研发；韩国汉城、中国广州和上海的研发机构则定位为以技术服务和工艺改善为主的技术服务中心。

（四）经营业绩

阿托科技的营业额从 1995 年的 9000 万新台币，大幅提升至 1997 年年底的 3 亿余新台币，1998 年则跃升至 8 亿新台币以上。业绩成长率远胜于同属 Atotech 集团其他子公司。因此，阿托科技业绩得到德国总公司增资，资本额由原有的 500 万新台币增加到 6000 万新台币，更定下 2000 年在台设立生产工厂的计划，总投资额将超过 3800 万元法郎。

台湾阿托科技现有员工 204 人，2003—2007 年间，阿托科技员工人数每年增长 56%。2003—2007 年每年税前每股盈余（EPS）皆超过 35 元新台币。2004—2007 年每年 ROE 55% 以上，2003—2007 年每年纳税增长 69% 以上。从 2001 年到 2007 年，年收入的年复合增长率达到 8.1%。由于国际金融危机的影响，阿托科技在 2008 年和 2009 年的收入略有下降，但是在 2010 年和 2011 年实现了"V"字恢复（如图 3-18 所示），2010 年营业收入为 3000 万新台币，2011 年达 3400 万新台币，同比增长 13%，与 10 年前相比增长了十几倍。

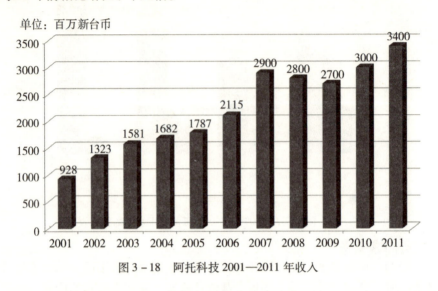

图 3-18　阿托科技 2001—2011 年收入

二、台湾阿托科技公司渐进式转型升级过程

（一）第一次升级：从单纯销售商转向自主生产商

1. 升级背景

1997 年金融危机后，全球经济形势衰退，台湾经济深受影响。此后，台湾在 2001 年的经济增长率仅为 -1.9%，跌至 5 年来的最低水平。阿托科技产品所供应的印刷电路板行业（PCB）也出现大幅下滑，全球 PCB 产值在 2001 年只有 339 亿美元，同比下跌 22.5%，台湾 PCB 产值只有 3.9 亿美元，同比下跌 15%。PCB 产业的下滑加剧了化学药水行业的竞争程度，成本领先和客户反应速度成为竞争的关键要素。

2. 升级过程

2001 年，阿托科技在台湾桃园县观音乡投资建造生产基地，投资总额超过 3800 万元法郎，定位于为台湾 PCB 厂商提供设备及化学材料。阿托科技的业务也由此实现了升级。第一是提供多样化的产品，与客户的生产技术紧密配合，准确反映顾客的需求。第二是以最高生产标准制造产品，让全体雇员参与到流程持续改善的过程中，确保产品优质。第三是利用全球生产网络、送货系统和区域性运输实现准时交货，提高客户响应速度。第四是开拓附加值更高的 OEM 业务，帮助客户代工生产。

(二) 第二次升级：从单纯制造商转向技术领先者

1. 升级背景

随着台湾劳动力价格的提高，台湾生产的成本优势逐步下降。一些产业逐渐向周边地区转移，台湾岛内面临"产业空心化"的问题，留守企业正在夹缝中求生。台湾当局从20世纪90年代开始加大了对研发创新的政策支持力度。[①]

阿托科技内部也发生了一些变化。首先，母公司的战略调整。阿托集团调整了大中华圈的业务发展战略：中国大陆发挥廉价的劳动力优势并承接制造部分的转移，香港发挥国际营销与融资的优势，台湾则作为向技术高端发展的据地。其次，客户对产品质量、性能、设计的个性化要求提高，要求更快速、有效的技术和研发服务。最后，阿托科技意识到"量产代工"将不再是台湾的竞争力，唯有不断地开发前瞻关键技术，才能提升产品附加价值。

2. 升级过程

2004年，阿托科技投入600万欧元在台湾观音乡成立第一座在台研发中心，专攻印刷电路板方面的技术。此次投资项目包含土地增购、仪器设备、扩建厂房、生产实验线及环保设备，也是阿托集团继德国、美国及日本后的全球第四座研发中心。观音技术研发中心成立后，阿托科技积极引进国外专家。阿托科技特别注重与其他企业和客户进行技术联盟，与联合华通、楠梓电、欣兴、南亚等15家印刷电路板厂商签订技术合作方案，还与南亚电路板合作研发无铅制程技术并成功地替换日本的IC载板制程技术。研发中心还与台湾学术研究单位合作，积极进行各项制程、化学品、材料及设备的联合开发。

随后，阿托科技持续转型升级，于2008年和2011年分别投资建立第二和第三座研发中心。这两座研发中心的投资额及功能定位如表3-42所示。

表3-42 阿托科技的研发中心情况

研发中心	投资时间（年）	建成时间（年）	投资额	主要服务领域
观音	2004	2004	600万欧元	印刷电路版技术研发中心
高雄	2008	2009	200万欧元	表面处理的研发中心，应用于汽车、航空、机械等行业
观音	2011	尚未建成	450万欧元	半导体技术研发中心

---

① 台湾经济部在1997年实施了台湾中小企业创新育成中心计划，1999年启动小型企业创新研发计划（SBIR计划）。

研发中心的累计收入不断增加，2008年研发贡献达200万新台币，占当年销售总收入的7.1%（如图3-19所示）。

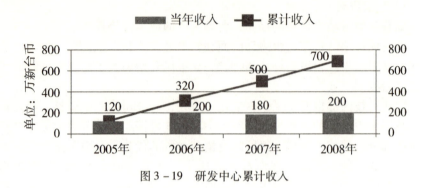

图3-19 研发中心累计收入

（三）第三次升级：从单纯制造商转向系统解决方案的服务提供商

1. 升级背景

随着技术的不断完善，化学药水业的竞争愈发激烈。同时，客户的需求呈现多样化，从对产品价格和质量的关注延伸到了对服务的关注。

2. 升级过程

从2007年开始，阿托科技用高质量和稳定的化学药水搭配了精良的控制设备，为客户提供系统解决方案，包括系统保养、操作成本及预算价格制定、投资及财务咨询、成本效益分析、环境生态评估、废水回收、制程最优化计划、营运成本效率分析等。公司派出专业的工程师技术团队到现场为客户提供周到的服务。同时，专门搜集客户使用制程设备时遇到的问题以及对药水功能的改进建议，在材料规格、表面处理技术、新产品研发、环保制程等方面作出技术改进。阿托科技还与汽车产业的客户进行深度沟通与交流，提供最合适的系统解决方案。由此，阿托科技已从单纯的化学药水生产商升级为以技术研发为主，并为用户设计系统解决方案的服务提供商。

（四）第四次升级：从系统服务提供商转向低碳运作的企业

1. 升级背景

随着国际绿色环保意识的高涨，化学药水行业面临着绿色转型的压力。台湾当局在2008年颁布《永续能源政策纲领》，2009年开始研议碳足迹标签的机制,要求标记碳排放量。欧盟陆续实施了 ELV、WEEE/RoHS、REACH、EuP/ErP 等指令,对产品的环保要求日渐提高。随着人民生活水平的提高和媒体的广泛宣传,社会自发环保活动愈演愈热,逐渐影响了人们的环保认知。

2. 升级过程

从 2009 年开始,阿托科技开始低碳运作,对企业产品和内部流程进行全面的改进。2011 年,公司发行了《环保责任及永续发展策略》报告书。阿托科技推行5R的环保政策,即 Reduce(减废)、Reuse(再利用)、Recycle(循环)、Research(研发)、Responsibility(社会责任)。

在产品方面,阿托科技开发了多种环保产品,包括开发节能设备、能减少或替代有害化学物质使用的设备、无污染的产品、化学再生设备。这些产品和服务能有效地减少废水、污染,节约用水、能源、设备,节省化学品,降低废品率,实现了成本节约和品质改善。例如,公司开发的 Horizon 系列节能设备能为用户节省54%的用水量、6%用电量,比传统水平设备减少槽积污垢达67%,减少化学药剂量达67%,制程的整流效率由84%提高到88%。

在内部管理方面,阿托科技推行"绿色设计、绿色生产、绿色服务、绿色生活"的理念。公司优先采购绿色包装、绿色设计、可回收、低污染或省能源的原材料;将环保、安全、性能、产品品质与企业获利视为同等重要的项目在新产品开发、产品生产、销售、运输、使用和善后处理等环节中加以评估考核;对作业程序、效能进行改进,减少能源使用及废弃物产生,推行废弃物能资源的整合回收和再利用;采取定期检测地下水、废水、废弃物、空污排放、噪音,以及设立"无纸化办公"、"绿色环保日"、节能制服等管理制度和措施。

阿托科技的绿色环保产品产生了巨大的环保效益,也因此荣获台湾"行政院"环保署颁发的 2008 年"事业废弃物与再生资源清理及资源减量回收再利用——绩效优良奖"。公司的制程技术、化学药品已经实现无污染,如无铅、无镍的汽车、卫浴环保制程。台湾目前已有 50 条阿托科技 UNIPLATE 型号的生产线,每条生产线可减少用水量达 5200 吨/年,以用水成本 10 元/吨和废水处理费用 30 元/吨计算,一年可以为台湾地区节约成本 1040 万新台币。

阿托科技的低碳运作体系如图 3-20 所示。

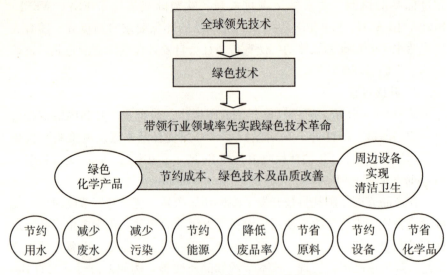

图 3-20 阿托科技的低碳运作体系

阿托科技的转型升级路线如图 3-21 所示。

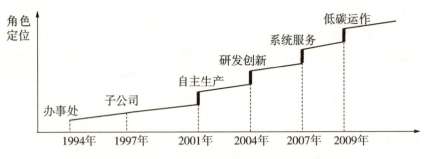

图 3-21 阿托科技的转型升级路线示意

阿托科技在台湾市场的影响力不断扩大,成为行业的领先品牌。公司研发的黑氧化替代制程在台湾已有 50% 以上的市占率。一方面,阿托科技在 2011 年的营业收入达到了 34 亿新台币(如图 3-22 所示),是 1995 年的 37 倍,年均复合增长率达到 23.7%。另一方面,阿托科技的国际竞争优势不断提升,阿托科技在 2002 年获得 ISO 9001 品质管理系统国际认证、ISO 14001 环境管理系统国际认证,2004 年获得 OHSAS 18001 安卫管理系统国际认证,2005 年整合品质、环境、安全卫生三合一管理系统国际认证,材料科学实验室通过 IEC/ISO 17025 实验室认证,2006 年通过 ISRS 国际安全评分系统第七级认证,材料科学实验室通过 TAF/ISO 17025 合格独立实验室认证;2007 年分析实验室通过 IEC/ISO 17025 实验室认证。在台湾，通过 ISO 9001 认证的有几万家企业，获得 ISO 14001 认证的有几千家，获得 OHSAS 18001 认证的则只有几百家，而同时获得这些认证的就只有几家；阿托科技是第一家获得这么多认证的台湾企业，已经具备一定的国际竞争力。

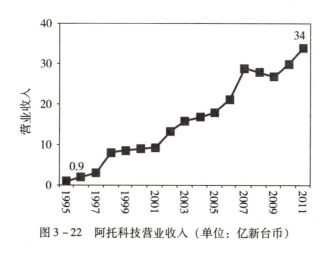

图 3-22　阿托科技营业收入（单位：亿新台币）

三、事实发现

（一）从阿托科技看台湾企业面临的三种选择

笔者在台湾调研时，阿托科技黄盛郎总经理指出，针对当前经济、技术和企业竞争环境的急剧变化，台湾的企业面临三种选择：第一种就是转移阵地。这是指企业把生产基地转移到劳动力成本更低的发展中地区去，利用成本优势来获取利润。目前大多数台资企业都是这么做的，因此在台湾有很多厂房已是人去楼空，因为它们已经迁移到了大陆来生产。第二种是企业升级。这不仅包括企业产品的升级换代，以获得更高的产品附加值，也包括企业向价值链两端延伸的升级，即从单纯制造移向上游的研发和下游的品牌推广。台湾在技术研发上有较多的人才储备，几大科学园区也形成了良好的研究气氛，因此在技术升级上有一定的潜力和优势。相对而言，台湾的本土市场容量有限，因此价值链下游的直接面对消费者的品牌推广做得并不是很理想。很多做品牌的企业以国外目标市场作为主要对象，这一点和大陆企业有所不同。第三种就只能是维持现状并最终被市场所淘汰。

因此，对于想留在台湾继续发展的企业，必须认识到"量产代工"将

不再是台湾的竞争力，唯有不断地开发前瞻关键技术以提升产品附加价值，才能谋求企业较高的利润。阿托科技正是这种思想和观念的成功践行者。

（二）从投入竞争、成本竞争、摆脱竞争再到超越竞争，不断实现企业转型升级

从1994年成立办事处开始，阿托科技不断完善企业内部管理，包括重整组织架构、人力资源管理、财务规划、资讯建置等。1997年，成立台湾阿托科技子公司，公司获得了经营自主权，积极开发市场、销售产品，投入竞争。2002年，阿托科技成立观音乡生产厂，实现自制生产，进行成本竞争。2004年，在观音乡成立了先进技术研发中心，走上了创新、研发的道路，力求摆脱竞争。2009年开始，公司经营重点转移到绿色技术、绿色服务、绿色生活上，站在社会发展、人类生存的角度引领台湾产业的发展，超越竞争。

（三）通过低碳环保提高竞争力，实现企业转型升级

阿托科技的低碳环保不仅体现在管理哲学上，这一思想已经落实到企业的各个方面，从绿色设计、绿色生产、绿色服务一直到绿色生活，每一处都体现了公司的低碳环保文化。同时，阿托科技前瞻性的环保意识也成功地影响了客户。目前阿托科技的产品能有效地协助客户节能减排，提供有害化学物质的替代物，提供无污染的产品和化学再生设备。阿托科技通过一系列的绿色产品，不仅降低了客户的生产成本，还使客户通过了各项国际环保认证，产品成功销往海外。同时，低碳环保使阿托科技不断超越竞争对手。

（四）"赛车理论"及危机意识

面临金融海啸，许多企业面临现金链断裂的问题，而阿托科技凭借其风险控制部门的运作，在危机发生时及时采用有效手段加以规避，在逆市中稳健成长是得益于企业家所拥有的强烈的危机意识。阿托科技的总经理黄盛郎先生提出企业竞争的"赛车理论"。他认为，企业竞争犹如赛车。在平稳的环境中经营企业，犹如在直线赛道上与对手竞争，此时，要领先一个车位都是极其困难的事。赛车手要超越他人，只在一个位置有可能实现，那就是转弯处。企业也一样，在经历变化与对手同处于动荡环境的时

候,才有可能抓住机会,超越他人。

所以,企业应该有危机意识。在"危难"发生的时候,正是超越竞争者的"时机"。秉承这样的理念,才能在日常经营中未雨绸缪、避免风险,在危机发生时积极应对、发掘机会。

(五) 企业家精神

在企业家精神的推动下,阿托科技比同行更快地捕捉到行业和政策变动的信息,更早地采取升级行动,更有效地保障升级的效果。这种企业家精神体现在两个层面:一个是以黄盛郎总经理为代表的高管理团队,另一个体现为企业战略方面的创新导向。熊彼特在《经济发展理论》中提到,企业家应体现在四个方面:①有眼光,能够发现潜在的利润;②有敏锐的洞察力,能够识别和抓住机会;③有胆量,敢于承担风险;④有组织能力,能够充分组织和调动企业的内外部资源。阿托科技的黄盛郎总经理有着丰富的专业知识、从业经验管理经验和国际化经验,企业家精神在他身上都有所体现。

第四章 地区、集群、园区案例的分析

第一节 以自主创新为特征的深圳高新技术产业①

《福布斯》杂志在2008年排出中国变化最大城市,并撰文指出,中国正经历着人类历史上规模最大的工业化进程。该次城市排名是根据国内生产总值、市场规模以及城市的变化程度来进行评选的。前十个城市依次为深圳、广州、香港、上海、北京、大连、南京、厦门、天津、重庆。②

近年来深圳发展的可持续性更为明显。2015年有关数据显示,深圳南山区2014年全年实现本地生产总值3464.09亿元,增长9%。南山区人均GDP去年达到30.87万元,比上年增加2.11万元,增长8.5%,是全市平均水平的2.1倍,人均GDP已经超过中国香港并接近新加坡水平。南山区是深圳的高新技术产业强区,也被外界誉为硅谷的最有力竞争者。据介绍,2014年南山区全社会研发投入超过200亿元,占GDP比重达5.8%,科技进步贡献率超过75%,接近发达国家水平。未来南山区将进一步凸显和放大其创新基因,将打造国际创客中心,集聚高端创新资源,加快国际知识创新村建设,办好中科史太白国际创客学院,吸引更多海外留学人员和优秀人才来南山创新创业。③

一、深圳高新技术产业发展的基本情况与特点

(一) 深圳高新技术产业发展迅速,经济贡献突出,竞争力强

自1992年以来,深圳市就十分注重从加工型制造业向高新技术产业的转型。过去的22年里,深圳高新技术产业的发展取得了可喜的成果,平均速度在20%左右。全年高新技术产品产值12931.82亿元,同比增长

---

① 根据笔者在深圳调研以及公开数据整理,部分数据来自《深圳高新技术产业发展状况及发展思路的调研报告》。
② 载《扬子晚报》,2008年12月17日。
③ 载《南方都市报》,2015年2月5日。

8.9%，其中，具有自主知识产权的高新技术产品产值7888.41亿元，占高新技术产品产值61.0%，比2011年提高0.2个百分点（如表4-1所示）。高新技术产品出口1412.2亿美元（见表4-2），约占全市出口总额（2713.70亿美元）的52.04%。可见，高新技术产业已成为深圳经济发展的主要力量，经济贡献突出。①

表4-1 深圳市具有自主知识产权的高新技术产品产值（1999—2012年）

年份	具有自主知识产权的高新技术产品产值（亿元）	同比增长（%）	占高新技术产品产值比重（%）
1999	383.36		46.8
2000	534.54	39.37	50.2
2001	745.63	39.49	53.7
2002	954.48	31.00	55.8
2003	1 386.64	45.28	55.9
2004	1 853.09	33.35	56.7
2005	2 824.17	33.35	57.7
2006	3 653.29	29.40	57.9
2007	4 454.39	21.90	58.6
2008	5 148.17	15.60	59.1
2009	5 062.10	-1.70	59.5
2010	6 115.89	20.82	60.1
2011	7 220.36	18.05	60.8
2012	7 888.41	9.25	61.0

资料来源：深圳统计局。

深圳市高新技术产业持续高速发展。2010年深圳市高新技术产品产值首次突破1万亿元人民币，达10176亿元，比2009年增长19.61%。在现有的高新技术产业中，电子信息产品产值在整体产值中所占比例超过八成，新能源、新材料等战略新兴产业增长迅速，同比增幅超过20%。

深圳市高新技术在国内具有明显的优势。截至2013年，深圳经国家认定的高新技术企业共2900多家，其中70%从事IT业，有15家企业入选中国电子信息百强企业。深圳PCT国际专利申请量2013年首次突破1

---

① 参见深圳市统计局《深圳市2007年国民经济和社会发展统计公报》。

万件，连续10年居全国各大中城市首位，占国内申请总量的48.1%，并遥遥领先于其他城市，是北京的3.4倍、上海的11.3倍。2013年，国内企业PCT申请量前十位排行中，深圳市有6家企业上榜，排在前三名的3家申请超千件的企业华为、中兴、腾讯，均为深圳市高新技术企业。

表4-2 深圳市部分年份高新技术产品进出口情况（2001—2012年）

年 份	高新技术产品进出口总额（万美元）	进口（万美元）	出口（万美元）
2001	2 335 757	1 198 796	1 136 961
2002	3 344 119	1 775 195	1 568 924
2003	5 158 146	2 643 846	2 514 300
2004	6 928 262	3 422 565	3 505 697
2005	8 868 653	4 159 435	4 709 218
2006	11 536 580	5 401 421	6 135 159
2007	13 463 800	6 209 300	7 254 500
2008	14 099 495	6 162 273	7 937 222
2009	15 345 520	6 843 409	8 502 111
2010	19 770 075	8 897 407	10 872 668
2011	22 416 000	9 936 000	12 480 000
2012	25 206 532	11 084 532	14 122 000

资料来源：深圳统计局。

（二）民营企业成为深圳高新技术产业发展的主力

深圳作为一个新兴城市，没有国家教育部认定的重点大学，也很少有国家科技部支持的重点研究机构。深圳发展高新技术产业主要依靠民营企业，而不是以外来的跨国公司为主要增长点。除了市级财政科技投入支持高新技术产业发展外，研发经费投入主要来自企业自身的投入。2012年，深圳市高新技术产品研发与开发经费支出为4389800.9万元，是2007年的2.81倍。截至2013年，深圳被国家知识产权局批准注册的专利代理机构已有69家，较2012年增长12家。

在深圳，高新技术企业已初显规模（如图4-1所示）。其中，超1亿元的有393家，超10亿元的有59家，超100亿元的11家，超500亿元的3家，超1000亿元的1家。代表性企业是华为、中兴、腾讯、同洲、金证科技等。

第四章 地区、集群、园区案例的分析

图4-1 深圳高新技术企业规模

资料来源：深圳市科技与信息局。

深圳证监局《关于上市公司产业转型升级的调研报告（2014年）》指出，深圳特区30多年的发展历程中，支柱产业和大型领军企业主要都是通过市场竞争发展壮大的，形成了比较好的市场化环境和文化，用市场化的方式推动产业转型升级具有广泛的社会共识和观念基础。一方面体现为深圳上市公司转型过程呈现出明显的民营企业主导的特征，目前89家新兴产业公司中，有74家为民营控股公司或披露无实际控制人公司，国有控股公司仅有15家，且民营控股公司比例仍在不断上升；另一方面，一些地方出现的由政府主要提供资金、隐形担保支持甚至直接行政决策等行政化推动转型方式在深圳较少发生，深圳上市公司的251个战略性新兴产业项目中，政府财政资金支持金额共26.74亿元，仅占项目投入资金总额562.05亿元的4.76%，有31家公司的97个项目没有获得过任何政府补贴，完全通过市场化融资方式筹集发展资金，即使是政府资金支持也具有普惠性特点，未出现对特定公司或特定所有制类型公司过度倾斜的情形。

（三）利用区位优势，高新技术产业转型升级与国际化紧密结合

深圳拥有毗邻港澳的天然区位优势，同时是我国改革开放的前沿阵地，较早与境外市场接触。深圳高新技术产业的转型升级带有较强的外向型特征，与国际化紧密结合。

深圳高新技术产业企业的产品已经遍布世界各地：法国巴黎戴高乐机

场有多条由中集天达生产的登机桥在为来自世界各地的宾客服务;在巴黎94区高科技基地欧洲城,迈瑞法国分公司有一幢别致的二层办公楼,法国1700多家医院,近八成使用打着"深圳制造"的医疗产品。据深圳证监局《关于上市公司产业转型升级的调研报告》指出,2010—2012年,深圳新兴产业上市公司境外实现的销售收入占比持续维持在40%以上,中兴通讯等部分公司外销占比已超过50%。

一些深圳上市公司开始从组织、资产、人才、管理等多维度开展国际化运营。根据深圳证监局《关于上市公司产业转型升级的调研报告》统计,2010—2012年,深圳分别有17家、20家、31家上市公司当年在境外设立子公司,数量呈逐年上升趋势。2008—2012年,深圳上市公司实施境外并购共计27宗,总交易金额405.09亿元,年均并购金额超过80亿元,占全国上市公司期间境外并购总额的35%。

(四)完整的产业链体系和大量研发投入,推动深圳IT产业快速增长

IT产业是深圳高新技术产业中发展最快、贡献最大的产业。《深圳IT产业发展报告》指出,2013年深圳IT产品产值12430亿,相当于全国电子信息制造业的1/10左右,也占了该市所有高新技术产品产值的88.7%。IT产品出口额占全国电子信息产品出口的19.2%。据统计,深圳经国家认定的高新技术企业总共2900多家,其中70%从事IT业,2012年有15家企业入选中国电子信息百强企业。全市境内外上市的电子信息类企业总共有200多家,约为深圳市境内外上市企业的2/3。

深圳在IT领域形成了从集成电路设计、制造、封装到软件的完整产业链。深圳的通信设备制造和研发达到全球第二,移动终端出货量占全球的40%。2013年深圳市智能手机的出货量超过2亿,4G手机的出货量超过400万部。2013年互联网产业规模到2100亿元,涌现了一大批互联网产业细分行业的龙头企业,约为70多家。电子商务的规模在快速成长,2013年实现交易额9510亿元,网购规模达890亿元,占社会消费总额的20.1%。据《深圳IT产业发展报告》指出,深圳软件业最近几年一直保持20%以上的增速。通信设备的制造和研发达到全球第二,华为、中兴等一大批世界级企业继续发展壮大。深圳每万人专利数达到50件,专利申请量全国第一。

深圳市软件企业一直非常重视提升企业技术创新能力,软件研发经费投入从2011年的547.9亿元增加到2012年的646.4亿元,增长18%(如图4-2所示)。

第四章 地区、集群、园区案例的分析

图4-2 2007—2012年深圳市软件研发投入

资料来源：《深圳软件产业报告》。

（五）借力资本市场，产学研联动，促进深圳高新技术产业转型升级

深圳市强大的科技创新实力促进高新技术产业发展，同时，深圳发达的金融服务业也给产业升级提供了多元化的金融支持。在"科技创新+金融支持"的双重动力下，深圳高新技术产业驶入了转型升级的快车道。据深圳证监局统计，截至2014年年底，深圳185家上市公司中有89家企业涉足新一代信息技术、生物医药、新能源、新材料等新兴产业。近年深圳上市公司中有近七成的企业在外地投资新设子公司，其中90%以上涉足战略性新兴产业。此外，深圳上市公司的业绩高于全国平均水平，增长后劲十足。据《证券时报》报道，2013年A股上市公司实现净利润22494.88亿元，同比增幅14.43%。其中，184家深圳上市公司实现净利润1677.94亿元，同比增幅30%，较全国平均水平高出一倍。2014年第一季度，A股上市公司净利润增长放缓，仅实现8.7%的增长；然而，深圳辖区上市公司依然发展迅猛，净利润整体增幅高达22.66%，远超全国平均水平。

深圳具有较强的科技成果产业化转换能力，产学研联动是深圳高新技术产业转型升级的又一大特征。目前已有多家高校及国家级的研究机构在深圳建立了"产业+资本+技术+人才多位一体"的科技企业孵化器模式。近年来，深圳清华大学研究院实现了150多项科研成果产业化，孵化出600多家高科技企业，还扶持了拓邦电子、和而泰、达实智能等十多家上市公司。截至2010年6月，深圳市累计组建省部产学研示范基地23

个,涵盖了集成电路、医疗器械、先进制造、数字电视和生物医药等领域,基地数量位居广东省第二位。深圳市还大力推广省部企业科技特派员的选派工作,累计有3批355名科技特派员入驻深圳市296家企业。而2006—2010年,深圳市累计开展各类产学研合作项目5648个,企业累计投入资金804亿元,各级财政投入19.1亿元,参与的企业、大学和科研院所分别达到4918家和537所(次),申请专利累计7925项,实现成果转化近3000项,实现产值8255亿元,累计出口760亿美元,新增利税1437亿元,累计培养各类人才13多万人次。

(六)以OEM生产为主体的电子信息产品制造业,正在朝向ODM、OBM转型升级

深圳的电子信息产品制造业由三大部分组成:外来加工及OEM制造、自主品牌整机生产、自主产权的设备制造。但在当前形势下,OEM制造还是电子信息产品制造业的主体,这主要以富士康为代表,其产值占信息产品制造业的50%以上,也是深圳出口创汇的重要来源。此外,以长城、康佳为代表的国内品牌整机生产企业,占信息产品制造业产值的30%以上;以华为、中兴为代表的企业生产的自主产权的设备产值约占信息产品制造业的20%,他们主要以自主开发的嵌入式软件为核心技术和主要利润来源,占据了价值链的中高端。近年来,随着政府和企业科技投入的不断增加,深圳市电子信息产品制造业正在由传统的单一OEM制造逐步朝向ODM、OBM转型升级。

(七)以本土品牌企业为主的软件产业正成为自主创新的主力军

深圳市软件和信息技术服务业产业规模和企业实力居全国前列。2005—2010年,深圳年软件业务收入由560.0亿元增长到1891.4亿元,年均增长27.6%。截至2011年年底,全市累计认定软件企业3287家,培育了近50家上市软件企业,27家国家规划布局内重点软件企业,9家全国软件百强企业,其中9家全国软件百强企业实现的软件业务收入占全国全部百强软件企业的40%。2013年,深圳软件产业产值达到6029亿元。2013年登记软件产品3787件,到目前为止累计登记21913个软件产品。2013年认定软件企业320家,到目前为止累计软件企业已经有4116家。2013年软件出口184亿元,同比增长14.1%。

软件产业已成为深圳自主创新的主力军。2012年深圳PCT国际专利申请量8024件,占全国的40.3%,连续9年居全国首位。华为技术有限

公司以 2734 件位列发明专利授权量排名第一，中兴通讯股份有限公司以 2727 件排名第二。2012 年，全市软件企业投入软件研发经费 646.4 亿元，同比增长 18%，深圳研发经费占软件业务收入比重为 23.5%，居全国第一。2012 年，软件著作权登记首次超过 1 万个，达到 12374 个，同比增长 29.85%，仅次于北京。

一批骨干企业具备较强的竞争力，甚至参与产业标准制定。深圳天源迪科信息技术股份有限公司在"中国软件创新企业评选"活动中，荣获"中国软件创新力 20 强"。中兴、华为等软件企业参与的项目分别获得了国家技术发明一等奖和国家科学技术进步一等奖，全智达、艾科微电子等企业的 6 个项目获得了国家重大科技专项——"核高基"项目 2.9 亿元资金支持。2009—2012 年来，深圳共承接近 100 项"核高基"和"新一代宽带无线移动通信网"等国家重大科技专项，位居全国前列。部分企业通过掌握的具有自主知识产权的核心技术，逐步成为某些领域的标杆企业和整体解决方案的提供商，甚至积极参与有关国际标准和国家标准的制定。华为已加入 123 个国际行业标准机构和论坛，在其中担任 180 多个关键领导职位，并在光传输、接入网和安全领域组织提交文稿 2300 多篇。中兴通讯加大专利技术与标准结合的力度，目前已成为 70 多个国际标准组织的会员和论坛成员。

（八）政府不断加大财政投入，有效推动高新技术产业发展

2001 年，深圳出台了鼓励软件产业发展的若干政策。2009 年，深圳在全国率先出台互联网产业发展规划和配套政策，连续 7 年每年由市财政投入 5 亿元对互联网产业予以超常规扶持。市政府还陆续出台了文化创意和新一代信息技术等与软件相关的战略性新兴产业发展规划与政策，政策扶持力度持续加大。深圳不断优化支撑产业发展的金融和科技服务环境，深交所 2010 年 IPO 家数全球第一，深圳管理的创业投资资本超过 2000 亿元。

近年来，深圳市政府不断扩大财政对于科技发展的支持力度（如图 4-3 所示）。2001 年财政投入总额为 10.98 亿元，到 2005 年则达到近 30 亿元，5 年之内增长了近 2 倍。事实上，政府对科技发展支持的效果是十分明显的，光从软件产业来看，2001 年深圳软件产业产值为 138 亿元，到 2005 年便达到了 560 亿元，增长了 3 倍多。

从量来说，深圳市财政对于科技发展的经费投入是相当大的，相当于内地几个中等省份对科技研发的投入总和。2007 年，科学研究与试验发展经费支出 221.87 亿元，增长 16.3%。全年落实科技研发资金 7.19 亿元，

共支持科技项目1208个。2006年深圳市政府对高新技术产业的投入大概为32亿元，而且2007年的实际投入还更多。深圳市政府在科技发展经费上的大力投入，有效地推动了高新技术产业的发展。

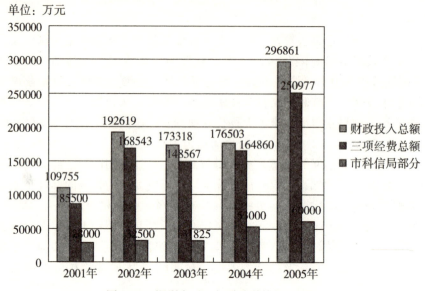

图4-3 深圳市近五年财政科技投入情况

资料来源：深圳市科技与信息局。

（九）政府采取多种支持方式发展高新技术产业，打造完整的产业支撑体系

深圳市政府采取了多种方式，包括公共平台搭建、相关配套产业建设、企业融资与成长路线指导、通过政府引导社会资金投入等全方位的综合体系来支持高新技术产业的发展，力图从上、中、下游三个环节着手打造完整的产业支撑体系，实现"创新链"与"资金链"的对接。

如图4-4所示，深圳市基本建立起了包含上、中、下游的完整的产业支撑体系。上游主要是原始创新主体，包括从事基础与应用研究的重点实验室和科研院所，以及一系列非共识项目、民间发明和民间技术创新主体；中游主要是指科技创新技术与项目开发、保护的主体和一系列的资助计划，包括对企业的研发资助计划、技术开发和实验发展，国家、省级科技项目的配套补助，技术标准研制资助计划和软件企业CMM认证资助计划；下游主要是指科技创新项目的产业化培育与发展支撑计划，包括科技贷款贴息计划、科技无息借款计划、创业投资匹配计划（风险投资）、创新型企业成长路线图资助计划以及科技龙头企业培育计划（产业细分）。

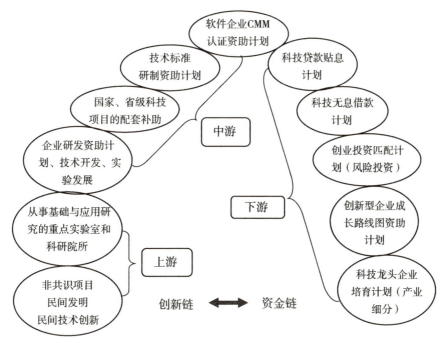

图4-4 深圳市高新技术产业支撑体系
资料来源：深圳市科技与信息局。

（十）政府着力改善风险投资和创业投资环境，推动高新技术企业成长

为了改善创业投资环境，深圳市委市政府统一了创业投资公司的备案制度，并出台了相关创业投资管理条例，指明科技主管部门是创业投资主管部门，同时规定了相关协会的职能。此外，明确规定申请备案的创业投资公司不能从事房地产、金融债券等业务，通过这项措施，提高备案创业投资公司的素质，有利于进一步改善深圳的创业投资环境。据了解，目前深圳已有十五六家创业投资公司成功通过审核并进行了备案。

为了更好地指导与落实改善创业投资环境的工作，深圳市委市政府提出了如下思路。

1. 建设并完善技术产权交易市场

加快建设以市场为导向的技术产权交易市场，是推动高新技术产业持续快速发展、建设和完善深圳区域创新体系、建设多层次资本市场体系的重要举措。2005年11月30日，中国（华南）国际技术产权交易中心

（以下简称华南交易中心）在深圳市正式挂牌成立，这将作为创业投资资金解决进入退出问题及为深圳、华南地区广大中小企业缓解"融资难"、开展公开的权益资本交易的最为重要的举措。华南交易中心以国内首家股份制技术产权交易机构——深圳国际高新技术产权交易所（以下简称高交所）为运作主体，以"股改＋托管＋私募→成长上市"的创新性技术产权交易新模式为核心业务，通过市场化运作，为产权（股权）交易、中小企业股份制改造、非上市股份公司股权登记托管、企业（项目）权益融资、高新技术成果转化及创业投资提供重要的交易和服务平台。

华南交易中心的运作采用"政府引导，企业化运作"的创新模式，为深圳及华南地区广大中小型科技企业提供六个领域的服务：一是为企业权益融资和产权流动提供交易平台，二是为中小型科技企业法人治理结构提供股份制改造平台，三是为非上市股份公司股权登记、托管和代办转让提供服务平台，四是为上市公司和国有企业的并购重组提供集中场所，五是为风险资本提供进入机会与退出渠道，六是为国内外证券市场输送优质上市资源。据估计，2006年已为1000家以上科技型企业提供权益资本交易和综合配套服务，交易额近200亿元。

2. 实行创新型企业成长路线图计划

走创新型国家之路，企业的自主创新能力是关键。中小企业特别是科技型中小企业是自主创新的主要载体，而中小企业的自主能力很大程度上取决于能否得到资本市场的有效支持。为了拓宽创新型中小企业的融资渠道，充分利用资本市场推动创新型中小企业快速发展，深圳市委市政府引导华南交易中心大力推进和实施"深圳市创新型企业成长路线图计划"，以协助企业进行股份改造，通过规范运作、非公开发行融资、引进战略投资、安排政府创新基金等多种渠道，为企业的成长和壮大提供产权解决方案的一条龙服务。创新型企业成长路线图计划是深圳高新技术企业成长上市的绿色通道，入选成长路线图的企业最高可以享受到总额为310万元的补贴。

据在中国高交网发布的资料，2006年深圳市科技研发资金中安排的年度创新型企业成长路线图资助项目合共38项，下达市科技研发资金总额为2050万元，大力地推动了创新型中小企业的成长。

（十一）政府对高新技术产业有明确的规划与发展指引

深圳市委市政府对于高新技术产业有明确的规划与发展重点指引，并结合扶持与资助政策切实推动高新技术产业的发展，如在"十五"期间就制定了《深圳市高新技术产业发展第十个五年计划和2015年远景规划》，

第四章 地区、集群、园区案例的分析

大力地推动了三大支柱产业之一的高新技术产业快速增长，优化了高科技的成长环境。而从《深圳市科技发展十一五规划纲要》和《深圳市高新技术产业发展十一五规划纲要》中我们可以看到，深圳市高新技术产业发展的重点将是优化产业结构，推进高新技术产业高级化。

在优化高新技术产业与先进制造业结构上，深圳市将大力发展自主创新型高新技术产业，加快运用高新技术和先进适用技术改造传统产业，建设优势传统产业集聚基地，形成电子通信、数字化装备、家庭消费品三大制造业集群产业。在推进高新技术产业高级化上，深圳市将强化高新技术优势产业，继续巩固高新技术主导产业的竞争优势，进一步完善区域创新体系，加快高新技术资本平台、智力平台、知识平台、中介平台和科技条件平台建设，力争在科技创新上取得新突破；进一步做大做强高新技术优势产业群，强化高新技术产业的核心竞争力，增强计算机及外部设备、数字视听、通信设备、微电子及基础元器件、软件、机电一体化机械设备及仪器仪表、医疗器械等优势产业的区域集群优势。

1. 深圳高新技术产业主要领域的规划

据笔者从深圳市科技与信息局调研获知，深圳信息产业未来的发展方向主要集中在PC、消费电子、通信以及车载电子四大领域（见图4-5）。

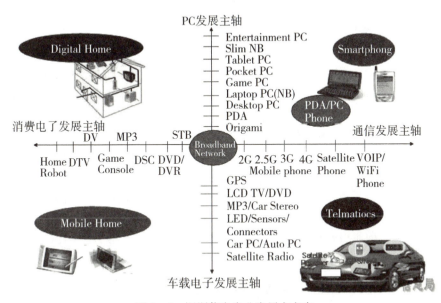

图4-5 深圳信息产业发展主方向

资料来源：深圳市科技与信息局。

具体来说，在PC领域，主推个人移动计算平台计划；消费电子领域内有数字电视发展计划、数字家庭发展计划、医疗电子发展计划、IC卡应用计划等；通信方面主要有智能手机产品发展计划；车载电子领域包括汽车电子计划、智能导航系统等。

2. 深圳高新技术产业的发展目标

深圳市政府确立了实施自主创新战略，建设自主创新型城市的目标，提出了"利用我们的环境优势、市场优势、企业家群体优势、技术创新机制优势、产业链相对完备的优势、善于创新的文化优势以及改革开放试验田的功能优势，抢占自主创新的制高点，争当自主创新的排头兵"。力争用15～20年的时间，把深圳建成创新体系完善、创新人才荟萃、创新企业众多、创业投资活跃、综合环境优良、高新技术产业发达的自主创新型城市，成为在众多科技领域对国家作出突出贡献的城市，成为具有较强自主创新能力并在区域竞争中处于主动地位的城市，成为真正实现增长方式从外延向内涵、从粗放向集约转变的城市，成为全面协调、可持续发展以及人与自然和谐发展的城市，成为市民充分享受科技创新成果并对城市创新能力充满自豪的城市。

3. 深圳高新技术产业发展的重点措施

（1）构建以崇尚创新、激励创新、创新致富、创新报国为核心的创新文化。

（2）构建以公共技术平台为依托的创新设施。

（3）构建以科技孵化器、产业基地等物理空间为载体的创新摇篮。

（4）构建以创业资本、创业机构为主体，技术产权交易、创业板为融资渠道的创新资本。

（5）构建一支以企业家精神为灵魂的浩荡创新、创业大军。

（6）构建以围绕推进知识服务产业发展为突破口的创新环境。

（7）构建以重点实验室为主体、校企合作为支撑的应用基础研究创新体制。

（8）构建以知识产权创造、管理、保护、利用为核心的创新源头。

通过上述措施，努力使深圳成为创新体系完善、创新人才荟萃、创新企业众多、创业投资活跃、综合环境优良、高新技术产业发达的自主创新型城市。

二、深圳高新技术产业发展的制约因素

（一）深圳的风险投资、创业投资环境仍需改善

一般来讲，风险投资与高校科研院所的多少有很大关系，如美国硅谷

有斯坦福大学,北京有中关村以及众多科研院所和高校。相比而言,北京和上海等地的科研力量强,创业企业质量较高,而深圳教育事业起步晚,基础薄弱,在这方面不具优势。但由于作为特区具有较强的地理与政策优势,而且企业的市场化程度较高,深圳的风险投资、创业投资还是走在了国内同行的前面。

相对于美国等发达国家,我国风险资本市场的发育时间很短,深圳在市场培育、制度创新与完善、市场规范和监管、信用构建等方面都需要大力加以推进、完善。例如,如何处理资本流动性高,增强风险投资商信心问题;又如,如何处理现有的线下交易引起的问题。中小型的创新企业是未来创新的主要源泉,深圳尤其如此。上市集资是从事高新技术产业的中小企业筹措资本的有力途径,但国内有很多中小企业在上市之前已经完成了线下交易。为了避免由于线下交易引发的纠纷及其他问题,创投公司需要大力做好中小企业上市前的筹资问题。

(二)资源短缺与环境污染,企业运营成本攀升所面临的产业转型升级问题

目前深圳面临的问题集中表现为土地与水资源短缺、人口膨胀和环境压力等四方面的约束,环境资源压力加剧,土地瓶颈制约突出,社会管理压力加大,人口结构素质不够优化,房价高升带来的生产和生活成本高企等问题。上述问题导致部分产业、特别是制造业向内地转移,出口型企业面临倒闭的威胁,在一定程度上会带来深圳产业的"空心化"。为了解决可持续发展难题,深圳市政府一方面鼓励产业向粤北山区及东西两翼转移,加快粤北山区及东西两翼经济发展;另一方面通过调整产业结构解决目前流动人口过多的问题,通过进一步发展高科技产业来缓解传统加工制造业对环境造成的压力。

(三)公共研发实力比较薄弱,原创能力有待加强

在深圳高新技术企业中,绝大多数是中小企业,其中,中小型科技企业占全市高新技术企业的95%。企业研发实力相对较弱,主要表现为:首先,由于资金、研发能力、信息、人才的种种局限,使许多中小企业无力参与研发和技术创新;其次,研究开发具有投资大、回收期长、风险高的特点,会直接影响企业开展研发的积极性;最后,企业"各自为政"搞研发,产业集中度低、局限性大,难以体现技术创新的规模效益和资源优化利用的综合效益。

据了解，深圳的高新技术产业领域拥有自主知识产权的高新技术产品产值比重虽然早已超过55%，但掌握核心技术的产品产值比重仍然较低。多数行业的关键技术、核心技术基本依赖引进。面对产品技术的频繁更新和企业对新产品、新技术、新工艺的巨大需求，深圳势必要由政府"有形之手"与市场"无形之手"，合力开发公共技术资源、建立面向行业内所有企业的公共技术平台。

目前，深圳高新技术产业的公共服务平台尚未完善，市内可利用高新技术公共研发机构资源总量有限，同时，存在项目开发能力差、知识产权拥有量少、成果应用率偏低、与企业合作力度不够等问题，直接导致了深圳高新技术产业自主创新能力较低。为此，深圳市应该进一步加快公共技术平台建设，帮助高新技术企业尤其是中小型高新技术企业解决技术难题，引导科研机构与企业共同开发共性技术和关键性技术。

（四）国际化程度有待提高，发展遭遇管制门槛

根据深圳证监局《关于上市公司产业转型升级的调研报告（2015）》统计，目前深圳89家新兴产业公司中，曾发生境外募集资金、设立境外研发中心和区域管理部门、境外并购技术和核心业务的公司仅有11家。根据世界品牌实验室、世界经理人集团等发布的有关数据，在89家公司中，目前仅中兴通讯等3家公司具有一定的国际品牌认知度。此外，在另一项体现国际化程度的指标——外籍员工数量方面，目前雇佣外籍员工达100人以上的深圳新兴产业上市公司也仅有2家。

在深圳证监局转型升级组的调研过程中，89家公司中有60家认为我国行政审批复杂、管制过多是影响其国际化的重要因素，特别是境外并购涉及事前报告及审批的环节众多，致使收购成本不可控制地上升。此外，也有较多公司反映，在当前外汇管制较为严格情况下，企业不能灵活运用股权支付工具参与境外交易，也很难通过股权激励机制吸引外籍高端技术人才。

（五）利用资本市场实行转型升级尚存在不足

尽管深圳高新技术产业利用资本市场促进产业转型升级取得了一定的成效，由于我国资源配置机制和资本市场发育等尚未完善，利用资本市场进行转型升级仍有改善空间。深圳证监局《关于上市公司产业转型升级的调研报告（2015）》也对此进行了阐述：①在资本市场服务和支持范围方面，我国资本市场现行的上市制度主要针对传统工业企业设计，更强调企

业的营运成熟、收益稳定,对新技术、新商业模式的包容度相对不足,导致新兴产业往往需要在较为成熟阶段才能得到资本市场服务。②在资本市场创新支持的深度方面,目前我国资本市场对新兴产业发展的支持主要还是通过传统的融资、并购、股权激励三大功能,很少得到资本市场的创新型融资工具的服务支持。③在并购重组政策支持方面,当前国家相关政策对产能过剩相关行业的并购重组予以优先支持,而对新兴产业的支持力度相对匮乏。④在市场机构的专业化服务方面,我国PE/VC、证券公司等市场机构对支持新兴产业发展存在较多不足,由于资本市场发育尚未成熟,所以对新兴产业的支持力度有限。

第二节 转型升级中的东莞大岭山镇家具产业集群

一、大岭山镇概况

东莞大岭山镇位于东莞市中南部,面积95平方公里,辖下23个村委会(社区),全镇30多万人,其中户籍人口约4.7万人,是中国家具出口第一镇、中国家具出口重镇、国家卫生镇、中国绿色名镇、国家级生态乡镇、广东省教育强镇、广东省卫生镇、广东绿色名镇、广东省生态示范镇。大岭山镇地处经济活跃的珠三角黄金腹地,位于东莞"三位一体"大市区的中心,毗邻香港、澳门,地理位置优越。大岭山工业优势突出,有科技工业园、湖畔工业园、畔山工业园等多个高规格产业园区,各类工业企业2400多家,世界500强企业3家,形成了以电子、家具、电气机械及设备制造业、化工为支柱的多元化工业体系。

2014年全年,大岭山镇实现生产总值(GDP)167亿元,同比增长8.2%;规模以上工业增加值84亿元,同比增长8.8%;各项税收总额27.8亿元,同比增长13.7%。镇可支配财力11.8亿元,同比增长1.7%。外贸进出口总额46.9亿美元,同比增长9.9%,其中出口总额27.2亿美元,增长15.6%。2014年,全镇有5个重大建设项目、1个重大预备项目,总投资25.5亿元,累计完成投资4.6亿元,占年度计划的110%。

二、大岭山镇家具业现状

2004年,大岭山镇被中国轻工业联合会、中国家具协会、亚太家具协会分别授予"中国家具出口重镇"、"中国家具出口第一镇"、"亚太地区

最大家具生产基地"等荣誉称号。2006年,大岭山镇被评为广东省第二批"产业集群升级示范区"。2009年,"大岭山家具产业集群"被评为"东莞市重点扶持发展产业集群"。2013年,大岭山镇又被中国家具协会授予"中国家具行业优秀产业集群"。独特的区域优势、先进的家具生产线、完善的产业配套、雄厚的人力资源和畅通的出口渠道,造就了一个"家具王国"的迅速崛起。

(一) 形成一批具有较大知名度的家具品牌和企业

截至2014年9月,大岭山镇共拥有家具企业530多家,其中上规模家具企业350多家、家具品牌160多个、中国驰名商标2个、中国名牌产品1个、广东省名牌产品6个、广东省著名商标4个,拥有家具相关专利近3500件。大岭山镇在全国范围内拥有100家以上品牌专卖店的家具企业由2008年的10家增加到2014年的35家,拥有300家以上的由原来的2家增加到2014年的8家。2013年,大岭山镇家具行业产值约109亿元,家具生产及配套企业占全镇利税收入接近30%。

大岭山镇是世界著名家具品牌汇集之地,国际家具品牌、港台家具品牌、国内家具品牌不断涌现,交相辉映,从木制家具到铁制家具,从卧室系列到办公系列,各种著名品牌应有尽有,其中国内外著名品牌就过百种。美国第二大家具零售连锁店环美家具、美国蕾丝床垫、德国美得丽名床、法国依沙贝拉名床、闻名海内外的HOPO. DIMOLA,以及国内著名的富兰帝斯、蒙特卡罗、皇庭世纪、爱丁堡等著名品牌均产于大岭山镇。大岭山镇家具已逐步成为上海、广州、东莞等国内大型家具展的最大展商。

(二) 家具业成为大岭山镇的支柱产业

大岭山镇家具企业以外向型为主,90%以上的家具产品销往世界各地,每天有超过200个货柜。2006年,大岭山家具行业的工业总产值占到了全镇的65%,纳税总额占到了全镇的33%;家具产品出口能力强,出口总值超过21.5亿美元,大约占全国家具出口总值的12.4%(如图4-6所示)。

2007年,大岭山镇家具行业的工业总产值121.68亿元,占全镇工业总产值的65%;纳税总额3.1亿元,占全镇纳税总额33%;企业管理费收入2100万元,"三来一补"企业结汇收入250万元,对推动大岭山镇经济发展、促进经济收入增长起到了举足轻重的作用。①

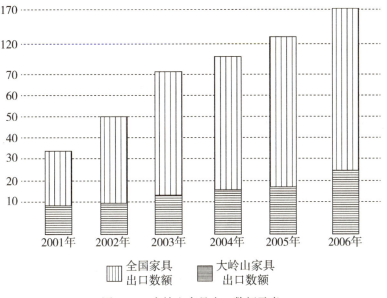

图4-6 大岭山家具出口数额示意

资料来源：据大岭山镇人民政府网（http://www.dalingshan.gov.cn/）资料整理。

（三）形成家具产业集群发展模式，产业配套完备

20多年来，大岭山镇一直坚持走产业集群之路，形成了具有大岭山特色的家具经济。在形成最具规模的家具企业群体的基础上，大岭山镇拥有最好的板材加工厂、五金配件厂、皮具加工厂，一批上规模、高质量的化工、五金、皮具、木材企业纷纷落户大岭山，形成一条完整的家具生产链。其中，有日本最大的DIY涂料生产厂，有世界500强企业阿克苏诺贝尔涂料厂、美国丽利涂料公司，有华南地区最大的木材集散中心——吉龙木材市场，有规模宏大、品种齐全的大诚五金交易市场，等等。

大岭山镇家具生产实现了以现代化生产技术取代传统人工生产的模式，自动封边机、激光镂花机、激光包边机等系列世界先进的家具生产机械被广泛应用，组成了世界一流的生产线，从贴面—白身—细作—油漆—烘干—包装的整个生产过程都可在一条流水线上完成。一流的机械、一流的专业人才、一流的生产线，造就了大岭山镇家具强大的生产能力，仅台升家具的年生产能力就达2亿台（套），富宝家具年生产豪寓沙发达8000

---

① 根据东莞市大岭山镇人民政府资料整理而得。

多套。家具自动化设备使用量由2008年年底的458台上升到目前的832台。

三、家具业面临转型升级的挑战

由于产品主要以中低档为主,与国内其他家具业集群形成同质化竞争,同时,国家的政策也以促进企业转型升级为导向,大岭山家具业面临着升级的压力。在全球金融危机的影响下,家具企业特别是加工贸易型的外销企业受到强烈的冲击,它们一般是没有自主品牌、完全靠做OEM的企业,出口市场非常单一,完全集中在欧美市场。因此,在金融危机环境下,国外市场的萧条以及国内市场的激烈竞争使企业升级成为家具企业觅得和掌握"发展先机"的有效发展战略。

(一)政府推出限制性政策,引导企业向高附加价值环节延伸

1. 家具业出口受限

2007年7月23日,商务部、海关总署和环保总局联合发布《2007年加工贸易禁止类商品目录》对家具出口做了进一步的限定,出口企业将面临更多的困难。按照该规定,家具企业在进口加工贸易所需的料件时,需要将相当数额的保证金存入海关指定账户,待出口核销后,方能拿回保证金。另外,将加工贸易企业以国产木材为原料生产的板材、家具等列入禁止出口之列,使很多家具企业不得不多付出很多成本进口木材进行深加工,提高木材加工产品的附加价值成为必然。

2. 出口退税率一降再降

2006年,财政部、国家发展改革委员会、商务部、海关总署、国家税务总局五部委联合发出《调整出口退税和加工贸易税收政策》的通知,取消了煤炭、木炭等原材料的出口退税,还将钢材、纺织品等产品的出口退税下调了2%~5%,家具业的出口退税率也从13%降到11%。与之相反的是,国家产业政策鼓励出口的有重大技术装备、部分IT产品和生物医药产品以及部分国家产业政策鼓励出口的高科技产品的出口退税,则从13%提高到17%。[①] 2007年6月18日,财政部、国家税务总局、国家发展改革委员会、商务部、海关总署发布了《财政部、国家税务总局关于调

---

① 参见《经济日报》2006年9月19日。

低部分商品出口退税率的通知》，规定自2007年7月1日起，再次将木家具、金属家具、塑料家具、其他材料制成的家具这四种家具的出口退税率调低两个点至9%。由于全球金融危机的影响，大部分出口企业受到影响，2008年五部委再次调整出口退税率，规定从2008年11月1日起国内大部分木制家具出口退税率将由目前的9%提高到11%。虽然家具业的出口退税率有所提高，但从出口退税政策变化来看，技术含量低、资源消耗量高的产品始终是出口退税率下调的主要对象。①

（二）家具消费需求下降，企业运营成本上升

1. 家具出口需求下降

受到肇始于2007年下半年的全球金融危机的影响，全球的消费大国如美国的经济增长放缓，这意味着美国等发达国家在国内的消费需求会降低，把消费更多地转向商业投资和更加保守的理财策略。中国对外依存度相当高，世界银行的统计资料显示，2005年中国美元计价的出口占GDP的比重为37.3%，高于全球平均的27%，2007年更是到了37.5%的历史新高，在2007年全球十大经济体中仅次于德国（40.7%）和加拿大（37.9%），也高于同属新兴市场经济的俄罗斯（35.2%）、印度（19.9%）和巴西（15.1%）。②因此，国外消费低迷对中国的影响可能会导致出口的负增长、投资增长的放缓以及外汇资产的贬值或损失。对于外贸依存度很高的大岭山家具业而言，出口企业将会举步维艰。在金融危机的影响下，大岭山镇的家具企业特别是以外销为主的家具企业，订单数量普遍下降，生产车间只能靠收缩生产、降低开工率来渡过危机。

2. 家具企业运营成本上升

家具企业成本上升，一是原材料价格上涨。据报道，2006年生产家具所需板材上涨了20%多，所需五金原材料上涨了30%。③二是劳动力价格上涨。新《劳动合同法》的实施使得劳动力成本加大，而且，由于劳工短缺，大部分企业只能靠大涨工资吸引劳动力。三是人民币升值，价格优势进一步下降。自2005年7月21日起，我国开始实行以市场供求为基础、参考一篮子货币进行调节、有管理的浮动汇率制度，人民币汇率不再盯住单一美元货币。2005年7月21日的汇率为8.11，2008年7月16日的汇

---

① 参见海关综合信息网（http://www.china-customs.com/）。
② 参见沈明高《中国：考验刚刚开始》，载《财经杂志》2008年总第227期。
③ 参见《第一财经日报》，2007年12月13日。

率高达 6.81。总体来说，三年多以来，人民币对美元升值超过 15%。人民币升值使得出口导向型的大岭山家具业受到严重的挑战，出口价格面临上涨压力，价格竞争优势减弱。

据一项对大岭山镇家具的调查显示，按照各种成本占企业总成本的比例估计，人民币升值造成总成本增加 3%，人工工资使总成本增加 3%，加工贸易出口退税率的减少也使总成本增加 3%，几项成本加起来就使在其 2007 年的利润减少了大约 12%。① 企业运营成本的上升，迫使家具企业努力转型升级，降低经营成本。

（三）家具业面临更高的质量要求，技术亟须转型升级

1. 贸易保护壁垒对家具产品质量和环保提出更高要求

一是关税壁垒。2005 年 11 月，加拿大家具业提出特保调查申请，要求对我国家具征收 3 年的高额附加税。二是反倾销贸易壁垒。2005 年 1 月，美国商务部裁定对我国出口的部分木制卧室家具征收反倾销税，高达 4.9%～198% 不等；2006 年下半年，欧盟提出反倾销申请，要求对原产于或进口自我国的部分家具进行反倾销调查，调查范围包括了大部分出口家具品种。三是绿色贸易壁垒，包括绿色关税制度、市场准入制度、绿色技术标准制度等，这对家具产品提出更高的技术要求。欧盟从 2007 年 6 月起开始实施《关于化学品注册、评估、授权和限制制度》，家具制造业作为化工产品的下游产业，也受到了限制；一些欧洲国家对我国木材产品提出森林认证（FSC）要求，FSC 认证是目前在国际上得到广泛承认的森林认证体系，这一认证对家具原材料提出了较高的环保要求。②

2. 经营管理模式粗放，劳动生产率偏低

从国民生产总值来看，国内家具行业的人均年产值是 12 万元人民币，规模以上企业达到了 17.8 万元。而国外发达国家已达到了 100 多万元。

大岭山家具业知识产权优势不足。截至 2007 年年底，大岭山镇获专利授权达 1056 项，其中发明专利、实用新型专利、外观设计专利分别为 22、236 和 798 项。家具业是大岭山镇的优势产业，授权专利总体呈上升趋势（如图 4-7 所示），专利总量约占全镇的 1/3，发明专利、实用新型专利和外观设计专利分别为 1、50 和 264 项，约占东莞市家具专利总量的 7%。

---

① 参见人民网（www.people.com.cn），2008 年 6 月 23 日。
② 参见中国建材网（www.jiancai.cm），2007 年 8 月 8 日。

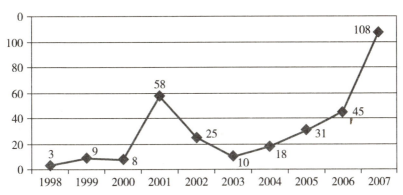

图4-7 大岭山家具业专利授权量年度变化情况（截至2007年）

资料来源：根据国家知识产权局专利信息数据库资料整理。

大岭山镇家具业的技术优势不足，技术含量较高的发明专利仅有一项，绝大部分为外观设计，与顺德乐从、东莞厚街、浙江玉环等主要家具产区相比，大岭山镇家具行业专利总量也稍显劣势（如表4-3所示）。

表4-3 主要家具产区的专利年度授权总量（截至2007年）

	东莞市	东莞大岭山镇	顺德乐从镇	东莞厚街镇	浙江玉环县
发明专利	25	1	1	1	20
实用新型专利	729	50	85	61	150
外观设计专利	3972	264	1597	1381	384
合计	4726	315	1683	1443	554

资料来源：根据国家知识产权局专利信息数据库资料整理。

（四）国内家具业竞争激烈，家具集群亟须寻求发展特色

近年来，我国家具制造业集聚加速，已经形成四大家具产区：①以沈阳、大连为中心的东北家具工业区；②以北京、天津、山东为中心的京津唐家具工业区；③以上海、江苏、浙江为中心的长三角家具工业区；④以广州及周边佛山、中山、深圳以及东莞为中心的珠三角家具工业区（见表4-4）。国内的家具产品以中低档为主，同质化竞争非常激烈，部分产品在行业里产能过剩。另外，部分出口企业开始转内销，这使得国内家具市场的竞争也相当激烈。

表4-4 国内主要家具产区概况

珠三角家具工业区	长三角家具工业区
国内最早、最大的家具产业区和最大的家具出口集聚地 具有完整生产体系、发达销售市场、健全的配套产业（包括木工机械、五金配件、油漆涂料、木材、皮革、布艺等原辅材料），产业链条完善 大岭山镇以出口为主的家具产业集群，佛山市顺德区龙江镇的软体、办公家具和家具原辅材料产业群，东莞市厚街镇的家具和展览产业群，中山市大涌镇的红木家具产业群	制造产业基础比较好，人才集中，交通便利，信息业发达 家具市场容量大，档次高，营销模式灵活、丰富和成熟 近年来浙江的家具产业异军突起。浙江安吉县的办公椅产业群、玉环县的欧式古典家具和温州的板式家具产业群
东北家具工业区	京津唐家具工业区
依托于东北工业基地的实力以及自产木材、俄罗斯进口的木材资源 大连庄河和黑龙江伊春地区的实木家具是该区域主要的种类，规模和实力在全国处领先地位	地理位置优越，有巨大的家具消费群体、庞大的家具专业销售市场和销售企业，家具制造历史久远 河北廊坊胜芳镇的金属玻璃家具产业群，山东宁津县的木制餐台椅产业群、庄寨镇的桐木家具产业群

资料来源：陈宝光、刘晓红：《中国家具特色区域经济》，载《中国人造板》2006年第7期。

省内家具同质化，业内竞争激烈。广州以东的东莞、深圳集中了台资、港资的工厂，以大型企业为主，其市场主要是国际市场；而广州以西的顺德乐从和龙江这一片以国内民营企业为主，大多数为中小型家具企业，其市场是以内销为主、外销为辅。至今为止，广东省已获得家具行业国家级特色区域称号的有四个镇、六块金字招牌：①佛山顺德区乐从镇的"中国家具商贸之都"；②顺德区龙江镇的"中国家具制造重镇"、"中国家具材料之都"；③东莞市大岭山镇的"中国家具出口重镇"、"中国家具出口第一镇"；④中山市大涌镇的"中国红木家具生产专业镇"。此外，东莞市厚街镇在2007年被中国会展经济研究会评为"中国会展名镇"，省内的家具业集群已具规模。省内各个家具产区都具有一定的特色，但是产品的替代程度仍然较高，对于大岭山镇家具业来讲，如何在同质化的市场中出奇制胜以及成功转型是亟待解决的问题。

四、转型升级中的东莞大岭山镇家具业

随着政策动态调整,生产成本不断上涨,对产品的技术和质量有更高的要求,大岭山镇家具业利润空间进一步压缩,面临着较大挑战,发展前景令人担忧。特别是跨入 2008 年后,家具企业更是深受冲击,很多企业只是靠微薄的利润维持日常运作,实力较差的中小型企业甚至出现亏损而先后倒闭和搬迁。据统计,大岭山镇 2008 年 1—4 月共有 5 家家具企业先后倒闭和搬迁,1—4 月新签的家具企业 0 家,增资扩产家具 2 家,增资金额共 315 万美元。① 为了促进家具行业的持续发展,大岭山镇提出把全镇从"中国家具出口第一镇"做到"中国家具第一镇",把家具业做大做强,提升大岭山区域品牌,并努力提高家具企业的积极性,携手家具企业共同推进家具行业的转型升级。

(一) 家具企业积极推进转型升级

1. 积极进行产品开发,促进消费需求

位于大岭山镇的富宝(沙发)制造有限公司是专业制造沙发及其配套产品的民营企业,近年来,公司着手进行新产品的开发,推出除古典沙发外的桌椅、床,包括书房、客厅、卧室系列等产品,从专业沙发制造向多元化家具制造的转型。

2. 提高产品生产工艺,降低成本

据了解,大岭山镇台升家具的车间里有几条生产线都在拼接木料,而在以前,像这样的木料都作为边角料被焚烧掉了,这样虽然增加了胶水、人工的成本,可是会提高木材 5%~10% 的利用率。在通过安全测试以及国外相关标准测试的条件下,一些企业对产品进行了重新设计,以节省产品的原材料成本,如采用空心的木料做成床柱、桌脚等,以节省木材。

3. 功能升级,增加利润

通过加强研发、开拓新市场等方式积极应对当下的困难,部分优秀企业还顺利通过并购壮大自己。台升家具在节流的同时积极开源,一方面在美国并购成熟的品牌,另一方面在国内布局零售业,建立自己的营销网络,培养营销能力。据行业人员表示,在国外成立自己的分公司、实现自产自销,家具产品的售价能下降 30%,从而提升家具产品的价格优势。

4. 推出自主品牌,从"贴牌"向"自主品牌"转型

与传统的代工企业不同,一些优秀的家具企业除了一边做自己的品

---

① 根据东莞市大岭山镇人民政府内部资料整理而得。

牌、一边为国外品牌做代工外，还坚持用自己的原材料，自行设计并生产，努力推出企业自主品牌。富宝沙发于 1994 年推出的自主品牌"富兰帝斯（Frandiss）"曾获"国家免检产品"、"广东省名牌产品"、"中国名牌产品"称号，但公司还是坚持不断开发自主品牌，近年来成功地推出了宝格菲特（Bofity）、诺曼尼斯（Romanes）、里奥东尼（Leotoni）、诗格尔（Saddlersy）及瑞斯汀（Cristin）六个品牌。①

（二）政府推进企业升级

1. 将家具集群升级纳入全镇产业发展战略

在大岭山镇举办的"打造中国家具第一镇，促进家具产业集群升级"在研讨会上，大岭山镇镇长黄庆辉表示，大岭山将搭建研发生产与展示平台，不断延伸家具产业链，实现由"中国家具出口第一镇"向"中国家具第一镇"的转变，打造家具业的区域品牌。产业升级是政府工作的重中之重，家具产业的升级发展将成该镇产业升级工作的核心部分。②

2. 成立产业升级办公室，指导企业、产业升级相关工作

2008 年 12 月 8 日，大岭山镇政府正式成立了"大岭山镇产业升级办公室"。该产业办成立后，将肩负组织推动全镇产业的规划、调整和升级，贯彻执行东莞市有关发展产业集群的政策和措施。大岭山镇产业升级办公室的主要职能包括：负责组织推动全镇产业的规划、调整和升级，制定全镇产业升级的方案，包括产业升级的综合协调、产业研究、项目建设、活动策划、公关宣传等工作。③

3. 通过实施"外向带动战略"，推动家具产业集群升级

（1）有选择性地引进大型家具企业。大岭山镇现已引进了港、台及海外 200 多家家具企业，这批家具企业在大岭山镇落户后，又产生强烈的聚集效应，吸引一大批配套企业、上下游企业行业前来投资办厂。

（2）引进家具业优秀企业家，以及先进的技术、优秀的家具设计和制造人才，引进台湾、香港地区及内地的一大批家具业巨头。目前，大岭山镇已经容纳了郭山辉、陈燕木、陈振沧、黄庆富这些内地、台湾、香港以及海外众多家具业界精英。

4. 培育完善的产业链，推进产业链升级

大岭山镇一方面把家具生产的上下游企业作为主要的引资对象，另一

---

① 参见富宝沙发公司网站（www.frandiss.com.cn）。
② 参见《东莞日报》，2008 年 12 月 5 日。
③ 参见《南方日报》，2008 年 12 月 8 日。

方面引导民营企业家积极从事家具业的配套生产，直接带动木材、涂料企业的发展。

5. 鼓励家具企业提升学习能力，提升技术优势

在这方面主要有以下几项措施：

（1）促进家具企业的不断学习。通过开展家具研讨会、家具产业讲座及家具产业培训，大岭山镇政府和相关部门鼓励家具企业家不断学习和进取，学习企业管理及营销市场方法，提高自身水平。

（2）帮助家具企业认识产业发展趋势。借助有关家具协会的作用，加强了大岭山家具企业与海内外家具业的交流学习，及时掌握家具业的发展趋势，把握家具业发展的脉搏，不断地提高家具从业人员的理念。

（3）不断优化技术。大岭山镇家具业的设计、生产技术一直走在世界前列，像富运家具、柚隆公司、台升家具、运时通家具的生产线都是家具业里的一流生产线，达艺家具、明辉家具的生产机械处于世界最先进地位。

6. 创建大岭山镇家具产业公共服务平台

大岭山镇政府和科研院所联手，充分发挥政府职能和科研技术的优势作用，创建家具产业公共服务平台，由广州大学工业设计研究院合作提供方案及运营管理。方案具体内容包括：

（1）共同搭建家具研发技术公共服务平台。公共服务平台由科研机构管理，大岭山镇政府参与，直接面向企业和社会服务，属于非营利机构，由政府支付年度资助费用。

（2）合作创建家具设计创意中心。创意中心由科研机构运营、大岭山镇政府指导，直接为企业提供设计、研发创意、营销、品牌推广服务，属经营管理机构。这是由政府投入资助、科研知识产权投入构成股份制经营的模式。

（3）联合组建家具营销公司。营销公司由大岭山镇政府牵线，龙头企业牵头，整合几个相关家具企业股份制运作，科研机构参与管理。

7. 建设家具产业园区

大岭山镇已有一个家具产业园区，位于杨朗路与龙大高速之间，与东莞市松山湖科技园相邻，交通便利，占地面积4000多亩，专为家具企业设计，分有板材加工区、家具制造区、物流配送区和员工生活区。园区建有管理中心，专为园区企业解决供水、供电、废料处理等问题，为企业提供服务，营造优质环境。大岭山镇计划再建一个3000多亩的高标准的功能完备的家具产业园区，提供优惠措施，专门吸纳国内外知名家具企业和上下游配套企业，加强对产业的集中管理，实施资源共享，降低整个家具行业的运营成本，营造效益。①

五、事实发现

（一）产业转型升级必须通过企业与政府的共同努力

产业转型和升级只有通过企业的转型和升级才能实现，企业升级是企业与政府共同努力的结果。通过政府创造良好的环境，发挥政府的引导作用，优化产业结构，实现经济增长方式的转变；通过企业主动追求升级，充分把握机会与挑战，提高企业在价值环节中的地位。

（二）产业转型升级必须充分整合资源

大岭山在推进家具产业升级过程中，充分整合各种资源：①充分利用外资，通过外资带动策略推动本土家具企业和配套产业的发展；②整合家具行业，全力引导家具企业走集约化发展道路，淘汰一批依靠劳力、浪费资源、规模小、竞争力弱，以及污染严重的家具企业，加强对产业的集中管理，实施资源共享；③充分利用各种渠道进行知识学习，提高家具企业的学习能力，并掌握更多的相关信息；④充分利用各种中介组织，创建良好的服务环境。

（三）培育完整的产业集群，实现产业转型升级

大岭山镇有生产DIY涂料、全球销量最大的涂料生产厂和漆生产厂，有东南亚最大的木材集散市场，家具生产的配套厂家在大岭山镇应有尽有，形成了一个规模较大家具产业群体。完整的产业集群，有利于促进企业间进行合作，开发高效的科技创新平台，包括重点实验室、工程技术中心、企业研发中心等；能充分地共享各种公共服务平台，如科技公共服务平台、人力资源服务平台、知识产权服务平台、信息服务平台等，整合各种资源，形成创新合力。

（四）技术能力提高是企业转型升级的有效手段

大岭山在发展家具产业时，鼓励企业采用最先进的技术，并通过专家研讨会、海外交流、重大项目支持等措施，协助企业提高技术能力，引进、推广、应用新技术、新工艺，开发新产品，改良企业生产，改善传统家具生产的污染问题，使大岭山家具走上自我设计、自我生产、自我营销的道路，使家具产业能按既定目标持续、稳定、健康发展。

---

① 据东莞市大岭山镇人民政府内部资料整理而得。

第五章 公共技术平台建设案例的分析

第一节 台湾工业技术研究院发展高科技产业

一、台湾工业技术研究院的背景[①]

成立于1973年的台湾财团[②]法人工业技术研究院（以下简称工研院）是一个由台湾当局设立、非营利、专注科技服务的应用技术公共研究机构。当时掌管台湾经济的孙运璿到韩国考察期间参观了韩国科技研究所，该研究所聘请大批韩国留美学者，专注开发电子、化学、纺织等技术，帮助韩国企业成功转型升级。孙运璿回到台湾后，决定成立一所类似的研究院，将分散在各地的联合工业研究所、联合矿业研究所与金属工业研究院的设备、土地、人才进行合并，成立了台湾的"工业技术研究院"。工研院针对台湾产业以中小型为主、研发资源有限、创新能力不足、无法长期承受创新风险的状况，开发前瞻性、关键性、共通性技术转移给产业界，并与当局的技术开发规划、企业及市场需求紧密联系在一起，推动产业的发展。回顾工研院40余年的发展，工研院扮演了包括技术引进、人才培育、信息提供、衍生公司、育成中心、技术服务与技术转移等角色。在人才培育上，有"台湾总经理制造机"之称的工研院，人才的扩散为其重大成就之一，因为由工研院转进企业界的员工已经超过15000名，这些人多半身居要职，成为台湾经济的掌舵者，他们在台湾科技产业中发挥了重要的作用，让台湾新兴科技产业从无到有，屡创佳绩。又如工研院以下属电子所的研究人员为主，造就了著名的位居新竹科学工业园区的半导体产业，现在的台积电、台联电也都是工研院的衍生公司。工研院育成中心也因为其杰出表现，获得了美国企业育成协会（NBIA）2006年"年度最佳育成中心"的荣誉，这是NBIA创会20年来由亚洲机构获奖的先例。

---

① 参见台湾工业技术研究院简介 https：//www.itri.org.tw/chi/.
② 参见财团法人电信技术中心，http：//www.ttc.org.tw/；财团法人国家实验研究院国家高速网络与计算中心，http：//www.nchc.org.tw/tw；财团法人国家实验研究院国家奈米组件实验室，http：//www.ndl.org.tw/home/；财团法人金属工业研究发展中心高雄科学园区分部，http：//www.mirdc.org.tw/index.aspx.

二、台湾工业技术研究院的目标和愿景

工研院是一家国际级的技术研发机构,技术发展历程已由技术购买者、技术追随者角色,经过学习与经验累积,逐步走向技术创新阶段。研究与开发的内涵也由追随与学习转变为创新与创造,经由不断的创新过程,产生了相当丰富的研发成果,并以技术移转及技术辅导等方式,将研发成果扩散到产业界。工研院的目标是成为开创产业新价值的世界顶尖研发机构,培育产业科技创新者的摇篮,成为受研发人员欢迎的工作场所。

三、台湾工业技术研究院的组织结构

(一)人员结构

根据2008年2月29日的统计数据,工研院现有员工5826人,拥有13个研究机构,具体的人员受教育程度、从业时间及岗位分布状况如图5-1、图5-2、图5-3所示。

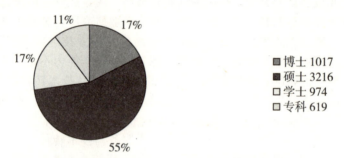

图5-1 工研院员工的受教育程度[①]

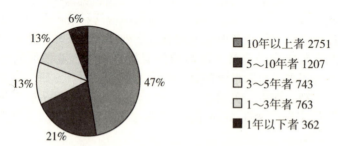

图5-2 工研院员工的从业时间[②]

---

① 参见http://www.stsp.gov.tw/STSIPA_UPLOAD/Statistic/1281519733704.pdf.
② 参见http://www.stsp.gov.tw/STSIPA_UPLOAD/Statistic/1281519733704.pdf.

第五章　公共技术平台建设案例的分析

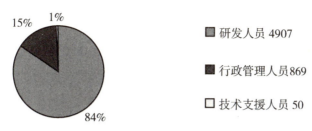

图 5-3　员工岗位分布①

工研院除了业务推广部门和行政部门以外，主要依靠连结中心（Linkage Center）、基础研究所以及核心科技中心（Focus Center）来完成其推动企业升级的使命，其中，连结中心的作用是促进工研院内跨领域、跨专长的合作，基础研究所包括生医所、能环所、材化所、机械所、资通所、电光所，核心科技中心拥有工研院的五大核心科技中心，依托优秀的研发团队，开展国际合作。

（二）连结中心

连结中心包括创意中心、纳米中心、产业经济与趋势研究中心（IEK）、量测中心和服务与科技应用中心。

1. 创意中心

工研院在 2004 年成立创意中心，旨在促进新产业模式的建立，提供源源不绝的创意，在国际舞台上扮演关键角色。创意中心的任务是协助产业从台湾制造迈向台湾创造，从人与社会需求的角度来引导科技研发，一方面将原创概念以雏型（prototype）展示，激发产业界的商机；另一方面将团队创意的方法与流程进行提炼，使之扩散到产业界，让技术、创意与产业接轨。

2. 纳米中心

工业技术研究院的纳米科技研发中心成立于 2002 年 1 月，是全院跨领域的连结单位。纳米中心是科技网络型组织，它以知识运作团队为中心，协调并连结各核心团队，主要从事企业策划、情报收集、计划及设施管理、对外窗口等事项。

3. 产业经济与趋势研究中心②

该中心的目的在于提升产业附加价值，为客户提供产业研究、政策研

---

① 参见 http：//www. stsp. gov. tw/STSIPA_ UPLOAD/Statistic/1281519733704. pdf.
② 参见 http：//ieknet. iek. org. tw/.

197

究、前瞻趋势、创新服务等资讯与顾问服务。

4. 量测中心

1985年成立的量测中心是在前"经济部中央标准局"（现在的标准检验局）与工研院的共同推动下成立的。在组织定位上，量测中心定位于促进院内跨领域、跨专长的合作，创造衍生价值；在组织功能上则包括企划与推广、标准与技术发展、标准与法定计量技术发展、仪器与感测技术发展、计量验证与创新应用、医疗器材验证，以及前瞻感测技术发展。

5. 服务与科技应用中心

该中心成立于2006年1月1日，作为工研院的连结中心之一，成立目的为在产业价值链中发掘新机会，开创具有原创性、科技性、长期性的服务事业并发展一套完善的服务研发机制，建构科技化服务所需的发展环境。

（三）基础研究所

工研院的研发主要是在资讯与通信、电子与光电①、先进制造与系统、材料化工与纳米、生物技术与医药、能源与环境等六大技术领域。其中，电子资讯与光电在台湾产业发展历史中，创造了相当丰富的成果，在全球具有举足轻重的地位。资讯与通信研究所的研究包括全IP电信网络及服务、宽频无线通讯、移动数字生活、无线感测网络等方面。机械与系统研究所也为台湾机械工业的发展作出了巨大的贡献。材料与化工研究所强调学术界与产业界的合作，集中资源在产业需要的特用化学品及材料研发上。能源与环境研究所提供煤炭、矿业、地热、再生能源、节约能源、水资源，并整合环保和工业安全卫生研究能量等各类能源、资源与环保技术，对促进产业发展发挥了重要的作用。目前，生物技术与医药研究所以基因体和医药两项技术为核心，主要的研究内容包括蛋白质体、基因晶片、生物标记、生物资讯、干细胞与细胞治疗、生医材料、类效新药、标的新剂型及天然药物开发等方面。

（四）核心科技中心

核心科技中心是工研院的主要研发基地，包括显示中心、晶片中心、太阳光电中心、药材中心、辨识中心，辨识中心是亚太地区首座合格检验测试中心。工研院的组织机构如图5-4所示。

---

① 参见"行政院"原子能委员会核能研究所高聚光太阳光发电高科验证与发展中心，http://www.iner.gov.tw.

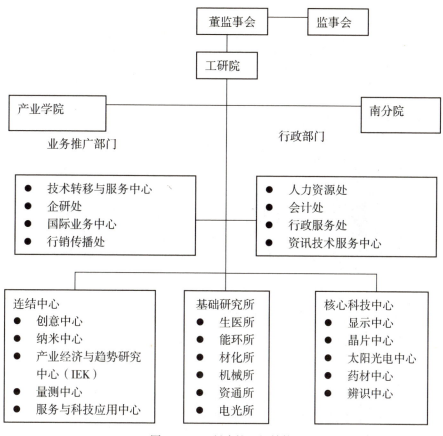

图 5-4 工研院的组织结构

四、台湾工业技术研究院的科技项目研究、服务成果收入、人才输出及专利申请

（一）科技项目研究及服务成果收入

2006年工研院的总收入为176.33亿新台币，约合40亿元人民币；其中，产业服务收入为85亿新台币，占总收入的48.3%，科技项目收入为87亿新台币，占工研院总收入的49.7%。工研院科技项目及服务收入如图5-5所示。

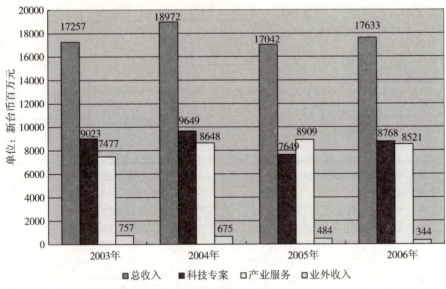

图5-5 科技项目与产业服务收入

(二) 人才输出

除了产业服务收入外,工研院对台湾人才的输出也作出了重要的贡献。工研院自1973年成立以来,员工输出到各界的人数共计18490人(截至2005年12月31日):①企业界15209人;②学术界1718人;③进修891人;④政府机构672人(如图5-6所示)。

图5-6 工研院人才输出情况

(三) 专利申请

2005年,工研院申请的专利数为2149件,获得批准的专利有2005件,如图5-7所示。

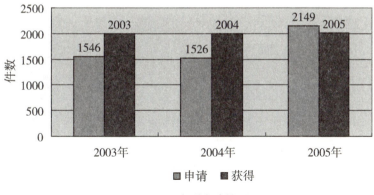

图 5-7 专利申请情况

（四）工业技术服务与转移

工研院 2005 年工业技术服务项目为 49558 个，为 26358 家企业提供技术服务，如图 5-8 所示。

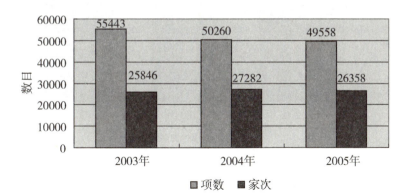

图 5-8 工业技术服务情况

从工研院技术转移的情况来看，工研院 2005 年转移技术达 663 项，企业数为 851 家，如图 5-9 所示。

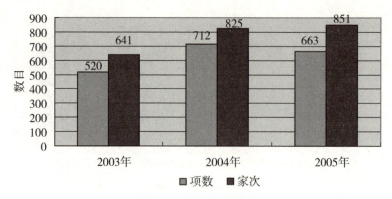

图 5-9 技术转移情况

2005年，工研院接受外界委托的项目为1188项，委托的企业数为1275家，如图5-10所示。

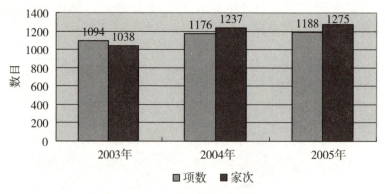

图 5-10 外界委托研究情况

第二节 台湾工业技术研究院运作模式及其特点

从我国大陆科研机构与台湾地区工研院的机构设置与作用的比较中可以看出：从横向看，我国大陆科研机构分散、学科单一，缺乏像台湾工研院这样跨多重学科领域、具有综合基础设施的科研机构；从纵向来看，我国缺少使科研成果产业化的有效载体和制度，特别是在科研人员与科研机构的成果分享上态度暧昧、权益界定模糊，这往往成为产业化进程的重要阻碍。因此，我国，并未形成良好的企业培育机制和载体，高校成果产业化效率低下，而科研机构也未孕育出好的企业，造成了资源的大量浪费，产学研脱节。

具体来看，台湾工研院运作模式具有以下特点。

一、立法与企业化运作共同支撑台湾工业技术研究院的发展

按照台湾《工业技术研究院设置条例》有关规定，工研院由当局出资创立基金成立。历经40多年的发展，工研院的经费来源逐渐从纯粹依赖当局投入转变为以合约经营为主。当局输血、自身造血，是工研院生存和发展的主因。作为民办官助的非营利科研机构，工研院的发展大体可分为三个阶段。①

（一）第一阶段（1973—1979年）

此阶段称为初创时期，台湾当局将原属"经济部"的三个研究所以捐赠方式成立财团法人工研院，开创台湾民办官助的研究机构先河。工研院的经费全部来自于执政当局，当局通过捐助章程和组织条例对工研院实施监督，以保证科技计划的执行与经费的有效使用，从而达到政府推动科技发展的目的。

（二）第二阶段（1980—1992年）

此阶段称为成长壮大阶段。在当局科技专案计划引导下，工研院在机构组建、技术开发和转移、产业服务等方面取得长足进步，成为推动台湾产学研合作、支持新兴高科技产业发展的核心机构。

（三）第三阶段（1993年至今）

此阶段称为未来发展阶段，工研院强化了产业服务，以1∶1为量化指标，即承接公共部门（含相关机构）项目的经费与面向产业服务的企业委托项目经费比例持平。经费结构如下：①公共部门项目经费，政府相关部门委托；②技术服务项目经费，军方、企业委托项目，以及面向产业的咨询、培训、检测、分析等服务项目；③协助企业的创新研发收入，通过技术创新，接受委托的特定产品研发项目；④业务外收入及捐赠收入。目前，工研院收入来自当局的大约占到49%。工研院各单位基本上是独立的营运中心，自负盈亏，除了有部门上下游的交流外，其横向间的交流也非常充分。

---

① 参见贺威《台湾工研院对大陆科研机构改制的启示》，载《科学学与科学技术管理》2003年第12期（增刊）。

随着台湾企业研发能力的提高和自身实力的增强，工研院开展了一场"翻新"改革，提出了面向 21 世纪的民营化、国际化发展战略。"民营化"是指通过研发合作与技术服务，逐步提高来自民间契约性收入的比例，减少对当局的依赖；而"国际化"是指通过与岛外著名科研机构及科技大厂建立战略联盟，提升院内创新前瞻研发风气，将工研院发展成为具有国际竞争力的研究机构，协助台湾产业由技术"追随者"升级为技术"创新者"。

台湾工研院的发展阶段与运作模式如图 5-11 所示。

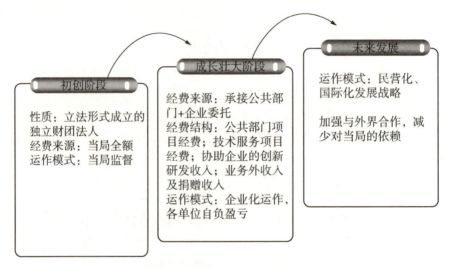

图 5-11 工研院的发展阶段与运作模式

二、一体化的连结中心提供强大的跨领域整合价值能力

工研院的连结中心运作模式由创意中心、纳米中心、产业趋势研究中心（IEK）、量测中心和服务与科技应用中心（以下简称服科中心）组成，结合工研院现有机制，与产业界进行密切的互动，共同完成跨学界、跨产业界、跨地区的价值整合。其中，创意中心源源不断地提供独特创意，营造一个跳脱框架的多元化研发环境；纳米中心通过举办一系列以纳米科技为主题的活动，建成了世界级的共同实验室，开展大规模的跨领域研发，并积极参与国际纳米展及亚太经济合作组织（APEC）的活动，除了支持院内计划外，也与外界进行分享，将资源的运用达到最大化；IEK 为客户提供产业研究、政策研究、前瞻趋势、创新服务等信息与服务，通过网络平台打造一流的产业智囊库；量测中心运用工研院的专业技术知识，推动院内跨领域、跨专长的合作，创造衍生价值，协助台湾科技与产业的持续

发展；服科中心有效运用工研院的跨领域资源，帮助企业寻找合作机会和商机，加速台湾服务产业科技运用的发展，最终希望形成新的服务事业及服务产业聚落。

工研院连结中心的运作模式如图 5-12 所示。

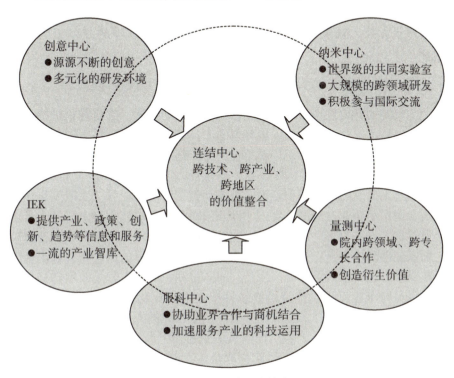

图 5-12 工研院的连结中心

三、基于开放实验室的开放的研究系统

工研院是一个非常开放的系统，其开放性突出表现为它的开放实验室。开放实验室为研究机构提供整套包括技术授权、委托研究、企业合作，以及提供市场、战略、组织的分析，资金来源的寻找，法律问题的解决，信息、通讯、空间设施、实验设备等"全资源服务"（Total Resource Service），建立从研发、产品开发至新创企业、产业发展的一条龙运作体系，充分发挥研究机构的功能。自从 1996 年开办以来，开放实验室先后有 200 余家厂商、超过 5300 人进驻，其中有 113 家是新创企业，厂商投

资及投入研发的金额已经超过 425 亿新台币。① 在运作上，开放实验室是由外界申请，工研院、政府、厂商共同运作的，目前是当局投入 60%，业界投入 40%。企业或自然人拥有专利和专有技术后，准备进行再研究或应用开发，向开放实验室提出开发计划，经开放实验室核准后可进入实验室，利用实验室的设备，与实验室的研究人员共同开发研究。研发成果将按照双方投入情况以及研究上的力量投入，双方协定占有相应的比例。②

四、建立宽松的人才流入流出机制，培育更多创新源

工研院的开放性还体现为它宽松的人才流动机制。工研院积极招揽各方人才，运用灵活的机制吸引境外留学人员，借以激发更多不同的创新思维。前些年，由于台湾科研环境不佳，每年都有大量人才流失境外，工研院便主动承担吸纳和培养大学毕业生的重任，上游学校或研究所培养的人才，通过工研院的产业知识培训，再流动到下游的产业界。工研院也相应成为台湾中小企业发展的重要人才库和创新源泉。它鼓励技术研发人员向企业转移（即"跳槽"），也鼓励科技人员辞职创办科技型企业。工研院之所以能做到这一点，是由于它认为其存在的唯一目的就是将开发出来的科技成果迅速转移到企业部门生产，而非盈利，所以不管是技术转移还是技术人员向企业流动，其结果都是科技成果产业化的过程，应该受到鼓励。截至 2005 年 12 月，工研院员工转移至各界的人数共计 18490 人，分别是企业界 15209 人，学术界 1718 人，进修 891 人，政府机构 672 人。这些带着技术投入产业界的工研院离职员工，对岛内的产业发展及产业转型、技术提升都有相当贡献。再以工研院光电所为例，离开光电所到企业创业的离职人员，到 2002 年已有 25 位 CEO。这些工研院离职人员使得台湾新兴的光电产业从无到有再到发展壮大，在 2001 年创下 4012 亿新台币的产值，其中，光驱、扫描机、LED 等产品数理都跃进全球前三名。

第三节 台湾科学园区的发展

美国的硅谷不仅仅是一个科技园区，还是一个生态系统和一种机制。在硅谷机制下，小企业与独立发明者的首创技术成果得以迅速市场化，成

---

① 参见阮重晖、张俊华、沈剑《台湾工业技术研究院模式对杭州建设行业公共研发平台的借鉴》，载《中共杭州市委党校学报》2006 年第 3 期。
② 参见刘强《中国台湾工业技术研究院案例研究》，载《研究与发展管理》2003 年第 2 期。

长为世界级大公司。在缺少硅谷机制的情况下,许多小企业与独立发明者的重要发明,最终只能为大公司所占有。这方面的例子举不胜举。

台湾新竹科学园区模仿美国硅谷,取得较显著的成绩,培育出若干知名世界级企业,在世界众多的科学园区中有一定的名气。台湾台南科学园区是在新竹科学园区的基础上规划建成的。笔者于 2006 年 5 月 8 日和 5 月 10 日分别对高雄中山大学管理学院从事创新管理研究的刘常勇教授和台南科学园区进行调研和访谈,并走访了台南科学园区内的光电企业奇美电子和生物技术企业美梭科技,借此了解台湾科学园区的发展情况及其不断创新升级的历程。

一、从新竹科学园到台南科学园[①]

20 世纪 70 年代初,台湾经济迅速发展,为了弥补出口加工区外销产品国际竞争能力弱的不足,促使工业升级、产业结构变革,台湾当局经过充分论证,决定以美国斯坦福科学工业园区即硅谷为模拟样板,在新竹兴建一座科技型的工业园区。

新竹科学园区(以下简称竹科园)位于新竹市东南部,园区控制规划范围为 2100 公顷,其中可供开发的土地约为 600 公顷(见图 5 - 13)。园区提出的建园口号是"多目标、多功能",使园区"学院化、公园化、社会化"。竹科园于 1980 年 12 月正式开园,到 2004 年年底,园区有 384 家企业,年销售收入 323 亿美元,从业人员 11.3 万人,园区总营业额达到 10859 亿新台币。

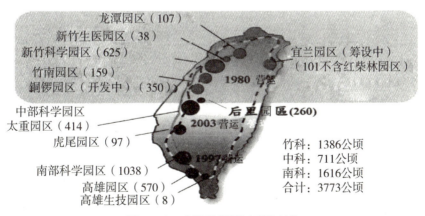

图 5 - 13 台湾科学园区开发现状

---

① 参见南部科学工业园区 http://www.stsp.gov.tw/.

竹科园在30多年的发展中逐渐形成六大支柱产业，即集成电路、电脑及辅助设备、通信、光电、精密机械、生物技术①（见图5-14）。这六大产业中以集成电路和电脑两大产业成绩最显著。截至2004年年底，园区内集成电路厂商有164家，营业额高达3880亿新台币，有从集成电路设计、生产、测试到包装等各种性质的上、中、下游公司，形成完整的集成电路产业体系，成为世界集成电路产业的重镇之一。工业园电脑及辅导设备生产产值也超过1000亿新台币，产品有个人电脑、监视器、图像扫描仪、网络卡、鼠标等。宏碁、神达、美格等台湾重要电脑商都建在园区内。

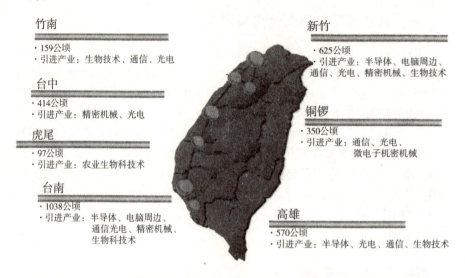

图5-14　台湾科学园区产业引进类别

竹科园开园不久的1982年，台湾实业界即发出设置第二科学工业区的呼声。经过反复论证和选址，台湾当局于1995年2月核定台南县善化镇与新市乡村的台糖农场为第二科学园园址，即台南科学园（以下简称南科园）。建立台南科学园是台湾为了持续满足高科技产业扩张的需求，同时带动台湾南部地区高科技产业发展的政策方针下作出的决策。

南科园开发有一、二期基地和路竹基地，面积合计约为1600公顷，其中，一、二期基地位于台南县。目前，南科园引进的产业为半导体、精密机械、光电、电脑及相关设备、通信、生物科技六大产业。自1998年开始营业以来，南科园吸引了越来越多的高科技厂商入驻，截至2014年

---

① 参见"中央"研究院南部生物技术中心 http：//www. as‐bcst. sinica. edu. tw.

第五章 公共技术平台建设案例的分析

年底,核准入园的企业已经达到 180 家,2014 年的营业额达到 6394.3 亿新台币(见图 5-15 和图 5-16)。

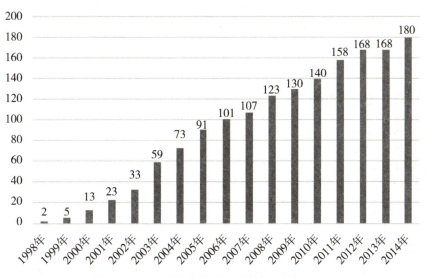

图 5-15 南科园引进厂商增长状况(企业数)

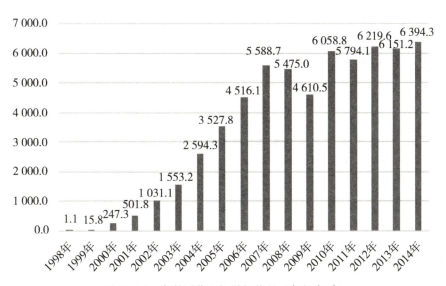

图 5-16 南科园营业额增长状况(亿新台币)

2002 年,台湾当局制定了面向 2008 年挑战的发展重点计划,2003 年具体编成"两兆双星"计划。目的是 5 年内提升台湾的生产能力,加强科研开发,扩展半导体、显示器、数字内容、生物技术四大高科技产业,在

5年内成为高附加值的高科技产业制造基地，10年内建成全球具有竞争能力的知识经济产业。"两兆双星"中的"两兆"是指半导体和显示器在2006年前的产值超过1万亿（兆）新台币，"双星"指以数字内容和生物技术为明星产业，2006年前数字内容产值达到3700亿新台币，生物技术的产值达到2500亿新台币。而竹科园和南科园秉承了这一发展方向，在四个产业领域获得巨大成就，成为"两兆双星"计划中的关键角色。

二、台湾科学园区的转型升级

纵观台湾工业区的发展过程，可以发现伴随台湾产业重点、经济特点的转移（见表5-1），台湾工业区的硬件和从事的经营活动也呈现出逐步转型升级的特点。

表5-1 台湾产业发展历程

	产业重点	经济特点	工业区设置
20世纪40年代	农业为主	进口替代	传统工业区
20世纪50年代	民生工业	出口导向	加工出口区
20世纪60年代	重化工业	基础建设	石化专区
20世纪70年代	科技工业	创新转型	科学园区

20世纪40年代，台湾的经济特点以进口替代为主，其产业重点为农业，工业园区大多是传统的加工区；20世纪50年代，向出口导向型经济转型，这一阶段的产业重点是民生工业，园区建设则因加工出口区的繁荣而兴盛；到60年代，台湾经济逐步向基础建设发展，发展重化工业被提上日程，此阶段的工业区设置以石化专区为主；到了70年代，在面临两次石油危机的威胁、劳动密集型产业面临成长压力的情况下，台湾倡导向创新型经济发展，产业发展重点是科技工业，因而这一阶段出现了真正意义上的科学园区。1980年竹科园的设立是这一发展阶段的典型代表。总的来说，台湾园区由最初重制造、轻技术向20世纪末的制造和技术发展并重的经营活动转变，表明台湾的园区在不断升级。竹科园和南科园的成功与台湾出口加工区的没落，反映了台湾产业结构变迁的轨迹。

事实上，不仅是台湾的工业园区在伴随台湾产业转移的同时在持续转型升级，竹科园与南科园的规划和运作也呈现出阶跃式的发展轨迹。竹科园在台湾高科技发展的第一阶段扮演了关键角色，而南科园的设立却是基于台湾第二阶段高科技发展阶段的考虑，其重大建设规划和发展思路涉及产业升级和运营模式变迁的诸多方面。

（一）高科技定位与产业转型升级

南科园的发展定位十分明确，旨在"引进高级技术工业及科学技术人才"、"激励岛内工业技术之研究创新"和"促进高级技术工业之发展"。[①] 为此，竹科园和南科园都将集成电路、光电、生物科技和通信几大高科技产业作为园区重点发展的产业。但是，南科园在产业侧重点上与竹科园有所区分。竹科园因培育以台积电、台联电等世界知名企业为主导的集成电路产业的研发和制造能力而闻名于世，确立了台湾高科技工业化的发展方向。20世纪90年代末，随着高科技产业的转移，光电产品的巨大市场潜力带动台湾产业发展的重心转移，这时正值南科园建立之初，光电就成为南科园的产业发展重点。

纵观台湾近20年的产业发展历程，可以发现一条以高科技为导向的轨迹。20世纪80年代，计算机外设产业为竹科园带来辉煌的成果，为台湾计算机信息产业奠定了良好的基础；90年代半导体产业起而代之，带动整体半导体产业的发展，使台湾成为全球芯片代工基地，同时也是全球电路设计第二大地区，其垂直分工营运模式带来的经济效益，改变了全球半导体产业经营形态。2003年竹科园光电业产值约占全球的1.3%，占台湾的12.6%。到2014年年底，入驻台南科学园区的光电企业共计53家，营业额达到3158.2亿新台币。

台南科学园区产业分布如表5-2所示。

表5-2 2014年台南科学园区的产业分布

产业分布	台南科学园区	
	入园企业数（个）	营业额（亿新台币）
光电	53	3158.2
集成电路	13	2806.2
电脑及周边	2	18.9
生物科技	50	61.1
通信	11	50.3
精密机械	46	274.6
其他	5	25.0
合计	180	6394.3

资料来源：根据台南科学园（www.stsipa.gov.tw）官方网站资料整理。

---

① 参见2006年《台湾科学工业园区同业公会简报》资料。

事实上，半导体和计算机产业是过去 20 年中台湾当局科技发展计划中的两个战略发展目标，在这样的政策指引下，企业将大量资源投入这两个产业。台湾因此成为全球计算机产品的第三大出口地，仅次于美国和日本。而当时这两个产业的生命周期均处于成长阶段，利润率和扩张指数都达到较高的水平。近年来，随着计算机产业逐渐向成熟期过渡，台湾当局和企业也逐渐将注意力集中在新兴产业，如通信、映像电子、精密器械和生物科技。特别是生物科技产业，台湾当局规划了农业生物技术、制药与生物技术以及基因体等相关领域。由于生物技术产业是后起之秀，故竹科园规划初期并没有将这个产业作为重点，只在竹北（新竹附近）设立生物科技园区。而南科园则在建立之初就考虑设立核心生物科技园区。目前，南科园生物科技产业的研究资源有电脑中心、第二动物中心、成大医院、奇美医院和畜产试验所等。

（二）园区企业准入制度和资质转型升级

科学园区对高科技产业的发展有着深远的意义。然而，随着空间地域受限，选择特定高科技产业中具备较高效率和成长潜力的企业入园成为台湾当局考虑的一个关键问题；同时，不断上涨的土地价格对入园企业也起到优胜劣汰的作用，资质好、有发展潜力的企业更倾向于在发展环境较好的科学园区投资建厂。

竹科园是台湾当局兴建的第一个大型科学园区，肩负带动台湾经济向高科技转型的重任，竹科园不断修订营运规划，完善入园制度。竹科园对劳动密集型和资源密集型企业的要求较高，对技术密集程度不高的产业采取限制和拒绝的态度。对于经审核达到入园要求的企业，做到政策倾斜，包括税收优惠、土地厂房优惠和金融奖励政策等。以金融奖励政策为例，园区厂商可以申请台湾当局参与投资，出资的最高比例可达总额的 49%，厂商日后还可购回部分或全部股权。投资者如以技术作为股份投资，最高可拥有 25% 的股权。这些优惠条件吸引了很多企业申请入驻园区，但由于准入制度严格，只有那些真正有实力的高科技企业才能获得核准入园。

南科园有竹科园的经验可循，同时发展高科技产业的方向也很明确，在企业的准入制度和资质要求方面体现出三大特点：

（1）发展高科技的定位比较明确，即技术领先企业优先进驻。

（2）明确入园厂商必须承担的义务。例如，入园企业必须交缴一定的投资保证金；企业虽可以兼营贸易，但不能专营贸易等。企业要入驻园区必须经过层层审查，并且每年要交纳经营收入的 0.2% 作为园区管理费。

（3）设置年批准数量限制。南科园每年对核准企业的数量加以限制，如 2005 年的目标是引进 20 家企业。且管理处对企业申请入园的审批手续较为严格，企业申请入园的成功率只有20%，这为南科园未来的产业质量提供了保证。

此外，南科园区内土地只租不售，园区企业无法获取土地增值的利益。这无形中使得科学园淘汰了单纯追求地产增值的投机主义者，从另一个方面保证了园区企业高科技的属性和良好的资质。

（三）向产业链高附加值环节延伸和转型升级，形成较为完整的产业集群

在加速台湾高科技产业发展方面，南科园主要是通过振兴经济发展方案来推动的。同竹科园不同的是，在全球经济一体化的冲击下，台湾经济面临劳动力成本高涨的威胁，台商大规模赴大陆投资，过去劳动密集型的制造业逐渐向大陆和东南亚地区迁移。就目前的情况看，逐渐从重制造、轻研发的传统模式向制造与研发并重的模式转变，是台湾科学园的发展趋势。

台湾新竹科学园的产业发展历程如表5-3所示。

以新竹科学园的IC产业发展过程为例，其发展经历了萌芽期、技术引进期、技术自立和扩散期，形成了上、中、下游专业分工的阶段，目前仍在开发下一代关键技术，以实现在人才、设计、制程、封装、测试、材料及设备等领域的全面发展。而这一时期台湾半导体产业的重心已由劳力密集、附加价值较低的后段组装转向更高智能与价值的设计和制造（如表5-3所示）。

表5-3 台湾新竹科学园IC产业发展历程

1960年	1970年	1980年	1990年	2000年
				设备
				芯片
				布局
				设计工具
			化学品	化学品
			导线架	导线架
			测试	测试
			光罩	光罩
		设计	设计	设计
	制造	制造	制造	制造
封装	封装	封装	封装	封装

南科园的规划更加充分地显示了台湾当局通过科技发展政策解决经济发展危机的意图,并以此促进台湾的产业重构,向产业链的高附加值环节提升,以获取竞争优势。南科园瞄准了生物技术产业的未来发展前景,积极引进生物技术产业,规划了生物科技核心区和生物科技走廊,并设置生物科技标准厂房,引进发酵先导工厂、共同仪器中心、重点实验室和动物中心。南科园未来的生物技术产业的主要发展方向定位于医疗保健产品(包括医药、生物信息与基因体、中草药和医疗器械)、生物晶片、农业生物科技产品和水产生物科技产品等。最初入园的生物科技厂商多属于生物科技产业链条中的下游制药应用部分,而对最重要的上游部分"基因生物科技平台"的投资却明显不足。后来南科园大力吸引基因生物科技企业,截至2006年1月,已经核准通过了30家生物技术厂商进驻,生物技术产业集群在南科园已基本形成(如图5-17所示)。

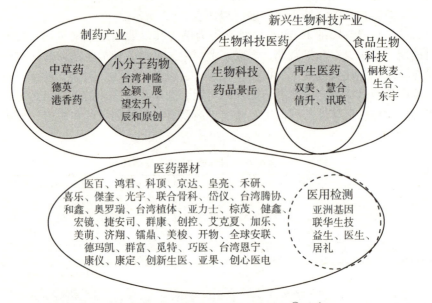

图5-17 南科园生物技术产业集群[①]示意

此外,南科园还形成了较为完整的集成电路产业集群和光电产业集群(如图5-18和图5-19所示),力争引领南科园成为台湾12英寸晶圆(芯片)制造重镇和光电核心区。

---

① 参见http://www.stsp.gov.tw/web/WEB/Jsp/Page/cindex.jsp?frontTarget = DEFAULT&thisRootID = 194。

第五章 公共技术平台建设案例的分析

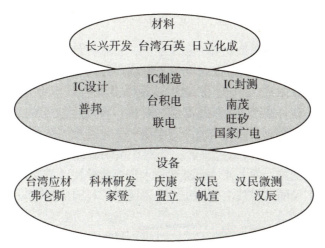

图 5-18 南科园集成电路产业集群①示意

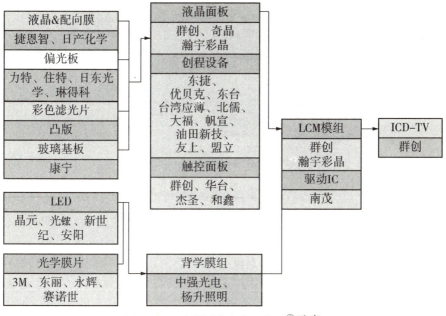

图 5-19 南科园光电产业集群②示意

---

① 参见 http://www.stsp.gov.tw/web/WEB/Jsp/Page/cindex.jsp?frontTarget=DEFAULT&thisRootID=192.

② 参见 http://www.stsp.gov.tw/web/WEB/Jsp/Page/cindex.jsp?frontTarget=DEFAULT&thisRootID=193.

215

（四）围绕产业集聚的产官学研一体化

随着台湾大规模制造优势的逐步消散，台湾科学园区所从事的经营活动和发展模式仍然在发生明显的转变。围绕产业的集聚，研究机构和大学形成的技术支撑体系、多元化的融资体系以及发达完善的中介服务体系，都是促进园区高科技产业发展所必需的要素。南科园包括特定区，形成了由官方、大学、企业共同构建的产官学研一体化研发体系（如图5-20所示），它们之间能够共享研究平台，分别在基础研究、应用研究和技术开发等方面有所侧重，使人才、信息和技术资源能够快速流动。南科园致力于培育丰富多元的高科技文化，是一个不同于竹科园的新型园区。

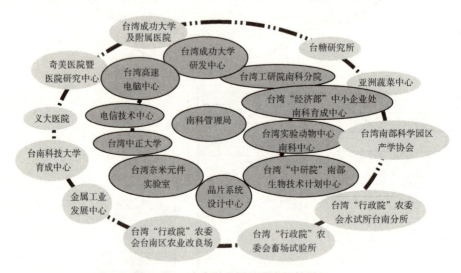

图5-20　台南科学园的研发机构设置

台湾科学园区对基础科学与应用技术的研究与开发投以大量的关注，这为其孵化和培育世界知名企业创造了良好的环境。

竹科园2003年在研究发展上投入的资金为新台币504亿，占总营业额的5.0%，以集成电路产业研发经费新台币322亿元为最多，占营业额的8.3%。但竹科园内研发强度（研发经费/营业额）最高的产业是生物科技，达到24.1%，这也表现出台湾大力发展新兴产业的决心。竹科园的研究人员有10918人，占总员工人数的11%，其中以集成电路业人数最多，有6038人。

南科园虽然起步不久，却已明确了推动台湾高科技产业发展为主导的前进方向。研究与开发是园区管理机构与企业的活动主题之一。截至2005年年底，南科园汇集了国内外的优秀人才，特别是海归学子5000余人，研发经费投入占企业营业额的平均比重达到6%，发明专利约占台湾总数的40%。此外，南科园为鼓励园区企业和机构从事创新技术研发，自2001年起编列研发奖助金，逐渐扩大奖助范围和提高奖助力度（如图5-21所示）。

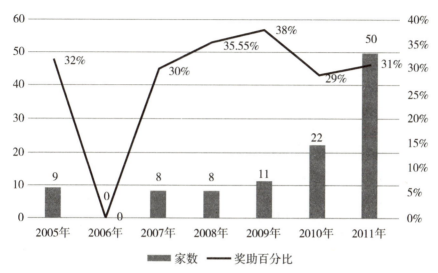

图5-21 南科园历年创新研发奖助情况

资料来源：根据台南科学园（www.stsipa.gov.tw）官方网站资料整理。

（五）构建完善的要素供给、服务体系，加速孵化和培育有竞争力的新型企业

台湾的科学园区产业集群之所以取得成功，可归因于科学园区提供了较好的投资设厂环境，技术开发、资本市场、高效和专业化的中介服务，以及良好的社区服务。举例说明，台湾工业技术研究院既承担台湾"经济部"的前瞻性研究项目，也承担由园区企业发起、主持的中短期研究项目。它以台湾地区的产业利益为目标，扫描、跟踪全球科技发展的前沿，通过技术的联合开发，吸收、消化并在科学园企业的项目中应用这些新技术，最终通过产品、设备和技术诀窍来推动商业进程，联华电子（台联电）、台湾积体电路（台积电）等世界知名企业就是由工研院衍生出来的。台湾科学园中介服务体系中最具代表性的组织是同业公会，工作范围涉及规划管理、进出口作业、金融财务管理、人员培训等多项事务，还承担着协调企业间、企业与执政当局间关系以及员工公共福利等任务，是优化园区企业管理的重要力量。

另外，南科园的社区建设完整，提供包括宿舍、子弟学校、医疗、银

行、邮局、休闲、保安等服务。这些对于吸引人才起到了重要作用。

(六) 推动地方企业发展

科学园的建立推动了地方企业的发展，首先从产业层面上表现为大型企业入驻园区带动当地产业的转型、升级，其次这种产业转型又带动了本地企业面向高科技的蜕变和发展。例如，南科园内，原本是精密机械工厂的亿尚公司，看到芯片产业蓬勃发展，就投资转型为芯片保护盒的制造商，同时研发TFT-LCD制造过程中使用的洗净设备与加压脱泡设备；另外一家专做化学材料的长兴化工，也投身于芯片行业，制造半导体专用的研磨液。还有许多台湾南部企业，特别是以往南部基础深厚的精密机械产业，因南科园的设立而带动了高科技研发、产学合作等相关机制，而兴致勃勃地希望转型后加入明日产业的团队。

(七) 台湾科学园区的发展方向——新一代创价园区

检视台湾产业的发展历程，大量制造已经不再是产业主导优势，企业更多地定位在价值创造。"新一代创价园区"可以较好地描绘出台湾科学园区的未来发展趋势。这种创价园区不再把制造放在经营的第一位，而是更多地重视技术发展和基础研究。这种创价型园区的规模不大，但在把握市场需求发展态势、引领企业开发适销对路的产品以及提供增值服务方面具有极高的灵活性和洞察力，能够帮助台湾产业创造更多价值。因而台湾科学园区向"新一代创价园区"的转型将成为台湾经济新一轮增长的动力。台湾科学园区把未来的功能特点定义为灵活性、速度、活力和效率。新一代创价园区采取了多种灵活方式，如创业育成人才培育园区、研发创新试产园区、软件设计创意园区和智财服务经贸园区等，为培育高科技企业提供服务平台和更多机会。

第四节 台湾工业技术研究院支持台湾科学园区发展

一、通过工研院专业化的创业育成中心提供有效的企业孵化源[①]

工研院于1996年创办了创业育成中心，每年平均在驻公司数约为50家，是台湾最早投入创业育成的单位，通过内部研发发现项目，然后走出

---

① 参见南台湾创新园区 https://www.itri.org.tw/Chi/Content.

第五章 公共技术平台建设案例的分析

工研院成立公司达到148家,其中有36家移驻科学园区,6家成功上市上柜,累计厂商总投资金额高达新台币470亿。据《电子工程专辑》报道2006年工研院获得了由美国企业育成协会(National Business Incubation Association,NBIA)颁发的"年度最佳育成中心"奖项。进驻工研院育成中心的公司包含通信、电子、医药、IC设计、光电、材料等厂商,其中培育出不少杰出的上市"股王"公司,如群联电子、骏亿电子、旺玖科技等。其他进驻科学园区者如捷泰科技、台湾微型影像、金丽科技、瀚霖科技、康奈科技等也都是非常成功的企业。

工研院创业育成中心的成功运作得益于其专业化的运作模式。除了营造良好的外部工作和生活环境(如食宿、交通、医疗、休闲、金融、邮电)外,工研院育成中心还为孵化企业提供完善的网络资源、大型会议室、开放实验室、技术支援设备等硬件设施,以及图书服务与资料检索、信息与咨询、技术合作与战略规划等软件服务,并结合创业投资基金、科研院所及政府部门企业中介辅导体系等资源,打造成一个具有商务服务、管理训练、资金扶持、技术支持等多项功能的整体服务中心,从而促进了孵化企业的快速起步和成长。

二、通过有效的知识产权转移制度,成立衍生公司,培育大型企业[①]

衍生公司,是指研究机构中的员工随同原组织所拥有的科技成果一齐脱离原组织成立独立自主的全新公司,以继续推动技术创新与落实研究成果的商品化。研究机构发展衍生公司,曾对台湾半导体产业的创业发展做出极大贡献。无论是引进消化的先进技术,还是自主开发的新技术,在研究阶段充其量是"实验室技术",而企业需要的是市场可接受的品质及成本的产业技术。因此,工研院成立伊始,就积极探索新的技术转移模式。20世纪70年代中后期,工研院电子所在将美国集成电路技术引进岛内的同时,建立了自己的实验工厂,对技术进行改良,然后在成熟技术和熟练工程师、管理人员的基础上实施整厂技术转移,建立了台湾第一家民营集成电路生产企业——联华电子公司,为台湾奠定了资讯电子工业整体发展的基础。其后,工研院按照这种模式,先后衍生出台积电、台湾光罩、亿威等近百家高科技企业。截至2000年年底,工研院通过员工和技术整体转移方式成立的衍生公司就达31家。新竹科学园区新兴的高速成长的半

---

① 参见台湾创新园区——技术转移。https://www.itri.org.tw/Chi/Content/techTransfer/tech_tran_portal.aspx.

导体、资讯、光电、材料、自动化等高科技大厂,有一半是自工研院转移技术衍生成立,或是由工研院员工投资创立的工研院"衍生企业群"的出现,成为带动台湾新兴高科技产业发展的先导力量。而工研院自身也可通过技术授权或技术作价参股衍生公司的方式回收投资成本。①

衍生企业群的产生以及大企业的成功培育有赖于工研院建立了一套规范的知识产权管理制度,以促进技术向企业的转移及产业化。工研院技术移转与服务中心负责全院知识财产策略的规划、申请、登记、注册、维护、保护及其他全院性的知识财产业务。

根据《台湾工研院智慧财产管理及运用纲要》的规定,工研院的知识产权管理办法对于知识产权的权属有以下几种规定:①工研院员工在职务上的发明、创作、营业秘密等知识产权归属工研院;②工研院员工的发明、创作、营业秘密是利用了工研院的资源或经验的,工研院可以优先实施或使用;③工研院委托或接受委托或与他人合作研发技术时,其知识产权的归属依合同约定。

工研院的知识产权管理办法中的知识产权运用的主要原则是:①工研院的知识产权应及时授权厂商使用,并视需要与岛外厂商交互授权,以惠及岛内厂商;②工研院的知识财产的运用以促进知识财产的最大化效益为目标,通过非专属授权、专属授权、转让或其他的方式进行;③工研院为保证知识财产运用的绩效,知识财产的授权应当与技术转移分别计价;④工研院的发明人或创始人有协助推广及运用其发明、创作及相关知识财产的义务。

---

① 参见贺威:《台湾工研院对大陆科研机构改制的启示》,载《科学学与科学技术管理》2003 年第 12 期(增刊)。

第六章 企业转型升级的影响因素

第一节 企业转型升级影响因素的理论

一、企业自主创新与转型升级因素密不可分

企业转型升级影响因素已具备一定的理论支持。

Amsden（1989）认为，对于新兴工业国家（地区）的企业而言，实现升级和自主创新的路径是由简单的委托代工制造（OEM）到研发设计（ODM），并最终建立自主品牌（OBM）。Gereffi（1999）认为，产业升级是一个企业或经济体提高迈向更具获利能力的资本和技术密集型经济领域的能力的过程。刘常勇（1998）认为，最能体现企业创新能力演进的三个关键阶段是分别代表产业价值链上的"制造"、"研发"和"销售（品牌）"环节，这从另一个角度表明企业的转型升级实质上就是企业创新能力不断提升的过程。刘志彪（2005）也指出，我国企业要实现转型升级，需要不断地提高学习能力和自主创新能力。

上述学者的研究均指出，企业的自主创新与转型升级因素密不可分。因此，影响企业自主创新能力的显著因素同样会对企业的转型升级表现出显著的影响程度。

二、对企业自主创新影响因素的理论研究

国外对自主创新能力影响因素的研究成果颇丰。Cohen 和 Levinthal（1989、1990）认为，企业技术自主创新能力在很大程度上取决于对外部技术知识的吸收能力。Raghu Garud 和 Praveen R. Nayyar（1994）认为技术自主创新能力通过企业知识的积累、储备、维持和激活得以实现，技术自主创新行为的发生是不同知识面交叉的结果。Nelson（2000）提出在关注外部网络在企业技术创新过程中的作用的同时，不应忽略对企业内部资源的利用。Oerlemans（2001）和 Freel（2002）指出企业的创新效果取决于

企业在创新过程中对内外资源的有效利用。Elias G. Carayannis（2004）指出，促进企业进行自主创新的因素包括投入、战略联盟、知识产权、人力资源等，而阻碍自主创新的因素则包括过分的规则、国家及国际的技术水平、市场进入障碍、文化冲突等。Larry westphal（1981）从组织行为的角度，把自主创新能力看成是组织能力、适应能力、创新能力和技术与信息获取能力的综合，认为这四种能力的层次综合影响了企业的自主创新能力。YAM R. C. M.、GUAN J. C. 和 PUN K. F.（2004）通过创新过程研究技术创新能力，他们把技术创新能力看作研发能力、生产制造能力、营销能力、组织能力、创新决策能力、资源分配能力以及学习能力的综合体现。Robert A. Burgelman（2004）把创新能力看成是可利用的资源、对竞争对手的理解、对环境的了解、公司的组织结构和变化、开拓性战略等特征的组合。BARTON（1992）把创新能力看成是由技术人员和高级技工的技能、技术系统能力、管理能力、价值观等要素的组合。Cyert 和 March（1963）指出，企业的抱负是影响企业实施自主创新从而达成转型升级的重要因素，而这个抱负水平的高低则由企业文化以及企业家创业精神等因素决定。这个观点得到 Winter（2000）的认同。进取、创新的企业文化与企业家的创新精神，能加速企业的转型升级进程。

国外部分学者从企业所处的外部环境的角度研究影响企业自主创新能力的因素。Joshua Gans 和 Scott Stern（2003）指出，加快信息与通讯设施建设、对企业进行技术自主创新提供税收优惠政策、提供更多风险资金并保证其有效配置、加强知识产权保护等，都可以促进企业积极进行自主创新。Kenneth King 从科学、教育和技术的发展与技术自主创新能力的关系对第三世界国家的自主创新能力做了研究，提出要提高国家自主创新能力需要抓好教育和培训，这对提高企业的技术自主创新能力有很大的启发意义。Robert W. Rycroft（2004）提出技术自主创新的自组织网络模式，网络中主要包括企业、学校、科研机构等组织，这种自组织模式不需要集中的细节性的管理而具有自主创新的能力。Philip J. Vergrat 和 Halina Szejnwald Brown（2006）提出，政府可以通过政策、制定激励和补贴制度、投资基础设施，并给予引导、组织，来刺激企业的技术自主创新。

国内学者也对影响企业自主创新能力的因素开展了深入的研究。王一鸣等（2005）认为，增强企业自主创新能力，关键在于增强企业创新的自主性，要增强企业在自主创新中的主体意识。王一鸣指出，我国企业自主创新能力薄弱，主要是受到企业盈利水平和投入能力、创新收益、创新人才、企业家精神和企业制度等内部条件的制约。徐大可和陈劲（2006）通过实证研究，发现知识积累、技术学习、研究与开发活动是影响企业自主创新能力的主要因素。宋河发（2006）认为，获得创新产权（主要指专利等技术类知识产权）和创新收益（包括创新获得的利润和技术进步）是企业进行自主创新的动力。郭咸纲（2005）指出，理念和战略创新是企业自主创新体系中的先导。胡钰（2007）认为，企业对技术创新的投入是企业长远发展的战略性投资，需要企业经营管理者强烈的技术创新动力，也需要良好的企业创新文化。同时，胡钰认为提高企业自主创新能力的主导力量是企业家。

王一鸣等（2005）还指出，企业的自主创新能力在受到内部条件影响的同时，也会受到外部环境因素的约束，主要包括产业发展阶段、市场环境、技术链和创新链、国家创新体系、知识产权保护等。周正祥（2002）认为，构建国家创新体系是促进技术创新的前提，需要加快以股份制为中心内容的企业制度改革，促进技术创新机制的形成。路甬祥和刘新民（2005）均认为，政策环境、创新体制和国家的科技投入等宏观环境显著影响着企业的自主创新行为。毛蕴诗、汪建成（2006）认为，我国企业要充分利用国际产业转移的机会，加强同国际企业的合作与竞争，从中进行技术和管理学习，培植自己的自主创新能力。

三、影响企业转型升级的其他因素

除了自主创新能力外，国内外学者还从市场竞争、资本积累、利润空间缩小、与合作企业关系等方面研究影响企业转型升级的因素。

刘志彪（2000）的研究表明，低端制造的企业在同一技术水准下对制造业的投资过度，使同一产业内部集中了过多的"同质性"竞争，这种竞争将逼迫企业进行转型升级。毛蕴诗、戴勇（2006）也指出，激烈竞争的结果使得新兴经济企业自主创新的最终目标必须是拥有自主知识产权。关于资本积累的重要性，纳谢德·福布斯（2001）指出，品牌战略的实施，必须建立在强大的资金实力和时间积累的基础上。如果企业实施转型升级战略，将意味着要进行品牌与生产的双重投入和双重管理。毛蕴诗、戴勇（2006）指出，随着新兴地区经济的进一步发展，原料价格和当地员工的工资水平也将会大大提高，低端制造的弊端就开始显现出来，跨国公司可能像当初从东南亚移向中国大陆一样将生产基地转移到别的发展中国家，如果那时再寻求转型则为时已晚。因此，企业自主创新能力的形成是工业转型升级最关键的因素（金碚，2011）。赵昌文、许召元（2013）通过实证发现，研发投入是促进企业转型升级的最重要因素。拥有充足的人力资源对促进企业转型升级有显著影响，加强先进管理技术运用对促进企业转型升级有重要作用。

其他学者还从企业外部因素、组织学习、企业规模和政府政策等方面解释企业转型升级的影响因素。

企业外部因素方面，Reger（1992）认为，企业变革受多种因素影响，如外部环境、科技水平、组织文化等，当外部环境稳定时，企业一般会选择渐进式变革方式，一旦外部环境出现巨变，则往往采用彻底的革命性转型。大部分的研究都分析了竞争压力对企业升级的推动作用（Gereffi，1999；Humphrey & Schmitz，2000）。激烈竞争能够促使 OEM 自主创新，提升核心能力，并最终拥有自主知识产权的 OBM（Forbes & Wield，2001）。本地化的企业间合作、人际交流、劳动力流动等集群学习方式有助于促进集群企业的转型成长（Grabher and Ibert，2006）。

组织学习方面，代工过程中学习到的先进技术与管理知识有助于代工企业的转型与升级（Hobday，1995；Ching & Wayne，2008）。毛蕴诗、温思雅（2014）认为，持续的创新投入和组织学习是企业升级的基础，企业家精神和制度压力则可以加速升级的过程。

企业规模方面，孔伟杰（2012）关于企业升级的影响因素模型包括企业创新、企业规模、出口贸易、市场结构、政府财政支持、产业集聚效应、品牌效应、企业负责人的受教育程度、行业技术水平、企业先进技术设备的影响，实证结果表明，企业创新能力和企业规模是企业升级的主要影响因素。

政府政策方面，张聪群（2011）强调了地方政府在企业转型中的重要作用。产业共性技术和区域品牌都具有公共产品属性，因此，地方政府应该扮演该战略的制定者和战略实施的组织者。

四、企业转型升级影响因素的理论分析框架

在归纳、总结前人研究成果的基础上，笔者通过进一步分解、层层细化，最终得到以下分析框架（如表 6-1 所示）。

表6-1 企业转型升级影响因素的理论分析框架

背景		成本比较优势逐渐丧失,低端制造企业的利润空间不断缩小(毛蕴诗、戴勇,2006,等等)
		在激烈的国内外竞争下,拥有自主知识产权的OBM是新兴经济企业自主创新的重要发展方向(刘志彪,2000;毛蕴诗、戴勇,2006;等等)
		利益分配极不平衡,绝大部分利润流入品牌采购商手中(Starck,1970;等等)
		低端制造的生产方式的固有风险日益凸现,企业亟须转型升级(庞守林,2006;等等)
动因	企业家精神与品牌意识	勇于创新、积极进取、富于激情、坚持不懈的企业家精神,对民族和员工强烈的责任感,强烈的自主知识产权和品牌意识(Cyert & March, 1963; Gersick, 1994; Kotter, 1995; Winter, 2000; Barton, 1992;王一鸣,2005;郭咸纲,2005;胡钰,2007,等等;杨桂菊,2010;孔伟杰,2012)
	关键资源	资本积累(纳谢德·福布斯,2001;王一鸣,2005;等等) 人力资源(Carayannis, 2004;王一鸣,2005;等等)
	关键能力	自主创新能力(Amsden, 1989; Gereffi, 1999;刘常勇,1998;刘志彪,2005;等等) 营销服务能力(Yam et al., 2006,等等;Lall, 1991; Hobday, 1995; Schmitz, 2007;瞿宛文,2007;刘志彪,2008) 动态能力(Teece & Pisano, 1997)
	市场环境	市场前景广阔、消费心理日渐成熟、市场竞争秩序日益规范(王一鸣,2005,等等)、竞争压力(Gereffi, 1999; Humphrey & Schmitz, 2000)
	政府推动	政府大力营造良好的技术创新外环境,助推企业快速实现转型升级(Gans & Stern, 2003;路甬祥,2005;刘新民,2005;Vergrat & Brown, 2006;等等)
	与合作企业的关系	与合作企业的良好关系有利于低端制造的企业"干中学"和"用中学"的开展(Pfeffer & Salancik, 2003; Carayannis, 2004; Rycroft, 2004;毛蕴诗、汪建成,2006;等等)

第二节 企业转型升级影响因素的分析

根据企业转型升级影响因素理论分析框架,下面对各类具体影响因素

进行分析和讨论。

一、成本比较优势逐渐丧失，利润空间不断缩小

原材料价格上升、劳动力使用成本增加、能源供应紧张以及人民币升值是影响最显著的因素。首先，国内外市场上的原油、煤炭、电力等资源和原材料成本不断上升，2007年一年间，国际原油价格猛涨近60%，同时，油价上涨还拉动了化纤、电价、煤价上扬，运费上升，等等，造成产业链各环节成本普遍上升。其次，劳动力使用成本亦在不断攀升。再次，在全国性能源紧张的环境下，政府通过制定能效标准和施行错峰用电等政策措施，增加了企业的环保成本和用电成本，制约了企业的发展。最后，人民币加速升值，大大增加了企业的出口贸易压力。据中国人民银行授权中国外汇交易中心公布的数据，2008年以来人民币汇率的升值幅度达到4.32%。与此同时，国家对出口退税率的下调加重了企业的负担，进一步压缩了企业的利润空间。此外，过度的加工生产造成的污染带来的环保成本提升等因素亦在蚕食着我国低端制造企业的利润。

二、在激烈的国内外竞争下，拥有自主知识产权的OBM是新兴经济企业转型升级的主要方向

所处市场具有较高的品牌集中度时，小企业间的竞争十分激烈。因为这些小型企业只能在极少的市场份额中激战。这迫使企业关注核心竞争优势的培养，不仅关注制造能力，更追求技术与市场，拥有自主知识产权的OBM是新兴经济企业升级的主要方向。

三、利益分配极不平衡，绝大部分利润流入产业链上端的企业手中

Philippe Starck 早在20世纪70年代末期就率先提出从OEM到OBM转型的理念①，由其一手创办的品牌顾问公司THE KEY的一份统计资料表明，亚洲国家里的前"一百大"，就OEM所创造出来的利润差不多是47亿美元。然而，全球"一百大"利用品牌所创造出来的价值达4480亿美元。这两者之间存在的巨大利润差距无疑给所有中国企业敲响了警钟：企业有必要考虑建立自主品牌，并且必须加快转型升级的步伐。

---

① Phiippe Starck 提出的从OEM到OBM转型的理念的主要内容为：鼓励大型制造商（OEM或ODM）通过协助制定一个明确清楚的策略性企业远景，发展企业产品品牌，为整体企业的业务增值，让本身质高但价廉的代工优质产品透过品牌攀登增值的阶梯。

从产业分工的角度来看，我国很多中小型企业以加工生产为主，没有独立的研发实力、核心零部件生产能力以及市场开拓、品牌经营的能力，产品附加价值低；其次，OEM 企业位于全球产业价值链的底端，受到来自上、下游委托企业的利润挤压，盈利空间狭小，只能分得国际市场最单薄的利润份额。品牌采购商掠去了绝大部分的利润，广大 OEM 企业仅赚取微薄的收益，投入产出比非常不合理。

四、低端制造的生产方式固有风险凸显，企业亟须转型升级

庞守林（2006）指出，低端制造的生产方式的运行机理注定其自身存在着不可回避的风险。首先，由于受到生产模式的限制，一些加工贸易型的企业只能依照大型采购商给予的订单开展生产。国内不少企业的订单高度集中在几家大型采购商手中，对于这些低端制造的企业而言，采购商一旦解除合作关系，企业就很有可能面临倒闭危机。当年台湾巨大集团之所以几乎面临破产，就是因为一个来自美国自行车品牌的订单占了企业生产量的 75%，而一旦这个销售渠道出问题，企业就会全盘崩溃。其次，由于只从事生产链上附加价值最低的生产制造环节，企业的获利能力低下，微薄的利润使得它们经受不住大起大落的原辅料价格和市场急剧变化的冲击，这就大大提高了企业的经营风险。最后，低端制造的生产模式自身也存在难以避免的金融风险和法律风险。对于长期依赖进口原料和进口技术的中国企业而言，外包商控制着品牌和分销渠道，OEM 企业基本处于技术在外、市场在外、只有生产在内的境地，这种只求规模效益的盈利模式是不安全的，增加了企业经营的风险，一旦国际环境出现动荡，OEM 企业将最先受到冲击。例如，1997 年的亚洲金融危机就影响了大量 OEM 企业的正常生产。因此，这些企业只有通过转型升级，才能在加工贸易尤其是出口贸易中占据主动地位，有效地规避 OEM 生产方式的固有风险。

第三节 企业转型升级的动因

一、企业家精神与品牌意识是企业转型升级的主要动力

Cyert 和 March（1963）认为，企业的抱负是影响企业转型升级的重要因素，而企业抱负则是企业家精神和企业文化的外在表现形式。

Gersick（1994）认为，企业内部条件与外部环境改变只是产生改变的需求，并不会直接产生革命性的变革。企业转型发生的主要原因之一在于

领导者认知的主观条件，主要领导者认为对组织的情况有变革的需要，组织就会发生变革。

Kotter（1995）认为，企业转型过程包括八个阶段，即营造危机感、塑造富有战斗力的团队、传达愿景、授权按新愿景行动、计划并实现阶段性胜利、巩固成果并推动更多的变革和制度化阶段，而转型每个阶段都需要企业管理者的能力。

大前研一认为，企业要转型成功的首要条件是企业领导者要下定转型的决心，并能准确辨识企业经营基础的变化，再根据变化调整企业组织形式，将改革的重点放在企业组织如何适应环境变化及如何积极开发员工能力上。

Cyert 和 March 观点得到 Winter（2000）的认同。勇于创新、积极进取、富于激情、坚持不懈的企业家精神，能加速企业建立自主品牌的进程。除了企业家精神外，企业家的品牌意识也在 OEM 企业建立自主品牌的过程中起到了十分重要的作用。

高层领导的创业精神是促进 ODM 升级到 OBM 阶段的关键因素（杨桂菊，2010）。创业精神主要包括创新、冒险以及强烈进取（Birkinshaw & Fry，1998）。长期积累的生产与研发的核心能力，形成路径依赖，限制了代工企业品牌运营能力的发展。同时，基于长期的代工与低价策略，对品牌能力的构建又形成了资金与人才的限制。此阶段，高层领导者的创业精神以及自创品牌的强烈意愿对企业发展品牌能力起着关键作用（杨桂菊，2010）。内部要素企业家才能也是企业升级的主要影响因素（孔伟杰，2012）。

本书案例中转型升级成功的企业无不是在企业家精神的推动作用下勇于创新，从而取得成功的。华硕的童子贤、徐世昌、谢伟琦、廖敏雄四个创始人，原本都是宏碁的资深工程师。1989 年，他们集体向宏碁请辞，一同创办了华硕。华硕从专门制造电脑主板到进行研发、设计，最终发展为世界 500 强企业，其间，企业家精神影响巨大。"崇本务实"到近乎疯狂的工程师文化，让华硕一开始就向全球 IT 技术的制高点发起了冲刺，从而奠定了高技术基础；冒险进取又注重风险抵御的企业文化，使华硕能快速而坚定地成长，从代工企业升级为一流品牌拥有者。

二、关键资源的拥有和关键能力的获取为企业转型升级奠定基础

通过上文的理论支持和案例分析可以看出，成功升级的企业具备良好的资金资源。凭借着充裕的资本积累，得以在研发设计、宣传推广等方面进行大力投入，从而提高技术创新水平、推广企业产品品牌形象，最终建立自主品牌。此外，人力资源也是企业转型升级的关键因素。成功升级的企业采取成立企业内部培训中心，与外部高校、培训机构进行合作等方法，创建了人才输送渠道，为企业培养高层次的技术人才和管理人才。此外，注重外部人才特别是管理和技术人才的引进，优化了企业的人力资源质量。

企业的关键能力包括自主创新能力和营销服务能力。自主创新能力体现在自主创新成果、创新管理能力、研发机构和人员状况、产学研开展情况等多个方面。企业成功升级需有较强的自主创新能力。不断在研发、设计方面进行创新，不断提升产品的技术含量和品牌形象，才可摆脱残酷的成本和价格竞争，逐步实现企业升级。营销服务能力体现在销售、服务网络建设、销售队伍规模、宣传推广活动开展等方面。在营销推广上的强力投入，才可使OBM业务获得较为快速的发展。营销服务能力是影响企业升级的显著因素。

厂商战略性机会主要来自于本身具有的技术与能力（Barney，1991）。Barker和Irene（1997）认为，进行变革的压力（绩效压力、技术变迁）和进行变革的能力（资源）是企业转型的两大动因。Teece & Pisano（1997）从动态能力角度认为企业通过技能的获取、知识和诀窍的管理以及学习不断更新自身的能力，从而实现企业升级。组织内部的资源与能力以及外部合作伙伴的支持是OEM企业转型升级的基础（Pfeffer & Salancik，2003）。

技术缺口与营销缺口是发展中国家企业在国际市场中的主要竞争劣势，填补技术和营销缺口是促成企业升级的主要方向（Lall，1991；Hobday，1995；Schmitz，2007）。技术能力和营销能力是企业竞争能力的主要构成要素，是企业升级的主要驱动要素（Verona，2007）。技术能力的提升可以促进代工企业从OEM到ODM再到OBM的演进升级（瞿宛文，2007；刘志彪，2008）。

三、国内日益扩大的消费需求为企业创立自主品牌带来市场支持

低端制造型企业面临的国外竞争已越来越激烈，特别在面临金融危机时，如何在逆境求得生存甚至获得成长，是企业面临的最重要课题。我国拥有众多的人口和日益增长的消费需求，这为我国企业从出口海外转向扩大内需提供了强大的市场支持。在跨国公司纷纷进驻中国市场之际，我国企业也可以思考将产品市场转向国内，培养民族品牌，生产本国人民所需

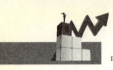

的产品，从而带动企业转型升级。东莞大岭山镇的家具企业正在积极调整战略思路，部分有先觉意识的企业已经将目光投向国内市场，通过创立自主品牌成功地获得了新的竞争优势。

四、政府政策推动，鼓励企业转型升级

政府可能在创新体系、政府政策支持与鼓励、融资环境建设、人才培养机制建设、配套服务体系建设等方面为企业创建良好条件，促使企业实现升级。

例如，在融资环境方面，深圳市的表现十分卓越。深圳有着高效、发达的融资市场。为了更好地解决企业（尤其是创业风险较高的高科技企业）融资难的问题，政府作出了多方面的努力：大力发展中小型金融机构；以市场化方式运用财政资金支持高新技术企业发展，出资组建"高新技术产业投资服务有限公司"，为全市不同所有制的高新技术企业提供研究开发专项贷款和流动资金贷款担保；建立完善的风险投资进入与退出机制，吸引风险资本的流入；等等。在深圳政府的努力下，深圳市内本土风险资本在全国名列前茅：招商局科技集团2006年投资总额达6000万元，投资六个项目；清华力合投资7000万元，投资了7个项目；深圳创新投2006年投资了16个项目，投资金额达2.4亿元；全市共有风险投资机构133家，资金超过100亿元，占全国风险投资的1/3。

五、与合作企业的良好互动为企业提供技术、管理等方面的经验

国内的中小型企业可通过与众多知名品牌企业建立相对稳定的长期合作关系，学习先进企业的经验。特别是对于一些加工贸易型企业，在合作过程中，长期合作伙伴会派出常驻QC（质量控制）到企业进行技术指导和质量监控。在与多家专业生产厂家的合作过程中，企业可积累丰富的经验，并通过"干中学"和"用中学"等方式，吸收专业厂家在管理和技术方面的先进经验，使其产品在技术上、生产工艺上以及品质控制上都做到与国际发达国家接轨的水平。此外，加工贸易型企业还能与合作企业进行较为密切的技术与人才交流。与合作企业建立的良好合作关系不仅为低端制造类企业赢得了稳定的订单来源，还给它们提供一个接触、了解和学习合作企业先进技术和管理经验的优秀平台，从而大大加速了它们实现企业升级的进程。

第七章 企业转型升级的衡量标准与路径

第一节 企业转型升级的相关理论研究

一、从核心竞争力和动态能力研究企业转型升级

对于企业升级的研究，国外学者主要是从关注核心竞争力和动态能力的角度开始的（张辉，2004）。Bell 和 Albu（1999）认为，要研究企业的升级，一是关注核心竞争力的研究，从核心竞争力角度关注企业所具备的而其他企业难以复制的、为最终消费者提供所需要价值的能力，具有适用性、价值型和难以模仿性；二是关注动态能力的研究（Teece and Pisano，1997），动态能力是指企业组织长期形成的学习、适应、变化、变革的能力，强调企业必须努力应对不断变化的环境，更新发展自己的能力，而提高和更新能力的方法主要是通过技能的获取、知识和诀窍的管理、学习，通过动态能力的发展实现企业升级。

然而从核心竞争力和动态能力的角度出发，较多关注的是企业内部的升级，往往忽略了企业所处的环境以及企业与企业之间的关联和联系。全球价值链（GVC）的分析是在全球网络的视角下，研究国际分工、区域经济发展、产业升级和企业升级问题的理论，它给出了一条新的研究企业升级的线索，也是目前国外学者研究企业升级的主要理论依据。

二、从全球价值链研究企业转型升级

企业升级是 20 世纪 90 年代末才被真正引入 GVC 理论分析的框架中的。Gereffi（1999）较早认识到产业升级的层次问题，他认为，企业升级是一个企业或经济体迈向更具获利能力的资本和技术密集型经济领域的过程。从资源配置的角度出发，他将转型升级分成企业内部升级、企业之间升级、本土或国家内部升级和国际性区域升级四个层面。Humphrey 和 Schmitz（2000、2002）在此基础上从全球价值链的角度出发，从微观的角度明确了企业转型升级的四种模式：①过程升级（process upgrading）。通过对生产体系进行重组或采用更高的技术，更有效率地将投入转化为产

出，从而实现过程升级。②产品升级（product upgrading）。引进更先进的生产线，比对手更快地推出新产品或改进老产品，增加产品的附加值。③功能升级（functional upgrading）。获取新功能或放弃现存的功能，如从生产环节向设计和营销等利润丰厚的环节跨越。从 OEM 到 ODM 再到 OBM 的转换常常被视为功能升级的路线。④跨产业升级（inter-sectoral upgrading）。也就是说，企业将用于一种产业的专门知识应用于另一种产业，这是一种在东亚地区普遍存在的升级方式。Kaplinsky 和 Morris（2001）也认可了这四种产业转型升级类型的划分，他们通过实例研究发现，很多产业在升级过程中表现出一种相近的阶梯式发展路线，认为在一般情况下，企业转型升级是从过程升级开始，然后逐步实现产品升级和功能升级，最终到价值链的升级，不过中间也有跨越甚至是倒退的情况。这种分类方式得到了学者较多的认同，并据此对发展中国家的企业转型升级现状进行研究（如表 7-1 所示）。

表 7-1　企业转型升级的过程

	过程升级	产品升级	功能升级	跨产业升级
轨迹	↓			
示例	OEA↓OEM	ODM	OBM	链的移动
附加值		附加值增加		

资料来源：Kaplinsky, R., Morris, M. A handbook for value chain research, 2001.

Poon（2004）指出，企业升级就是制造商成功地从生产劳动密集型的低价值产品向生产更高价值的资本或技术密集型产品这种经济角色转移的过程。Avdashsheva（2005）将转型升级解释为旨在改进流程效率、引入新产品或改进现有产品、改变价值生产活动区域范围和转换到新的价值链的行动。YungKai Yang（2006）从学习的视角，认为升级是指本地企业嵌入生产网络、向国际企业学习以提高在全球生产网络或全球价值链中的地位。

Brach 和 Kappel（2009）从技术能力的角度认为，企业转型升级主要是指技术技能和组织能力的增加，以及企业在全球价值链里的升级。Humphrey 和 Schmitz（2000）指出，从企业层面来讲，升级是企业通过获得技术能力和市场能力，改善其竞争能力以及从事高附加值的活动，概括来说，企业升级就是企业提高竞争能力及提高产品和服务的附加值的过程。同时，转型升级代表企业创新及提升产品和流程的附加值的能力（Kaplinsky 和 Readman, 2001；Humphrey 和 Schmitz, 2002）。

第七章 企业转型升级的衡量标准与路径

我国学者毛蕴诗和吴瑶（2009）从经济学角度定义企业转型升级角度，指出"企业转型升级就是企业提高竞争能力和提高产品、服务的附加价值的过程，是产业升级的微观层次"。研究集群的学者则多将产业集群升级与 GVC 相结合，研究 GVC 治理模式在企业升级中的作用。GVC 可以研究不同的价值链中各个环节实现价值增值以及治理模式的影响（Humphrey and Schmitz, 2004），即 GVC 治理模式对企业升级的影响、GVC 下企业升级的动力机制及其途径等方面。

国外对企业转型升级的研究目前尚未形成一个独立的体系，他们大多停留在竞争力理论、动态能力理论、全球价值链理论的理论框架层面，只概括了企业成长的一般轨迹，很少有学者指出企业在升级过程中会根据自身情况采取混合的升级模式。

国内学者的研究走出了各种理论的界限，综合产业集群理论、产业升级理论和全球价值链理论来研究企业的升级方向。曹群（2006）运用动态能力的观点研究了产业集群的升级，他认为产业集群的动态能力主要是由识别能力、学习能力、网络能力和整合能力的有机结合构成的。梅丽霞、聂鸣和蔡铂（2005）以及柏遵华（2005）研究了台湾 PC 产业集群 20 年的升级发展历程，认为我国的 OEM 企业应该效仿台湾 PC 产业的 OEM 企业，首先应该积极嵌入全球价值链，再从 OEM 逐步发展到 ODM、OBM，从低成本导向转变为创新导向，从资本、技术的积累逐步向价值链的高端环节攀升，最终实现产品和工艺流程升级到功能升级的转换。唐海燕、程新章（2006）则从产品升级、过程升级、功能升级三个层面研究温州打火机企业转型升级路径。毛蕴诗、汪建成（2006）提出产品升级概念，并总结了五种基于产品升级导向的自主创新路径，即替代跨国公司产品的产品升级、利用行业边界模糊的产品升级、适应国际产业转移的产品升级、针对行业标准变化的产品升级以及通过加快模仿创新的产品升级。

根据上述相关理论研究的梳理可知，国内学者对企业转型升级的相关研究还处于初级阶段，主要是对国外理论的学习和应用，尚未形成系统的理论框架；对企业转型升级的认识还停留在比较基础的层面，一般都是强调企业转型升级的必要性，并在一定范围内归纳总结出升级的方向和一些企业转型升级路径，很少有对企业转型升级的衡量以及路径选择的全面、系统分析。从国外研究状况来看，全球价值链理论、竞争能力理论以及动态能力理论为研究企业的转型升级提供了很好的理论基础，具有十分重要的借鉴意义。然而，细心观察可知，这些理论缺乏对企业转型升级在存量和增量上的区分。从存量上看，企业转型升级是现有企业的能力、价值的提升；从增量上看是升级转型企业的新创，是企业在技术、能力提升的基础上开发新产品、新服务、新品牌、新市场等的过程。

本书在参考现有研究文献的基础上,综合考虑企业转型升级的增量和存量因素,提出企业升级的衡量标准,并形成企业转型升级路径的系统分析框架。

第二节 企业转型升级的衡量标准

本书在分析全球价值链理论、核心竞争能力理论以及动态能力理论的基础上,总结出企业转型升级的衡量标准并对此进行分析。

企业转型升级的理论依据与衡量标准见表7-2。

表7-2 企业转型升级的理论依据与衡量标准

相关理论研究	企业转型升级的含义	企业转型升级的衡量	企业转型升级实践	
全球价值链	过程升级:通过对生产体系的重组,更有效率地将投入转化为产出	生产效率提高,产品质量提高	价值链环节内	R&D,物流或质量改进,引进新机器
			价值链环节间	R&D;供应链管理流程改进和学习;电子商务能力提升
	产品升级:引进先进生产线,更快推出新产品,增加产品附加值	对旧产品的改进和新产品的快速推出,产品生命周期缩短,产品技术含量增加,产品功能增强,产品单价提高	价值链环节内	扩展设计和营销部门,建立或加强了跨部门小组进行新产品开发
			价值链环节间	和供应商、客户一起合作,共同开发新产品
	功能升级:获取新功能或放弃现存功能	从生产向设计和营销等利润丰厚的环节跨越,如 OEM 到 ODM 再到 OBM	价值链环节内	价值链内吸收新的更高附加值价值链的功能,将低附加值活动进行外包
			价值链环节间	进入新的附加值较高的活动当中
	跨产业升级:将一种产业的知识运用于另一种产业	产品功能增加,产品技术含量增加,产品单价提高	进入新价值链进行生产,在新价值链增加新功能	

续表

相关理论研究	企业转型升级的含义	企业转型升级的衡量	企业转型升级实践
核心竞争能力	形成难以复制的独特竞争战略，为最终消费者提供所需价值	形成技术、人才、品牌、管理等方面的核心竞争力	
动态能力	长期形成的学习、适应、变化、变革的能力，应对不断变化的环境，发展自己的能力	技能的获取、知识和诀窍的管理、学习	

资料来源：①Kaplinsky, R. & Morris, M. A handbook for value chain research, 2001；②毛蕴诗、吴瑶：《企业升级路径与分析模式研究》，载《中山大学学报：社会科学版》2009 年第 1 期。

一、产品技术含量增加与附加值增加

产品技术含量增加与附加值增加，要求企业发展、运用先进技术，提高产品质量，用附加价值高的产品替代附加价值低的产品。在国内市场上，如家电行业中的彩电业厂商紧跟外资企业的步伐，产品从传统彩电升级到技术含量稍高的纯平彩电，然后是"朝阳产品"背投、等离子电视等。国内企业不断积极升级产品，提高产品技术含量，把产品定位在高附加价值上，与跨国企业在华生产的产品针锋相对，形成激烈的竞争，获取市场份额。这些产品相对于出口加工或出口一些低价值的产品而言有着更高的附加价值。

二、产品功能增强

产品功能的增强也是企业升级的一种表现形式。如微软等企业的产品升级，就建立在功能升级的基础上。1985 年，微软的 Windows 1.0 版问世，接着陆续开发了 Windows 2.0 版本等，到 1990 年 5 月，Windows 3.0 正式投入商业应用。1992 年 4 月 Windows 3.1 版推出，到 1993 年，升级为 Windows 3.2。这些操作系统简称为 Windows 3.X，它们运行在 DOS 之上，受到 DOS 操作系统的限制。1995 年 8 月，Windows 95 面世，改变了在 DOS 下的运行模式。1998 年，微软推出功能更为强大的 Windows 98。2000 年 3 月的 Windows 2000 中文版以及在 2001 年 11 月 9 日正式推出了包括家庭版和专业版的 Windows XP，界面更加灵活、便捷，涵盖数字多媒体、家庭联网和通信等方面的功能。① 虽然这些产品的核心部分在相当长的一段时期内并没有发生根本的改变，但其通过补丁、升级不断完善、更新产品，增强功能，扩大了生产与销售规模及市场的覆盖面。这种升级方式减少了竞争对手，增强了企业对市场的支配能力和垄断优势，更有助于企业获得更高的利润。成功实施这一策略的企业均能在激烈的市场竞争中保持相当理想的利润率。

三、从 OEM 到 ODM 再到 OBM

OEM（Original Equipment Manufacturing）即"原始设备制造"，指拥有优势品牌的企业委托其他企业进行加工生产，它通过向这些企业提供产品的设计参数和技术设备支持，来满足自己对产品质量、规格和型号的要求，产品生产完后贴上自己的商标出售。ODM（Original Design Manufacturing）指"原始设计制造"，是委托方全部或部分利用受托方的产品设计，配上自己的品牌名称进行生产销售的加工合作方式。OBM（Original Brand Manufacturing）即"自主品牌制造"，指企业形成自己的独立品牌，参与国内国际竞争。

具体来讲，企业在与发达国家企业开展 OEM 业务时，通过对生产过程的学习，慢慢积累起自己的制造经验，同时通过反求工程，对引进的设备、工艺进行摸索、探求、仿制和改进。形成自己的设计和初步研发能力之后，逐渐过渡到 ODM，向产业链的上游扩展。随着企业实力的进一步增加，企业可以向 OBM 发展，ODM 形成的自有知识产权为自有品牌的发展提供了必要的支撑。在实现从 OEM、ODM 到 OBM 演进的同时，企业也成功实现了技术和产品的不断升级。

四、由单一产品、单一业务到产品系列、业务解决方案，形成新的产品、新的服务乃至新的市场

（一）由单一产品形成系列产品

在多产业融合和行业边界模糊的背景下，企业从生产单一产品到生产多元化产品直至形成系列产品的过程，是企业应对激烈竞争，实现产品扩展和企业升级的关键。尽管系列产品可能与原单一产品有相似之处，但其特征可能已有实质性的改变，其功能已有数量级的改变，拓宽了产品的业

---

① 参见毛蕴诗、舒兆平、吴瑶《标准之间的企业全球竞争——基于微软的案例分析》，载《经济理论与经济管理》2008 年第 2 期。

务领域和范围，因而会创造一个全新的市场。台湾统一企业集团最初以生产面粉起家，后来逐步将业务拓展到饲料、油脂、食品饮料、乳品等与民生相关的综合食品行业，产业领域横跨食品、药品、电子、生化科技等多元化经营，并形成了系列产品。伴随多元化产品形成的同时，强化了其自主品牌。尽管这一扩展方式与原有业务有很大联系，但是产品升级的业务扩展在许多情况下可视为一个全新的产品扩展，这一扩展方式在许多行业，特别是在高新技术、信息产业中显得越来越重要。信息产业的微软、英特尔、IBM，医药行业的诸多公司都是依靠产品的不断升级，形成产品系列而获得扩展。

（二）由单一业务到业务解决方案

现代企业竞争的最终赢家是顾客。了解顾客、为顾客提供更好的服务，有助于提高企业的快速反应能力和持续竞争能力，为企业升级带来源源不断的动力。特别是在高新技术领域，这种由新产品、新服务创造新的业务增长点，从而占领新的市场的例子有很多。台湾阿托科技有限公司是一家精密化学公司，主要生产印刷电路板、IC 制造工艺中所需的化学药水并提供针对相关客户的技术解决方案。阿托科技对新产品的开发要求十分严格，每年需要根据顾客需求推出 1/4 的新产品上市，并派专门团队指导顾客的技术开发和生产，与顾客的生产技术紧密配合。阿托科技从最初的卖产品的企业成为产品和服务的集成商，这一转变为阿托科技带来了丰厚的利润，在国际金融危机面前仍然能增加研发投入，逆势成长。① 台湾的联华电子也是以为客户提供系统的解决方案，从而成为台湾晶圆代工的领先企业。

五、形成战略性资产、创造性资产，从而形成核心竞争力

以资源为基础的战略管理理论认为，能为企业带来持续竞争优势的资产为战略性资产。企业要获得持续的竞争优势，就需要形成那些难以为竞争对手效仿的、属于企业专有的战略性资产。创造性资产是英国学者 Dunning 提出的一个概念，指在自然资产（自然资源和未经培训的劳动力）基础之上开发出来的其他资产。它们可以是有形的，如物质资产和财力资产，也可以是无形的，如专有技术、商标、组织能力、管理能力、制度文化等。

---

① 根据笔者于 2008 年 11 月 17 日在台湾阿托科技公司调研所得。

战略性资产与创造性资产的开发是企业提升核心竞争力的主要因素，也是企业升级的较高层次。对于后发地区的企业而言，可以通过对外直接投资、增加国际竞争经验、开辟海外市场，或是借助兼并收购发达地区的企业，学习吸收其先进技术和管理经验，可以增强企业的核心竞争力。例如，联想收购 IBM 的 PC 业务，正是为了获得 IBM 的品牌价值、PC 业务核心技术、海外市场、人力资源，提升了国际化经营水平，这是企业寻求这两种资产以获取核心竞争力的典型。

第三节　企业转型升级的路径

相关文献研究表明，有关企业转型升级路径及其衡量的研究都是以全球价值链为基础，并围绕由简单的委托加工（OEM）到研发设计（ODM），并最终建立自主品牌（OBM）而展开的。

一些学者从技术能力和市场能力的视角对 OEM→ODM→OBM 企业升级路径进行了解释（Amsden，1989；Gereffi，1999；梅丽霞等，2005；朱海静等，2006；毛蕴诗，2007；杨桂菊，2010）。例如，OEM→ODM 是技术路线，而 OEM→OBM 是品牌和市场路线。这种升级路径研究表明企业升级过程中从低成本导向转变为创新导向，从资本、技术的积累逐步向价值链的高端环节攀升，最终实现产品和工艺流程升级到功能升级的转换（梅丽霞等，2005）。

聂正安等（2010）认为，企业应该走以工艺和产品创新为基石、从 OEM 初级生产到 OEM 深化的 OEM 阶段内升级路径。胡军等（2005）认为，可以做大 OEM，实现规模经济性，并向配套产业的方向发展。杨桂菊（2006）认为，本土代工企业可以通过 OEM 业务的延伸和拓展实现升级。毛蕴诗（2009、2012）借鉴微笑曲线和对偶微笑曲线工具，从企业所处价值链的附加值和成本的角度，分析了企业升级的多种路径，升级的研究对象由 OEM 企业扩展到一般类型企业。

下文将结合大量现象和案例调研，在整合微笑曲线和对偶微笑曲线的基础上，建立企业升级路径的选择模型，分析十条企业转型升级路径及其相应的微笑曲线的变化，为进一步探讨企业转型升级路径提供了基本的分析框架和研究方向。

一、认识传统产业的新特点、新需求,重新定位市场,实现整体转型升级

随着环境变化、观念转变、收入提高等,一些传统产业、劳动密集型产业也出现新特点、新需求,产品性质也发生了变化。比如,台湾自行车已经从传统的交通工具,升级为高端的健身、休闲用品和家庭玩具,因而2009年台湾自行车出口均价(300美元)是大陆(50美元)的6倍。由此,在全球发达国家和新兴经济体市场出现了一轮对自行车产品的新需求,形成了多个新的细分消费市场。同时,传统劳动密集型产业可以广泛采用高新技术,甚至可以通过与新技术结合而成为高新技术产业。台湾的衣服、布料等纺织品,从生活基本用品,升级为集防臭、抗菌等多功能于一体的、具高科技含量的高级用品。台湾出口布料、成衣均价(18美元)也是大陆(3美元)的6倍。可见,认识传统产业的新特点、新需求,重新定位市场,可以实现整体升级。

台湾自行车产业的转型成功是基于他们对自行车商品在"后工业社会"、"休闲社会"大背景下的商品特性、功能以及消费特性的重新认识和深刻理解。结合产业向大陆转移的背景,将台湾定位于生产中高价位车种,致力于自动化生产与研究开发,出口欧美等发达国家,而将大陆定位于生产中低价位车种为主,出口中东等发展中国家。台湾三大自行车厂商均在大陆设厂。在两岸分工产销模式下,明确的自主创新、高品质、高端市场、高附加值的定位,使台湾自行车摆脱与大陆的低价竞争,处于全球高级自行车供应的领先地位。

针对这一路径的微笑曲线的变化体现为,通过研发、制造、营销等环节重新定位,提升品牌价值与附加值,产业微笑曲线整体上移(如图7-1所示)。

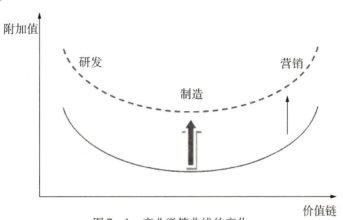

图7-1 产业微笑曲线的变化

二、从替代进口产品,到替代跨国公司在华生产的产品,再到国外市场替代跨国公司产品,实现转型升级

发展中国家和地区的企业技术能力提升路径,是一种基于技术追赶的先跟随模仿、再消化吸收、后突破超越、最终自主创新的提升过程。企业实施主动跟随战略为替代跨国公司产品提供了战略基础,在替代跨国公司生产产品的过程中,企业采用递进式升级方式,最终实现技术跨越。

(一)利用后发优势,实施主动跟随战略替代跨国公司产品

跟随战略(The Strategy of the Followers)是一种通过各种途径学习和模仿跟随对象的先进之处,从而比自主创新更节约资源和时间的战略选择。根据跟随对象的不同,还可以分为产品跟随战略、地区跟随战略、营销跟随战略等。对于在国际市场竞争中处于较弱地位的中国企业,跟随战略可以具体理解为搜寻并研究外国或外资竞争对手或非竞争对手能够获得良好市场绩效的产品与技术,通过生产从国外进口的或跨国公司在华生产的产品,从而替代这些在国外生产或外资生产的产品,达到占领国内市场,进而开拓国际市场的目的。有研究表明,发展中国家,特别是我国,更加具有实施主动跟随战略的可能并更能取得较好的效果。一方面,我国具有许多发展中国家所不能比拟的广阔的国内市场,具有实施这一战略的良好条件;另一方面,我国许多企业具有较强的技术力量,有较深厚的技术积累,具有实施跟随战略的可能,在创业初期或实力不够雄厚的时候,模仿和跟进跨国公司的现成产品和技术,这种做法在大多数中国制造业公司身上都可以看到,如我国通讯厂商中90%就是跟随型企业。

(二)替代跨国公司产品应采用递进式转型升级方式,最终实现技术超越

日本比较技术史学家林武(1986)提出的"技术从依附到自立的五阶段"理论:掌握操作技术阶段→对引进机器设备的维护保养阶段→修理和一系列小改进阶段→设计及规划阶段→国产化阶段,这一模式是对后发国家技术追赶过程的先驱性研究。

毛蕴诗、李洁明(2005)从产品升级的角度,通过研究我国一些成功家电企业的升级路径,提出替代跨国公司产品、提升企业技术实力,指出企业技术能力升级遵循一定的依赖路径:引进成熟技术、消化吸收→模仿创新、合作创新→自主产品创新,有助于技术的积累,有助于企业的升级;并指出产品的替代路径可以是:替代外国进口的产品→替代跨国公司在华生产的产品→替代国外市场上跨国公司的产品的过程。我国的海尔、

格兰仕、长虹都是沿着这样的路径实现了技术创新和自主研发，带来了产品的升级。以长虹彩电为例，其在20世纪80年代初引进松下的生产线，生产TA机芯的彩电（引进、消化吸收）；90年代初，与日本东芝合作创新，研制NC-2和NC-3机芯的彩电（模仿创新，合作创新阶段）；2000年长虹自主完成了数字高清电视、数字高清背投产品的开发工作（自主创新阶段）。本书选取了吉光电子和珠江钢铁有限公司作为替代跨国公司的典型案例进行分析。这两家公司都是通过实施主动跟随战略，先是低端的产品替代，后是相对高端的中端产品替代，再是高端的产品替代。

我国空调行业整体升级，体现了技术积累与制造、管理、营销能力演进，空调厂商格力、海尔、美的等国内品牌逐渐面向高端市场，主要分为两步走。第一步是从替代进口外国产品，到替代跨国公司在华生产的产品：2009年，LG的市场占有率仅2.18%，东芝、三洋、日立等外资空调也都遭落败，在外资一直垄断技术的变频空调领域，国产空调占有率超过75%。第二步是到国外市场替代跨国公司产品，我国国产空调出口到200多个国家和地区，占全球产量的70%。[①]

中兴通讯仿制跨国公司的产品实现技术学习，逐步缩小了与外国巨头的技术差距，实现了产品升级，以及在国内、国际市场上对跨国公司产品的替代。2009年，在中国3G无线设备市场上占有35%的份额，名列第一；在印度尼西亚、土耳其、越南、沙特等海外新兴市场接连获得大额订单；在欧洲市场获得突破，与德国电信旗下的T-Mobile开展GFA合作，在全球DSL宽带接入设备提供商中位居第三。

针对这一路径的微笑曲线的变化体现为，通过实施主动跟随战略，模仿进口商品和跨国公司在华生产的产品，吸收先进技术，同时，注意知识产权，进行创新性研发，采用赶超战略，通过替代进口产品、替代跨国公司在华生产的产品、再到国外市场替代跨国公司产品的三种替代，实现微笑曲线的整体上移。

三、基于行业边界模糊与产业融合，创造新产品、新需求，实现跨产业转型升级

20世纪90年代以来，通信技术和计算机技术的迅速发展，行业边界趋向模糊，产业之间开始融合。其中包括有形产品之间、无形产品之间、有形产品与无形产品之间的交叉融合。特别是对于一些与信息技术相关的高科技企业，由于信息技术导致的产业融合和行业边界模糊，给企业的扩

---

① 参见贺大卓、董明珠《格力靠偏执化成为连续13年的空调龙头》，载《纪实》2009年第16期；《傲慢与偏见酿出苦果，外资空调集体兵败中国》，载《IT时代周刊》2010年第21期。

展和创新提供了契机。

苹果是全球跨产业升级的典范。从产品的研发看,苹果跨越了传统的制造、IT、文化创意、艺术等领域。从产品的使用功能看,苹果的 iPad 跨越了传统的通信、计算机应用,而延伸到文化、娱乐、传媒、金融、证券、艺术等领域。苹果在全球创造了巨大的新市场,最近成为全球市值最高的公司。

跨产业升级既可以应用于制造业之间,也可以应用于传统产业与新兴产业之间的融合。同时,跨产业升级还可以应用于传统制造业、新兴产业与服务业之间的交叉融合,它不仅带来价值、总量的增长,而且带来产业结构的变化与升级。企业从生产单一产品到生产多元化产品直至形成系列产品的过程,实现了产品扩展和企业升级的关键。

随着玩具行业与美学、体育、教育、传媒、IT 等多个行业相互渗透,不少传统玩具厂商推出了新产品,建立了新渠道新模式。比如,龙昌将传统玩具与电子产品进行融合,产品以无线遥控产品、电子产品为主,无线电遥控玩具占营业额 57%。奥飞动漫利用动漫产业与玩具生产结合,在制作和播出动漫作品的同时,推出了许多相关的动漫玩具产品,广受市场欢迎,如《铠甲勇士之帝皇侠》。哈一代主要利用连锁超市渠道融合,销售网点遍布多个省市,如乐天、沃尔玛、家乐福、好又多等,同时为大品牌企业提供毛绒玩具产品,如一汽大众、华晨汽车、中国建设银行、中国移动等。①

针对这一路径的微笑曲线的变化体现为,企业原具有较低附加值,处于较低的微笑曲线。因行业边界模糊与产业融合,行业1和行业2的微笑曲线叠加后上移(如图7-2所示)。

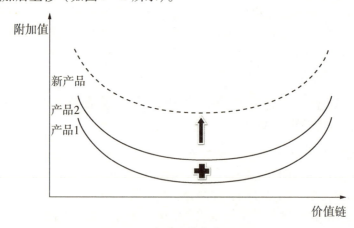

图 7-2 产品微笑曲线的变化

---

① 根据笔者于 2008 年 1 月和 2011 年 11 月对龙昌、奥飞动漫、哈一代的调研资料整理。

四、通过技术积累、能力演进，突破关键部件壁垒与限制，实现整体转型升级

在全球化竞争的背景下，发达国家的企业占据了较多的世界前沿技术和关键技术，拥有技术标准制定的话语权。许多产业的关键部件被外资掌控，突破关键部件壁垒与限制已经成为企业升级的一条重要道路，这就需要产品创新和技术创新。产品创新、技术创新越来越依赖于资本积累与技术积累，特别是技术积累。技术能力的积累和发展是一个漫长、艰苦的学习过程（Gil，Bong & Lee，2003；Chen & Qu，2003）。为构建和发展技术能力，企业需要主动开展系统的技术学习，从而不断提升企业在各个技术功能上的专业技能并不断深化技术知识（Bell & Pavitt，1995；Tran，1997）。安同良（2004）指出技术发展能力存在五个阶段：技术选择、技术获取、消化吸收、技术改进和技术创造。而企业产品附加值的提升以及品牌的强化，需要建立在强大的资金和技术积累的基础上。Linsu Kim（1997）提出后发国家技术能力成长的一般模式：引进成熟技术—消化吸收—产品创新，技术成长表现为一个不断进化的过程。因为发展中国家的企业往往不具备很强的独立研发能力，很难自立门户。然而，利用后发优势，使得后发企业进入某一个相对先进、高速发展的产业时，由于后发企业引进最新的生产设备和技术，相比先发企业来说，却处于相对有利的竞争地位。以东莞龙昌玩具有限公司为例，尽管金融海啸影响着中国的制造业企业，但是，拥有8000多名员工的龙昌玩具公司生产销售正两旺，销往国内外的拳头产品智能机器人每个售价高达2000多元，生产订单排到了明年。① 龙昌正是从玩具贴牌企业开始，通过提高自身的研发设计能力、收购专业的研发设计公司，积极引进人才，增强研发实力，成功地实现了技术积累和企业升级。1998年，龙昌成立高新产品研发部，2000年成立高科技智能产品研发部，2000年以1800万港元收购了台商在东莞开设的创艺精机有限公司，并与外部科研机构及院校合作，开展技术研发及新产品开发。1997年成功上市，为升级提供资金支持。与此同时，龙昌注重外部技术、知识的引入和消化吸收，与香港中文大学合作获得"遥控不倒翁技术"，与武汉理工大学、清华大学、哈尔滨工业大学获得智能科研的相关技术成果，等等，并在消化之后将其产业化、产品化。②

---

① 根据新华网 http：//www.gd.xinhuanet.com/dg/2008 - 11/21/content _ 14984941.htm。2008年11月21日报道。

② 根据笔者2008年1月27日对东莞龙昌玩具有限公司的调研资料整理。

突破关键部件壁垒与限制实现升级已经具有一些成功案例。比如，鲁冠球在20世纪90年代就提出，万向要把发展重点放在附加值高、技术含量高的生产环节上，抓关键零部件、关键工艺的投入，而一些初加工的工序则转移出去。对于万向耕耘的汽车零部件产业而言，"单一零部件—多种零部件—系统模块"是万向清晰的产品升级途径。万向集团从最初的做ABS、传感器等零部件开始，进入汽车电子，沿着"电池—电机—电控—电动汽车"的思路，开发了锂离子动力电池等关键零部件并逐步研制出自己的电动汽车。目前，万向是国内唯一同时具备电池、电机、电控等电动汽车关键零部件和动力总成系统产业能力的单位，奠定了其在行业内的领先地位。

台湾自行车厂商也集中力量在新材料和新工艺上的"技术跨越"，积极自行研发设计与生产关键零部件。成车厂商直接与国外买者接触，引进了美国模块化技术与日本供应链模式，学习消化吸收先进的知识。1983年至今，台湾自行车材料从钢管发展到钛合金、镁合金，甚至碳纤合金，重量由原来的30公斤降低到7公斤；制造技术从铜焊发展到氩焊、一体成形到无氧化电弧焊接，实现了轻量化，同时保持刚性、韧性和强度的水准。①

台湾竹科园和南科园的主导产业由早期的系统开发逐渐迈入关键零部件生产制造，并产生集群效应。以光电产业为例，园区企业在不断扩厂和开发下一代面板趋势下，对关键零部件和原材料供应商产生极大的磁吸效应，对周边产业结构产生"竞争—排挤"和"外溢—关联"作用。"竞争—排挤"作用主要表现为园区内新兴产业的工资福利比传统产业高出许多，使得后者员工招募困难或面临劳动力成本大幅度提高的压力，许多厂商因此被迫外迁；"外溢—关联"作用则表现为随着园区的发展，地方厂商与园区内厂商形成日益密切的委托加工、原材料供应等协作关系。由于园区的技术外溢，园区附近新设立的高科技企业也逐步增多。②

针对这一路径的微笑曲线的变化体现为，通过研发拉动，实现在材料、工艺上的"技术跨越"或者对关键部件的突破，微笑曲线在研发与关键部件一侧实现上升（如图7-3所示）。

---

① 陈颖萱：《台湾自行车产业竞争优势分析》，2008年7月。
② 根据笔者于2006年5月和2008年11月对台湾南部科学园、台湾工业技术研究院的调研资料整理。

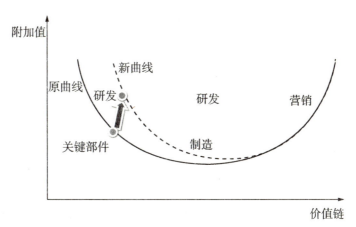

图7-3 产业微笑曲线的变化（1）

五、加大对生产服务的投入与延伸，提升附加值，实现转型升级

从汽车行业经验来看，欧美发达国家旧车交易、售后服务和新车销售的利润比为3:2:1；从电梯行业经验来看，日本电梯巨头每年依靠5000台订单生存，主要原因在于电梯行业的更新和改造需求很大。可见，对于一些行业来看，尤其是市场相对饱和、使用寿命较长的大宗商品、后续维护要求较高的行业，售后服务具有很大的空间。因此，这些行业可以从传统营销向生产服务进行延伸，加大投入，提升附加值。

针对这一路径的微笑曲线的变化体现为，由于生产服务的附加值比营销要高，因此在营销一侧实现上升，企业从营销环节向生产服务环节转移，实现升级（如图7-4所示）。

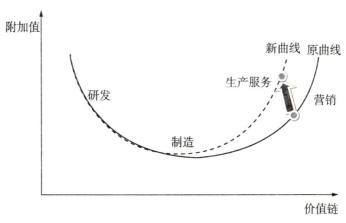

图7-4 产业微笑曲线的变化（2）

六、降低投入与消耗，降低成本，提升环保标准与附加值，实现转型升级

低碳经营并不是只有投入，没有效益。通过投入环保设备与工艺优化，通过研发促进绿色技术与产品升级，不仅有利于保护环境、降低成本，而且对于提升产品、企业的价值空间也有直接而明显的效果。

广州互太纺织印染有限公司就是由耗能排放大户向绿色环保企业转变的典型企业。2007年耗资1亿元使用更节能环保的气流染色机；2009年开始实施染料助剂无磷化采购；2008年投资4000万元兴建RO反渗透废水深度处理回收利用工程。采用的开幅湿定型工艺，全年可节省3000吨标准煤。2003年通过国际Oeko – Tex Standard 100生态纺织产品认证，2008年又通过了瑞士GOTS全球有机纺织品标准认证，还积极参与制定行业环保标准，生产的产品平均单价10年间翻了一番，名列国内同行业榜首。企业生产成本下降近5%，节能项目直接经济效益达每年3500万元。2008年营业收入34亿元，利润总额1.52亿元；2009年营业收入增至38亿元。①

台湾宏远（宏远兴业股份有限公司）通过节能减排和生态环保产品创新实现了转型升级，2009年毛利率提高到20%，燃料成本较2008年减少39%。台湾纺织企业普遍具有低碳经营意识，并普遍通过了国际环保标准认证；而大陆纺织企业的通过率较低，2007年大陆服装产品质量合格率低于70%。②

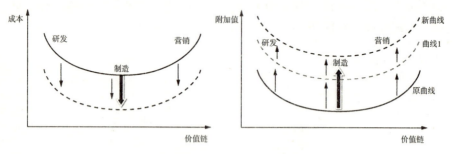

图7-5 企业的对偶微笑曲线（左）与微笑曲线（右）的变化

---

① 根据笔者于2011年3月和4月对广州互太纺织印染有限公司的调研资料整理。
② 根据宏远兴业股份有限公司年报、公司网站（http://www.everest.com.tw）和其他公开信息整理。

第七章　企业转型升级的衡量标准与路径

针对这一路径的微笑曲线的变化体现为,一方面,通过绿色设备与生产工艺节省能耗、资源回收再利用、绿色原材料与环保采购来降低成本,低碳运作使对偶微笑曲线得以整体下降。另一方面,反映在微笑曲线上,则有两次提升:第一次提升是通过开发绿色技术和产品、投入及研发节能技术和设备、绿色工艺流程改造,提升至曲线1;第二次提升是通过国际环保标准认证提升产品价值,实现附加值增加,微笑曲线二次提升(如图7-5所示)。

七、通过战略联盟和新型竞合关系,大企业带动小企业,带动产业集群整体转型升级

产业集群为自主创新、完善产业链条提供很好的平台,推动企业、产业技术创新、自主创新。因此,通过战略联盟和新型竞合关系,大企业带动小企业,带动产业集群整体升级。

单个企业往往力量单薄,难以具备实现技术跨越的资金和研发实力。本书中选取的案例企业很多在升级的过程中通过与其他企业进行结盟,实现了技术能力的提升,甚至跨越。

2003年,台湾自行车产业协进会A-Team成立。台湾自行车产业三大厂商中的"巨大"和"美利达"与零部件厂商形成中心卫星体系。中心厂商集中力量于检验、装配、研究发展及拓展市场等工作;卫星厂商订单稳定,没有产品行销问题,致力于专业性生产,并借助中心厂商的协助与合约要求提高生产力。这种大企业带动小企业、中心厂带动卫星厂的模式,带动了整个产业向高技术、高附加值方向升级和发展。从绩效来看,A-Team厂商明显优于非A-Team厂商。一方面,A Team厂商的产品单价(350美元)比同行(210美元)高140美元;另一方面,A-Team成员中有95.2%是以自有品牌销售,而行业水平是55.46%。可见A-Team有效地推动了产业整体升级。

通过与发达国家的相关行业的企业结盟,提高自身技术水平,拉近与先进大厂的技术差距,是台湾企业在升级过程中的重要战略手段。台积电、台联电在最初发展的过程中积极寻求与海外企业的结盟,得到技术的授权为其后来在晶圆代工技术上的领先地位奠定了坚实的基础。又如阿托科技通过与电路板业界的龙头老大华通计算机公司结盟,提升其技术实力。通过企业联盟共建产业链,可提高联盟企业的整体研发实力,实现产业和企业升级。以通信行业为例,我国是通信大国,却不是通信强国,第一代和第二代移动通信的技术标准都掌握在欧洲和美国手中,我国通信技

术企业在发展过程中处于被动地位。而中国企业自主研发的第三代移动通信标准 TD-SCDMA 成功地成为国际标准，正是技术跨越的典型例子。TD-SCDMA 的成功告诉我们，可以在新技术领域运用后发优势，站在别人的肩膀上实现能力的跃升，缩短与先进技术的差距，甚至实现超越。TD-SCDMA 的成功，包括近 50 家企业历经了 4 年的研究测试，从设备制造商、终端厂商、芯片制造商再到测试仪器商等结成产业联盟，共同推进该技术标准的形成。

产业集群的成本是集群内各个企业成本的相切最低点，因此产业集群的对偶微笑曲线是集群内各个企业对偶微笑曲线的包络曲线。而产业集群的附加值是集群内各个企业附加值的相切最高点，因此产业集群的微笑曲线是集群内各个企业微笑曲线的内切线。针对这一路径的微笑曲线的变化体现为，凭借产业集群平台，集群内企业的附加值为最高水平；集群内企业的成本为最低水平，实现了集群产业的整体升级（如图 7-6 所示）。

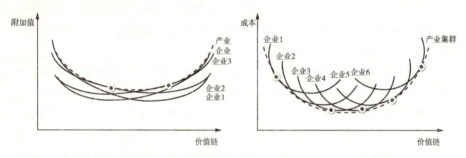

图 7-6 产业的对偶微笑曲线（左）与微笑曲线（右）的变化

八、从 OEM 到 ODM 再到 OBM 的多种方式组合

本书提出了识别 OEM 企业转型升级描述模型，并运用该描述模型对广东东菱凯琴集团与深圳市佳士科技发展有限公司在转型升级路径选择方面进行了对比分析。这两个企业一个是国内小家电行业的"隐形冠军"，另一个是国内焊接行业的龙头企业，他们的企业升级是沿着 OEM 到 ODM 再到 OBM 的路径，但在升级的过程中又各有不同。本书还收录了同属玩具行业的东莞龙昌玩具有限公司与哈一代实业有限公司的升级过程，通过对这些案例的分析可发现本研究所建立的描述模型能较好地用于展示 OEM 企业在转型升级过程中的具体轨迹。同时，借助表 3-3 "用于 OEM 企业转型升级描述模型的判断标准"，我们可以方便地对 OEM 企业的转型升级效果进行较为客观的评价。此外，根据对这些 OEM 企业升级的路径

进行研究,表明 OEM 企业转型升级路径选择具有多样性的特点:从总体方向而言,OEM 企业实现转型升级的路径是从 OEM 到 ODM 再到 OBM。但对于特定企业来说,在实际的转型升级过程中,应该根据企业的具体情况采取不同的操作策略。

(一)通过统筹国内外两个市场,OEM、ODM、OBM 方式并存,实现企业升级

OEM 是后发国家(地区)企业进行利润分享、技术跟进乃至实现 OBM 的有效手段,但是,随着原材料价格上升、劳动力使用成本增加、能源供应紧张、人民币升值、出口退税率持续下调以及环保成本提高等多方面因素导致 OEM 企业的利润空间日益缩小,OEM 企业必须及时实施升级,才能维持其生存和发展(如图 7-7 所示)。

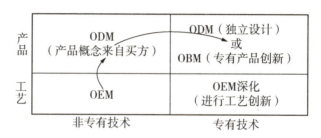

图 7-7 企业从 OEM 到 ODM 再到 OBM 的企业升级路径

资料来源:汪建成、毛蕴诗:《从 OEM 到 ODM 再到 OBM 的企业升级路径——基于海鸥卫浴与成霖股份的比较案例研究》,载《中国工业经济》2007 年第 12 期。

在转型升级过程中,企业将逐步形成独立设计能力与专有产品的创新能力,从而提升企业的价值链。为了赶超国外先进企业,通过持续的学习和创新形成自身的核心技术和研发能力,在此基础上培育自主的全球品牌,实现从 OEM 到 ODM 再到 OBM 的转型与升级。在企业 OEM→ODM→OBM 发展上,越向上游前进,对企业的要求也越高,特别是 OBM 阶段,需要企业拥有自己的全球营销网络以及渠道和企业自己的研发能力。而从 OEM 到 ODM 再到 OBM 是一个逐步学习、阶段性积累技术和经验的过程,这就避免了后发企业在产品创新、技术创新的初级阶段走弯路,降低其开发成本,并积累技术基础。

佳士科技、东菱两家企业在国内外两个市场的发展历程很好地说明了 OEM 企业升级路径选择的多样性问题。

东菱于 2003 年开始进军国内市场,采取的是"天生的 OBM"的路

径。而在海外市场,则在2000年涉足ODM,至今并未开展OBM业务,故其路径应该为"OEM→ODM"。佳士科技在国内市场的做法与东菱一样,均为"天生的OBM",两者的差异在于海外市场。

佳士科技在国内市场也是"天生的OBM";在海外市场则启动品牌转换工作,有计划地将部分出口海外市场的产品换上自主品牌"JASIC"(包括在OEM/OBM产品背面加贴"JASIC"商标)。而且在海外市场上同时采用多种模式,包括:①纯粹OEM,采购商提供从外观到内部零件设计的整套图纸,佳士科技严格按照图纸进行生产,不作任何改动;或者佳士科技将外壳生产外包给OEM厂商,只生产内部零件。②ODM,采购商提出需求而不提供设计图纸,佳士科技自行设计外观与生产零件,拥有除品牌外的一切知识产权等。

针对这一路径的微笑曲线的变化体现为,对国内外两个市场可以采取三种不同方式实现升级:一是从OEM向ODM升级,二是从OEM向OBM升级,三是OEM、ODM、OBM并存(如图7-8所示)。

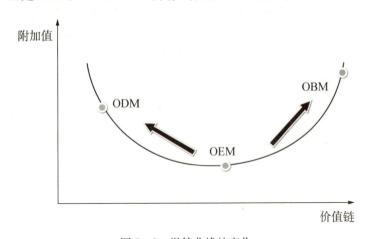

图7-8 微笑曲线的变化

(二)通过分拆重组,OEM、ODM、OBM方式并存,实现企业升级

OEM企业要想真正做大做强,主要可以通过两条途径:一是进行转型升级(产品技术创新),包括从OEM到ODM(技术路线)和从OEM直接到OBM(品牌路线)的转型;二是做大OEM,进行OEM多元化(经营方式创新)。OEM企业转型升级的路径如图7-9所示。

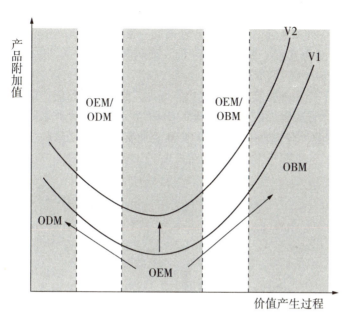

图 7-9 OEM 企业转型升级路径的微笑曲线的变化

OEM→ODM 是第一种、走技术路线的，OEM→OBM 是第二种、走品牌路线的，它们本质上都是价值链内部的个体性攀升，谋求高附加值。

向左升级的 ODM 导向意味着生产技术升级，通过研发和自主创新，增加企业生产技术的科技含量。优秀的 ODM 厂商不仅要有业界领先的规模，以便有效降低制造成本，同时还需要有强大的研发和设计能力，表现为可以不断为客户提供迎合市场需求的新产品，从而提升企业的综合竞争力。向右升级的 OBM 导向意味着逐步拓展自己的品牌或并购其他品牌，前向打造完整产业链，并提高企业的利润水平。这种模式实际上是在原有制造的核心竞争力上进一步拓展品牌销售能力，提高产品的附加价值。

V1-V2 是 OEM 企业的多元化经营，它本质上是价值链间的横向跨越，这一方面是为了获取高附加值，另一方面是出于分散风险的考虑。

速度经济性与网络经济性分别从要素流动速度、外部资源整合的角度，解释了加强核心业务的兼并、整合，并将某些业务进行分拆的企业重组行为。对于大企业或企业集团，利用分拆重组，将母公司分解为若干分立公司，从而将不同的业务分开并设立专门的机构来管理，有利于实现企业整体升级。与 OEM 直接向 ODM、OBM 升级不同，一些企业集团往往通过分拆为 OBM/ODM 企业与 OEM 企业，以 OEM、ODM、OBM 并存的方式，既延续了企业在 OEM 制造方面的优势，也顺利实现了向 ODM 或 OBM 的升级。

宏碁以代工起家，自创品牌，2002年分割为通过分拆重组形成两个独立的 OBM 和 OEM 企业，包括从事台式机、笔记本电脑及显示器、电子化服务的 Acer 宏碁电脑，从事电脑外设、数码业务的 Benq 明基电通，以及代加工的 Wistron 纬创资通。①

针对这一路径的微笑曲线的变化体现为，通过分拆重组，原微笑曲线一分为二：一条代表附加值更高的 OBM/ODM 企业，另一条代表附加值相对较低的 OEM 企业。分拆重组的 OBM/ODM 企业实现升级如图7-10所示。

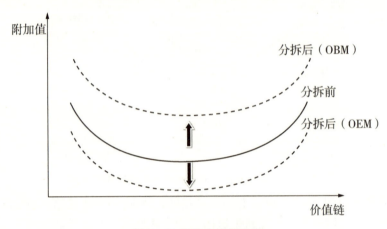

图7-10 微笑曲线的变化

九、收购 OBM 企业品牌，获取战略性资产，实现技术跨越升级

在一些先进国家的企业由于经营困境或者经营战略目标调整，使得技术后进国家的企业获得许多机会和技术窗口，进入障碍较少时，可以通过并购直接进入并取得技术跨越的发展（熊建明、汤文仙，2008）。发达国家已有许多企业通过技术关联性并购的方式实现了技术跨越升级。美国AT&T 公司正是其对美国第二大有线电视公司 TCI 和 IBM 的全球网络系统的成功收购，实现了两次的技术升级和跨越。我国的金风科技收购德国VENSYS 公司，也是从实现技术跨越式发展的角度考虑的。

我国企业缺乏自主品牌，缺少战略性资源，技术实力相对落后，采取常规的跟随战略将始终处于被动局面。为此，我国企业可以集中力量，通过在某些产业或技术领域进行并购，获取战略性资产以实现企业跨越升级。其中，战略性资产包括技术资源、自然资源、品牌、管理能力、服务

---

① 根据笔者于2008年10月对宏碁的调研资料整理。

能力等资源。

台湾美利达在 2002 年并购美国自行车第一品牌 Specialized 48% 的股权、德国品牌 Centurion，获得后端研发，以较低的成本和较短的时间就获得发达国家的市场和先进技术，使其订单掌握度、生产安排效率及欧美高档车市场占有率大幅提高，美利达自有品牌销售收入高达 90% 以上。[①]

台升国际集团以 OEM 起步，通过资源和能力的积累，收购英美国家高端品牌，实现了向 ODM 和 OBM 的升级。[②]

针对这一路径的微笑曲线的变化体现为，通过获取研发、品牌等战略性资产，获得了目标企业的微笑曲线价值后，并购企业的微笑曲线实现了上移，其升级过程如图 7-11 所示。

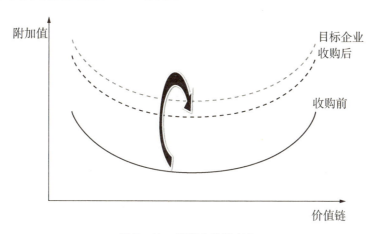

图 7-11 微笑曲线的变化

十、以产业集群、园区为载体，促进企业转型升级

在激烈的市场竞争下，产业集群、园区已经成为企业发展的重要载体。产业集群的发展和园区的建设对于推动企业升级起到了关键作用。以美国硅谷为例，硅谷不仅仅是一个科技园区，还是一个生态系统和一种机制。在硅谷机制下，小企业与独立发明者的首创技术成果得以迅速市场化，成长为世界级大公司。企业升级拥有充足的养料和肥沃的土壤。而在缺少硅谷机制的情况下，许多集群和园区只能体现企业地理上的聚集，难以发挥园区的科研优势和网络优势，这方面的例子举不胜举。产业集群、

---

① 参见李俊坤《产业群聚地区的群体经营绩效分析研究——以台湾自行车产业为例》，第 64 页（2009 年 1 月论文稿）。
② 根据笔者 2009 年 7 月和 2011 年 9 月对台升的调研资料整理。

园区以及园区的生态环境为企业提供了创新载体。

（一）集群和园区的生态系统：构建完善的要素供给、服务体系

科学园区作为企业的创新载体，能够提供了较好的投资设厂环境，技术开发、资本市场和高效和专业化的中介服务，以及良好的社区服务。以台湾的科学园区产业集群为例，之所以在培育企业方面取得成功，可归因于科学园区提供了较好的投资设厂环境，技术开发、资本市场和高效和专业化的中介服务，以及良好的社区服务。例如，台湾工业技术研究院既承担台湾地区的前瞻性研究项目，也承担由园区企业发起、主持的中短期研究项目。它以台湾地区的产业利益为目标，扫描、跟踪全球科技发展的前沿，通过技术的联合开发，吸收、消化并在科学园企业的项目中利用这些新技术，最终通过产品、设备和技术诀窍来推动商业进程，联华电子（台联电）、台湾积体电路（台积电）等世界知名企业就是由台湾工业技术研究院衍生出来的。

（二）集群和园区内大型企业的带动作用

园区的建立推动了地方企业的发展。首先，从产业层面上表现为大型企业入驻园区带动当地产业的升级。其次，这种产业升级又带动了本地企业面向高科技的蜕变和发展。例如，在台湾有许多企业，特别是以南部基础深厚的精密机械产业，因台南科技园设立高科技、研发、产学合作等相关机制，而兴致勃勃地希望升级后加入园区大型企业的团队。

第八章　做有所准备的企业与做高效的服务型政府

第一节　做有所准备的企业

我国制造类企业以低端的中小型企业居多，呈现粗放型的增长态势，在金融风波的冲击下，它们应声而倒。其实我国企业长期依靠丰富的劳动力资源和低成本的竞争优势的成长方式早已为制造类企业的危机埋下了伏笔。然而，有些企业在危机来临前进行了企业升级的尝试，走在同类企业的前列，因而能够在危机中生存下来，甚至逆势成长。例如台湾阿托科技公司面对金融危机加大研发投入、收入高速增长；又如我国东莞的龙昌集团较早地具备自主研发实力并拥有自主品牌，能够在玩具厂商一片"倒"声中屹立不倒；深圳的一些高新技术企业也具备一定的抵御风险的能力。丰田汽车公司是一个高成长、高绩效的公司。日本东京大学藤本教授对其进行了长达几十年的研究，出版了《丰田制造系统进化论》，该书分析了丰田能力构建过程，认为丰田汽车公司是一个"有所准备的企业"（Toyata as a Prepared Organization）。做有所准备的企业，不仅能够未雨绸缪，在危机来临前具备防御能力，而且从企业长期发展来看，也是企业保持持续竞争力、转变增长方式的关键所在。

一、转变观念，积极实施转型升级战略

随着我国改革开放的深入、加入 WTO 和汹涌澎湃的全球化浪潮，我国大多数企业面临着技术变革的巨大挑战，也面临着市场全面开放的激烈竞争，如何快速地积累企业技术能力、形成技术变革以应对全球经济一体化，是对我国大多数企业的严格考验，对于占企业总数 99.6% 的中小型企业，更是严峻的挑战。我国政府早在"十一五"规划中，就已明确提出要走自主创新之路，如何快速提升企业的技术能力，形成企业自主创新的核心竞争力，尤为重要。我国长期处于价值链低端的企业，特别是 OEM 类型的企业，应当尽早认识到实施转型升级的必要性与迫切性，转变观念，及时把经营重点逐步向附加值更高的研发与营销环节转移，积极实施转型升级战略。

二、利用多种途径，实现企业从制造到研发的转型升级

技术是企业转型升级的基础，企业应该综合考虑自身的行业环境、经营实力、人力资源情况、技术能力等方面，采取适合自己的途径来实现企业技术能力的累积。前文已经根据案例分析总结出了企业实现从制造到研发升级的多条路径，企业可选择一条路径或将多条路径结合起来提高企业的技术实力。首先，对于已具备相当技术实力和创新能力的企业，应继续加大研发投入的力度，促进企业的持续升级和自主创新。特别是对于一些与信息技术相关的高科技企业，由于信息技术导致的产业融合和行业边界模糊给企业的扩展和创新提供了契机，企业应抓住机会，加快对相关行业的渗透和转移，实现产品的升级换代。其次，如果企业本身缺乏技术能力，在初期就要进口国外已有的先进技术，模仿生产外国企业的产品，实施产品跟随替代战略。在这个过程中不能只单纯地引进成套设备，更要引进相关的产品设计和生产技术，因为如果企业缺乏对设备分解模仿的能力，就无法实现对引进技术的消化吸收，从而陷入"引进—落后—再引进—再落后"的恶性循环。统计数字表明，2004 年我国大中型工业企业技术引进与消化吸收的比例仅为 1:0.07，而日本和韩国技术引进与消化的比例均保持在 1:10 左右。因此，企业要加大在技术吸收方面的投入，在消化吸收的基础上增强再创新的能力。最后企业可以采取合作研发、战略联盟等方式加快新产品开发，实现企业升级。这包括企业和其他跨国企业的技术合作，也包括企业和大学、研究机构的联合开发。不管采取哪种合作，关键是要找准企业的定位，实现双方优势互补，加快企业的技术开发和升级过程。

三、从 OEM 起步，实现从 OEM 到 ODM 再到 OBM 的企业转型升级

韩国三星、台湾的华硕和宏碁这样的知名企业，都是从替发达国家的企业做代工起步的，这主要是由于新兴经济在发展初期，缺乏必要的生产技术和低制造成本的优势决定的。但随着地区经济的不断发展，人工成本和原料价格开始上升，再加上简单的组装生产将使企业一直停留在价值链的低端，因此单纯做 OEM 的弊端开始显现。自主知识产权（技术的原创性）已成为当前企业竞争的关键和制高点，没有自主知识产权只能是永远处于低水平的加工阶段，获取极为廉价的加工费，而处于价值链两端的发达国家企业却能凭借核心技术和全球品牌分享绝大部分利润和附加值。为了实现对先进企业的赶超，唯一的办法就是通过持续的学习和创新，形成

第八章 做有所准备的企业与做高效的服务型政府

自己的核心技术和研发能力，在此基础上培育自主的全球品牌。具体来讲，企业在与发达国家企业开展 OEM 业务时，通过对生产过程的学习，慢慢积累起自己的制造经验，同时通过反求工程，对引进的设备、工艺进行摸索、探求、仿制和改进，这本身就是一个引进—消化—吸收—再创新的过程。形成自己的设计和初步研发能力之后，逐渐过渡到 ODM，向产业链的上游扩展。随着企业实力的进一步增加，企业可以向 OBM 发展，ODM 形成的自有知识产权为自有品牌的发展提供了必要的支撑。这样，在实现从 OEM、ODM 到 OBM 演进的同时，企业也成功地实现了技术和产品的不断升级。

四、关注企业家精神，培养企业家的危机意识及前瞻眼光

企业家的理念与价值观，对一个企业的发展起着决定性作用。具有危机意识及前瞻眼光的企业家，往往能带领企业先人一步，制定符合产业发展规律的战略，在竞争中拔得头筹。本书所收录的成功企业无不闪烁着决策者的智慧与勇气的光芒，没有这些企业家锐意进取的雄心，企业很难得到持续的发展。

企业家的危机意识和前瞻眼光，体现在企业战略、机构设置的各个方面。在危机来临之前，企业家已经在技术、经营管理、人才储备等方面做好了准备，危机反而给予这些企业家很好的契机去实施转型升级。正如台积电正构想着在这次金融海啸中低价收购一些企业，提高竞争实力，韩国的大企业集团也在考虑危机中谋变，为下一步的扩张做好准备。

第二节 做高效的服务型政府

在工业化浪潮中，新加坡、韩国等国家的发展模式最为引人注目，其在二三十年内完成了许多发达国家需要上百年才能实现的工业化。特别是新加坡的转型升级过程，遵循进口替代—出口—劳动密集型—资本、技术密集型—知识密集型的发展路径，其产业结构进行了五次调整，政府在主导这五次华丽转身中功不可没。企业在政府导向作用下进行调整，以提高技术含量、提高附加值为目的，鼓励企业国际化，在广阔的海外市场中寻找发展机会，此外，新加坡政府大力发展高新技术产业，配套发展服务业，实现三大产业的结构平衡。新加坡、韩国政府在推动企业转型升级中发挥了重要作用，他们的转型升级经验，对指导我国产业的转型、升级具有很好的借鉴作用。

我国是新兴经济国家,处于经济转型期,市场经济发育远未完善。因此,政府应以高效的服务型政府为目标,在借鉴新加坡、韩国经验的基础上,结合当前世界的大环境与我国产业转型的总体目标,从以下四个方面着手,做高效的服务型政府。

一、以参与产业转移的价值链升级为基础,带动企业转型升级

在新一轮国际产业转移的前提下,我国,特别是珠三角和长三角地区应将承接国际产业转移与适度自我转移相结合,以价值链升级为基础,改变技术含量低、附加值低的状况,真正把握价值链的核心部分,实现从"中国制造"到"中国创造"的转变,改善这些经济相对发达地区在国际产业分工中的位次,提升竞争力,带动当地企业升级。以此次金融危机中受冲击最严重的广东省为例,主要有以下两种升级途径:

(一) 在承接国际产业转移中实现技术升级

我国沿海大多数企业的发展处于经济全球化条件下,国际产业转移以及大量涌入的外资成为推动其产业增长的重要力量。继信息技术飞速发展后,研发全球化进程不断加快,科技研发人员的跨国流动、国际技术联盟增加等因素的发展,使各国产业创新呈现出超越国界的地理特征。我国企业可以利用国际产业转移的趋势,在与跨国公司的合作与竞争中,以它们为榜样,在学习对方的先进技术和管理经验时注重提高自身的学习能力,培育自主创新能力。代工企业逐步从 OEM 过渡到 ODM,再到 OBM,建立品牌意识。

(二) 区域产业梯度转移,改善产业分工层次

我国珠三角和长三角地区不仅可以是产业转移的承接方,也可以是转让方。随着经济的持续发展,在企业运营成本不断攀升的影响下,为追寻新的发展空间,沿海地区传统的资源、劳动密集型产业,甚至一些资本、技术密集型产业,凭借已有优势,进行新一轮外移。其途径是:①继续向粤东西两翼、粤北山区和内陆省区作扇状转移;②继续加大投资东盟的力度,加快将纺织、制鞋等资源和劳动密集型产业和一些高科技产业移向东盟。[1] 在此趋势下,我国沿海企业可以有选择性地进行区域产业转移,为承接国际先进产业腾出空间,以更优的资源配置促进产业升级。

---

[1] 参见《2006—2007 年:中国区域经济发展报告》,社会科学文献出版社 2007 年版。

二、以融合信息、金融、文化等现代服务业为火车头,拉动产业转型升级

在传统的以工业为基础的经济体系中,行业与行业之间边界清晰、分立明显。然而,自20世纪90年代以来,通信技术和计算机技术的迅速发展,使行业边界模糊、延伸,产业之间的交叉、融合成为当代经济的特点与趋势。其中最明显的是信息技术、服务与文化产业的融合,形成了全球发展最快的现代服务业。美国学者戴维·莫谢拉(2002)指出,产业融合所产生的成本优势、网络效应和消费者常规效应三方面效应的共同作用,将为企业带来巨大的收益递增机会。[①] 世界主要发达国家的经济重心转向服务业,实现了产业结构由"工业型经济"向"服务型经济"的转型,全球服务业增加值占GDP的比重达到60%以上。从新加坡的实践经验也可看出,在向资本、技术密集型转变的过程中,需要强调发展服务业,从加工生产基地升级为世界商业、电讯、金融、服务中心。因此,融合了信息和文化的现代服务业,将成为带动传统产业升级换代的火车头,为传统产业的发展注入新的动力。

三、以推动技术发展的产业集群、科学园区为纽带,带动产业转型升级

中国大陆的科学园兴起于20世纪80年代中后期,至今已设立53个国家级高新技术产业开发区,分布在全国各地,目前加入国际科学园协会(International Association of Science Park,IASP)组织的大陆地区科学园共有9个。[②] 科学园在我国的科技发展,带动经济发展与产业转型过程中起着关键作用。然而,进一步观察还是暴露出几个制约其发展的主要问题:高科技园区定位不明、园区企业质量不高、产业附加价值低、缺乏明确的导向以形成若干较为完善的新兴高科技产业集群。可以借鉴台湾台南科学园区的发展模式,以科学园区的升级带动园区内企业的升级。

---

① 美国学者戴维·莫谢拉(2002)指出:产业融合使资源在更大范围内得以合理配置,从而大大降低提供产品和服务的成本,产生成本优势;同时,融合扩大了网络的应用范围,使各种资源加入网络的可能性增大,产生网络效应;而且,融合导致的生产系统的开放性,将使得消费者成为生产要素的一部分,产生消费者常规效应。这三方面效应的共同作用,将为企业带来巨大的收益递增机会。

② 国际科学园协会(IASP)是目前唯一的世界性科技园区、企业孵化器及其他创新机构的协会,成立于1984年,总部设在西班牙,分为亚太分会、欧洲分会、北美分会和拉丁美洲分会,在54个国家拥有200多家会员。该协会每年举办一次世界大会。

（一）明确科学园区定位，进行园区的调整与转型，从总体上提升自主创新能力

长期以来，我国各类科学园、工业园区、开发区、加工区、保税区名目、数目繁多，也曾经过多次调整，但是仍然存在不少问题。事实上，国内一些省市已在进行调研、调整。例如，广东省园区内的产业五花八门，土地资源亟待重新整合。又如，北京市向国家申报拟保留的 28 个开发区，经国家审核后已正式批准保留 27 个开发区，其中光机电基地、国家环保产业园、八大处高科技园和大兴生物医药基地并入中关村科技园区。北京市工业促进局副局长李树藩表示，开发区将要进一步推动招商引资模式的根本转变，从注重招商引资规模和数量的"企业招商"模式，向以提高产业集聚度为核心的"产业招商"模式转变。

为了克服资源分散，重复建设，低水平竞争等问题，应当结合产业发展动态，充分考虑园区总体战略定位、功能定位、产业定位，进一步明确各园区的发展定位和产业规划，适当进行园区的调整，使不同园区在产业发展方向上各有侧重点。促进部分园区向高科技转型，从总体上提升园区企业自主创新能力。

（二）提高入园企业资质水平，形成有特色的高科技企业集群

目前国内不少高新区往往将招商引资作为头等大事，并未对企业的资质加以严格限制，基本上符合产业规划的企业申请入园都会得到许可，入园企业良莠不齐，一些企业科技创新的水平很低，因此真正的高科技企业只占到园区企业总数的一半。这样，高新区就不能承担传播高科技、带动产业升级的主导角色。因此，科学园应在入园企业的筛选上投入更多的注意力，要制定与科学园区定位相一致的入园企业资质、标准，有利于形成园区的高科技集聚效应和创新网络。

（三）鼓励园区企业向产业链高附加值环节延伸，促进经济转型

台湾竹科园和南科园的主导产业由早期的系统开发逐渐迈入关键零部件生产制造，并产生集群效应。以光电产业为例，园区企业在不断扩厂和开发下一代面板的趋势下，对关键零部件和原材料供应商产生极大的磁吸效应，对周边产业结构产生"竞争—排挤"和"外溢—关联"作用。"竞争—排挤"作用主要表现为园区内新兴产业的工资福利比传统产业高出许多，使得后者员工招募困难或面临劳动力成本大幅度提高的压力，许多厂商因此被迫外迁;"外溢—关联"作用则表现为随着园区的发展,地方厂商与园区内厂商形成日益密切的委托加工、原材料供应等协作关系。由于园区的技术外溢,园区附近新设立的高科技企业也逐步增多。

我国大陆的科学园区也应当利用"竞争—排挤"和"外溢—关联"效应,带动园区内和周边企业参与各项关键零部件的技术开发,提高关键零部件的自制率,向技术密集型经济发展,向产业链上具有高附加值的环节延伸,推动地方经济转型。

(四)要加强企业入园后的服务功能,创造小企业迅速做大的环境

对有关园区的调研表明,一方面,不少园区存在看重吸引企业投资、入园,而对入园后企业的服务观念较弱;另一方面,不少园区是早期发展起来的,基础设施、服务体系并不健全。另外,还有一些园区并无专门的服务体系,更多的是依靠社会力量。这在一定程度上不利于企业的孵化与成长,也难以培育出具有竞争力的新型企业。这也是广东科学园区"只有星星,没有月亮"的原因(科学园区中的华为、中兴通讯、TCL等都是早期发展起来的企业)。

为此,政府有关部门要做到以下方面:

(1)进一步加强我国科学园区基础配套设施和服务体系的规划与建设,加强对入园后企业在研究与开发、资金渠道、文化生活等服务方面的支持功能,加强诸如信息提供、培训、咨询中介等方面服务。

(2)加强全社会市场体系的建立、健全,建立完善的中介服务体系。特别是在资源配置上更多地倾向于支持研发型企业,在政策上鼓励园区更加密切地同科研管理机构、大学和企业合作,联手在科学园孵化科技成果、推动企业迅速做大,改变"只有星星,没有月亮"的状况。

四、以打造科研成果产业化的有效载体为手段,推动企业技术实力的提高

(一)提高跨领域的资源整合能力,建立系统的科技中介服务平台

台湾工研院通过成立五个连结中心,将创意、技术、知识、服务、研发等进行了跨技术、跨产业、跨地区的结合,实现了资源的有效利用和流转。我国也拥有与台湾工研院相似功能的科技中介机构,但存在人才缺乏、部分环节缺失、服务能力欠缺等问题。因此,建议集中一些科技平台

及经费,重点加强科技中介机构的系统性建设,并针对我国企业需求开发管理咨询服务产品,物色若干有发展潜力的科技型企业开展顾问咨询试点。

(二) 强化科学园区内育成中心的科研功能,为企业建立有效的载体

制定具体的科学园区育成中心运营管理政策,对科学园区内育成中心的从业人员、进驻企业、业务范围、运营成果考核等方面进行明确规定。为避免育成中心的盲目设立,须在设立前提交运营计划书;申请进驻者须提交创业计划书及相关证明文件,对进驻者的资格进行限定;对经营管理团队的资格进行严格的考察和规定;对企业进驻育成中心的期限进行限定,企业毕业后须迁出育成中心;定期对育成中心的营运成果进行考核,并根据运营效果进行奖励和处罚;对育成中心给予一定的政策倾斜及土地、税收等方面的优惠;明确育成中心的服务范围,强化其科研功能,为企业提供技术研发、服务支持、资金筹措、信息交流与预测等方面的扶持业务。

(三) 政府要引导重点研究机构增加其孵化功能,促进新创企业快速发展

我国科研机构过早地实行企业化运作,在尚未摸清市场需求的情况下盲目投资,导致众多科研机构因为缺乏产业化的资金和懂市场化经营的管理人才,常常在科研成果产业化的过程中过早夭折。所以,政府可利用科研机构丰富的科技资源发展专业型企业孵化器。政府应在资金和政策方向上给予有力的支持,根据我国高新技术企业的发展要求,规划建设以为高新技术企业配套和服务为主的专业型企业孵化器。选择重点高校或科研院所设立企业孵化器研究中心及创业学课程,既为我国企业孵化器产业发展作出前瞻性研究,又可以为各个企业孵化器提供专门人才,还可以为风险投资行业以及创业企业提供人才储备。

(四) 建立开放性技术研发机构,强调面向市场、服务社会

可通过建立开放实验室,强调服务社会的理念,推动我国企业的升级。开放实验室可仅向成果使用者收取成本费,以及在面向产业界提供服务时将自己看作企业出售产品或服务。

（五）建立有效的知识产权转移制度，加快技术转移与扩散，进一步明确科技人员与科研机构在成果分享上的权益

我国政府可通过设立产权交易中心，对技术产品进行定价，明确规定科技成果转让的具体步骤、产权归属、利益分享、责任承担、使用方式等。科研机构应当设立技术转移服务中心，对本机构的知识产权归属及转让原则进行规定。对于技术产品的转移有两种方式：技术授权和技术转让，政府可鼓励科研机构更多地倾向技术转让，以将科研成果惠及更多的企业。

（6）公共技术开发平台应建立健全宽松的人才流动机制，鼓励科研人员带着科研成果去创业

简单的技术转让难以调动科研人员的积极性，转让后没有科研人员的跟进，容易导致技术发展中断，引发转化率低以及产业化难以实现等问题。而科技人员"下海"，真正成为企业的一员，成功的概率更高。例如，20世纪八九十年代通过科技人员"下海"方式，使一些科技人员成功创办了联想、曙光等高技术企业。

政府可以通过相关政策促使科研人员"下海"，例如，科研机构、高等院校等事业单位在编科技人员持技术成果离岗创办高新技术企业的，在规定年限内原单位实行竞聘上岗时可参加竞聘，竞聘上岗后工龄连续计算；科技人员和科技管理人员成建制脱离高等院校、科研机构，创办高新技术企业或进入企业进行高新技术成果转化的，凭高新技术成果转化证书，可享受一定的福利政策。

（七）在强化企业作为创新主体的同时，建设官产学研紧密结合的技术创新体系

我国政府应采取措施，大力扶持大学、科研院所等公共研究机构的发展。首先，在公共研发机构建设初期，政府有必要发挥引导、组织作用，在政策、场地、资金、服务等方面对机构给予一定的支持，使其快速成长起来；其次，当这些机构已经步入正常运作轨道后，政府可以将一些国家级、省级重大科技攻关项目通过委托研发的方式，对公共研究机构给予方向上的引导和资金上的支持。

此外，我国的科研机构不应该是一些孤立的研究个体，而应在充当向企业界转移技术的桥梁。科研机构可以利用自身的研发与信息优势，主导成立行业技术研发联盟。在研发联盟体中，科研机构通过搜集分析全球最

新技术和产业发展趋势,向业界发出研发要约,并负责开发技术、技术转移、人员训练等。加盟企业根据自身情况,可参与不同阶段的研发活动,从而获得相应份额的成果权益。

附录　企业访谈情况

（1）2013年1月15日，作者在台湾电路板协会办公室对台湾电路板协会秘书长、台湾电路板协会副总干事、台湾电路板协会PCB学院专案经理等进行访谈。

（2）作者先后于2008年4月6日、2013年3月8日、2015年7月10日，对广东顺德东菱凯琴集团资源支持中心总监、国内营销中心总经理、海外营销中心经理、美洲市场营销经理朱晓梅进行电话采访、邮件访谈和实地访谈。

（3）作者先后于2008年4月13日、2008年4月14日、2013年3月14日、2015年7月24日，对深圳佳士科技董事长、总经理、副总经理、国际贸易部、海外业务部等相关负责人进行电话采访、邮件访谈和实地访谈。

（4）作者先后于2008年1月21日和2013年3月26日，对东莞龙昌玩具国际控股有限公司管理层及设计部相关负责人进行电话采访、邮件访谈和实地访谈。

（5）作者先后于2008年1月21日和2013年3月26日，对东莞哈一代玩具实业有限公司管理层及市场部相关负责人进行电话采访、邮件访谈和实地访谈。

（6）作者先后于2009年7月9日和2013年3月6日，对台湾台升国际集团董事长秘书和内销负责人进行电话采访、邮件访谈和实地访谈。

（7）作者先后于2011年2月、2011年12月、2013年3月，对广州互太纺织印染有限公司研发部和市场部等相关人员进行电话采访、邮件访谈和实地访谈。

（8）作者先后于2006年、2008年11月18日、2013年1月15日，对台湾阿托科技公司总经理、研发部负责人等进行实地访谈。

（9）作者于2011年1月—6月间多次赴东莞大岭山镇家具产业集群，对企业进行调研。

（10）作者于2008年11月对台湾工业技术研究院进行实地调研。

（11）作者于2006年5月对台湾南部科学园进行实地调研。

（12）作者于2007年对广州珠江钢铁公司进行多次实地调研。

（13）作者先后于2013年9月26日、2013年11月11日、2014年4月对中山奥马电器公司进行电话采访、邮件访谈和实地访谈。

主要参考文献

[1] Takahiro Fujimoto. *The evolution of a manufacturing system at Toyota* [M]. Oxford: Oxford University Press, 1999: 271.

[2] Gary Gereffi. International Trade and Industrial Upgrading in the Apparel Commodity Chains [J]. *Journal of International Economics*, 1999 (48): 37 – 70.

[3] Poon, T S C. Beyond the global production networks: a case of further upgrading of Taiwan's information technology industry [J]. *Technology and Globalisation*, 2004, 1 (1): 130 – 145.

[4] Kaplinsky R, Morris M. *A handbook for value chain research* [M]. Prepared for the IDRC, 2001: 38 – 39.

[5] Humphrey J, Schmitz H. How does insertion in global value chains affect upgrading in industrial clusters [J]. *Regional Studies*, 2002, 36 (9): 27 – 101.

[6] 张辉. 全球价值链理论与我国产业发展研究 [J]. 中国工业经济, 2004 (5): 38.

[7] Bell M, Albu M. Knowledge Systems and Technological Dynamism in Industrial Clusters in Developing Countries [J]. *World Development*, 1999, 27 (9): 1715 – 1734.

[8] Teece, Pisano, Shuen. Dynamic Capabilities and Strategic Management [J]. *Strategic Management journal*, 1997 (18): 7.

[9] Humphrey J, Schmitz H. Governance and upgrading: Linking Industrial cluster and global value chain research [C]. *IDS Working Paper* 120, Brighton: Institute of Development Studies, 2000.

[10] Humphrey J, Schmitz H. Chain governance and upgrading: taking stock [A]. in Schmitz, H (ed). *Local enterprises in the global economy: issues of governance and upgrading* [C]. Cheltenham: Elgar, 2004: 349 – 381.

[11] 曹群. 产业集群的升级: 基于动态能力的观点 [J]. 学术交流, 2006 (9): 121 – 123.

[12] 梅丽霞, 蔡铂, 聂鸣. 全球价值链与地方产业集群的升级 [J]. 科

技进步与对策,2005(4):11-13.

[13] 唐海燕,程新章.企业升级的路径选择——以温州打火机企业为例[J].科技管理研究,2006,26(12):113-116.

[14] 毛蕴诗,汪建成.基于产品升级的自主创新路径研究[J].管理世界,2006(5):14-20.

[15] 毛蕴诗.公司经济学(第二版)[M].大连:东北财经大学出版社,2005:311.

[16] 毛蕴诗,李洁明.替代跨国公司产品:中国企业升级的递进[J].学术研究,2006(3):44-48.

[17] 熊建明,汤文仙.企业并购与技术跨越[J].中国软科学,2008(3):81.

[18] Forbes, Wield. From Followers to Leaders: Managing Technology and Innovation in Newly Industrializing Countries [J]. Routledge, 2001.

[19] Chen Z, Qu L. *The status of agriculture biotechnology in China* [M]. Beijing: Peking University, 2003.

[20] Bell M, Pavitt K. The Development of Technological Capabilities: Trade, Technology and International Competitiveness. EDI of the world bank, 1995.

[21] (韩)金麟洙.从模仿到创新——韩国技术学习的动力[M].北京:新华出版社,1998.

[22] 安同良.企业技术能力发展论——经济转型过程中中国企业技术能力实证研究[M].北京:人民出版社,2004.

[23] Kedia B L, Lahiri S. International Outsourcing of Services: A Partnership Model [J]. *Journal of International Management*, 2007(13):22-37.

[24] Gereffi G, Humphrey J, Sturgeon T. The Governance of Global Value Chains [J]. *Review of International Political Economy*, 2005, 12(1):78-104.

[25] Schmitz H. Local Enterprises in the Global Economy: Issues of Governance and Upgrading [J]. *Edward Elgar*, 2004(6):37-70.

[26] Meyer-Stamen J. Path Dependence in Regional Development: Persistence and Change in Three Industrial Clusters in Sanata Catarina, Brazil [J]. *World Development*, 1998,(26):1495-1511.

[27] Schmitz H. Global Competition and Local Cooperation: Success and Failure in the Sinos Valley, Brazil [J]. *World Development*. 1999(27):

1627-1650.

[28] Nadvi K, Schmitz H. eds. Industrial Clusters in Developing Countries [J]. *Special Issue of World Development*, 1999, 27 (9): 173-188.

[29] Dolan C, Humphrey J. Governance and Trade in Fresh Vegetables: The Impact of UK Supermarkets on the African Horticulture Industry [J]. *Journal of Development Studies*, 2000, 37 (2): 147-176.

[30] Gibbon P. Upgrading Primary Production: A Global Commodity ChainApproach [J]. *World Development*, 2001, 29 (2): 345-363.

[31] Knorrigna. Cluster Trajectories and the Likehood of Endogenous Upgrading Momeo. The Hague: Institue of Social Studies, 1999.

[32] 张辉. 全球价值链下地方产业集群升级模式研究 [J]. 中国工业经济, 2005 (9): 11-18.

[33] 张辉. 全球价值链动力机制与产业发展策略 [J]. 中国工业经济, 2006 (1): 40-48.

[34] 刘志彪, 张杰. 全球代工体系下发展中国家俘获型网络的形成、突破与对策——基于 GVC 与 NVC 的比较视角 [J]. 中国工业经济, 2007, 5: 39-47.

[35] 文嫮, 曾刚. 嵌入全球价值链的地方产业集群发展——地方建筑陶瓷产业集群研究 [J]. 中国工业经济, 2004 (6): 36-42.

[36] 聂鸣, 刘锦英. 地方产业集群嵌入全球价值链的方式及升级前景研究述评 [J]. 研究与发展管理, 2006, 18 (6): 108-115.

[37] 毛蕴诗, 戴勇. OEM、ODM 到 OBM: 新兴经济的企业自主创新路径研究 [J]. 经济管理, 2006 (20): 10-15.

[38] 汪建成, 毛蕴诗. 从 OEM 到 ODM、OBM 的企业升级路径——基于海鸥卫浴与成霖股份的比较案例研究 [J]. 中国工业经济, 2007 (12): 110-116.

[39] 张向阳, 朱有为, 孙津. 嵌入全球价值链和产业升级——以苏州和温州两地为例 [J]. 国际贸易问题, 2005 (4): 63-68.

[40] 刘常勇, 刘阳春. 产业转型升级的技术与市场生命周期——以新兴经济的高科技产业为例 [J]. 中山大学学报: 社会科学版, 2009 (1).

[41] 戴勇. 外生型集群企业升级的影响因素与策略研究——全球价值链的视角 [J]. 中山大学学报: 社会科学版, 2009 (1).

[42] 毛蕴诗, 熊炼. 企业低碳运作与引入成本降低的对偶微笑曲线模型——基于广州互太和台湾纺织业的研究, [J]. 中山大学学报（社

会科学版），2011（4）.

[43] 姜照华，李鑫. 生物制药全产业链创新国际化研究——以沈溪生物制药产业园为例［J］. 科技进步与对策，2012（12）.

[44] 高顺东，肖洪，姜照华. 国际化的全产业链创新网络：以移动产业链为例［J］. 科学学与科学技术管理，2012（9）.

[45] 符亚男，段亚雄. 全产业链视角下内蒙乳品企业战略创新研究［J］. 科学管理研究，2015（4）.

[46] 冯长利，兰鹰，周剑. 中粮"全产业链"战略的价值创造路径研究［J］. 管理案例研究与评论，2012（4）.

[47] 李韬. 不要盲从"全产业链"战略［J］. 企业管理杂志，2013（8）.

[48] 陆学，陈兴鹏. 循环经济理论研究综述［J］. 中国人口·资源与环境，2014（2）：204-208.

[49] 张其春，郗永勤. 基于循环经济的全产业链经营模式与实现机制——来自福建大科的案例研究［J］. 东北农业大学学报（社会科学版），2013（1）：69-74.

[50] 吴飞美. 基于政府支持的循环经济产业链稳固升级研究［J］. 武汉大学学报（哲学社会科学版），2010（6）：866-870.

[51] 杨雪峰. 循环经济产业链的稳定性研究［J］. 发展纵横，2008（2）：32-35.

[52] 郑明亮. 从农村秸秆的综合利用分析农村循环经济产业链的延展［J］. 商场现代化，2006（1）：199.

[53] 刘常泰，郭振. 我国循环经济产业链发展的现状与问题［J］. 商业经济，2011（11）：7-8.

[54] 邵忍丽. 循环经济产业链构建及运行机制思考——基于陕西煤炭产业发展转型视角［J］. 商业时代，2014（13）：119-121.

[55] 黄磊，刘则渊，姜照华. 技术转移视角下全产业链创新网络的行为模式：融合创新——以苹果公司网络为例［J］. 科学学与科学技术管理，2014（11）：78-86.

[56] 文龙光，易伟义. 低碳产业链与我国低碳经济推进路径研究［J］. 科技进步与对策，2011（14）.

[57] 许利娟，吴鹏举. 低碳经济思维下产业园区发展的困境与突破——以东莞生态园发展为例［J］. 河南机电高等专科学校学报，2015（2）：35-38.

[58] 蔡林海. 低碳经济大格局［M］. 北京：经济科学出版社，2009.

[59] 倪外, 曾刚. 国外低碳经济研究动向分析[J]. 经济地理, 2010 (8): 1240-1247.

[60] 鲍健强, 苗阳, 陈锋. 低碳经济: 人类经济发展方式的新变革[J]. 中国工业经济, 2008 (4).

[61] 周斌. 海水综合利用低碳产业链探讨——以烟台万华工业园海水淡化项目为例[J]. 海洋开发与管理, 2011 (9): 130-132.

[62] 张楠楠, 杨念. 河北省低碳经济发展中的低碳生态城市建设研究[J]. 统计与管理, 2014 (1): 81-82.

[63] 王毅. 实施绿色发展转变经济发展方式[J]. 中国科学院院刊, 2010, 25 (2): 121-126.

[64] 张莹, 刘波. 我国发展绿色经济的对策选择[J]. 开放导报, 2011 (5): 73-76.

[65] 李昳, 张向前. 海峡西岸经济区绿色经济发展的机制与制度研究[J]. 科技管理研究, 2015 (5): 229-235.

[66] 郑胜利. 主要经济体经济发展战略取向及其对我国战略性新兴产业发展的启示[J]. 中国发展观察, 2010 (10): 55-57.

[67] 严兵. 日本发展绿色经济经验及其对我国的启示[J]. 企业经济, 2010 (6): 57-59.

[68] 张梅. 绿色发展: 全球态势与中国的出路[J]. 国际问题研究, 2013 (5): 93-102.

[69] 郇庆治. 国际比较视野下的绿色发展[J]. 江西社会科学, 2012 (8).

[70] 向书坚, 郑瑞坤. 中国绿色经济发展指数研究[J]. 统计研究, 2013, 30 (3): 72-77.

[71] 李正图. 中国发展绿色经济新探索的总体思路[J]. 中国人口·资源与环境, 2013, 23 (4): 11-17.

[72] 车亮亮, 武春友. 我国能源绿色转型对策研究[J]. 大连理工大学学报: 社会科学版, 2015 (2).

[73] 夏宁, 夏锋. 低碳经济与绿色发展战略——对在海南率先建立全国第一个环保特区的思考[J]. 中国软科学, 2009 (10): 13-22.

[74] 于成学, 葛仁东. 资源开发利用对地区绿色发展的影响研究——以辽宁省为例[J]. 中国人口·资源与环境, 2015, 25 (6): 121-126.

[75] 万卫红, 唐蓉华. 新形势下钢铁企业打造竞争优势的探讨[J]. 企业经济, 2008 (10): 123-125.

[76] 陈理浩, 郑育礼. 加快吉林省绿色发展的对策研究[J]. 经济纵

横,2014(11).

[77] 廖小平. 绿色发展：湖南实现可持续发展的战略抉择——加快建设"绿色湖南"的思路与对策研究[J]. 湖南社会科学,2012(1):119-122.

[78] 施本植,许树华. 产业生态化改造及转型：云南走向绿色发展的思考[J]. 云南社会科学,2015(1):81-85.

[79] 刘纪远,邓祥征,刘卫东,等. 中国西部绿色发展概念框架[J]. 中国人口：资源与环境,2013,23(10):1-7.

[80] 曹东,赵学涛,杨威杉. 中国绿色经济发展和机制政策创新研究[J]. 中国人口·资源与环境,2012,22(5):48-54.

[81] 刘志雄. 中国绿色发展的条件与面临的挑战[J]. 新视野,2013(4):24-27.

[82] 杨朝飞. 中国绿色经济发展机制和政策创新研究[M]. 北京：中国环境科学出版社,2012.

[83] 兰竹虹. 中国绿色发展的战略思路[J]. 生态经济,2008(3):80-83.

[84] 朱婧,孙新章,刘学敏,等. 中国绿色经济战略研究[J]. 中国人口·资源与环境,2012,22(4):7-12.

[85] 彭斯震,孙新章. 中国发展绿色经济的主要挑战和战略对策研究[J]. 中国人口·资源与环境,2014,24(3):1-4.

[86] 蒋南平,向仁康. 中国经济绿色发展的若干问题[J]. 当代经济研究,2013(2):50-54.

[87] 李宁宁. 中国绿色经济的制度困境与制度创新[J]. 现代经济探讨,2011(11):19-22.

[88] 陈琪,金康伟. 新农村建设中发展绿色经济的动力源探究[J]. 生态经济,2007(8):67-70.

[89] 张小刚. 长株潭城市群绿色经济发展的制约因素及路径选择[J]. 湘潭大学学报：哲学社会科学版,2011,35(5):87-90.

[90] 贺爱忠. "两型"试验区服务业绿色发展的体制机制障碍与对策[J]. 北京工商大学学报：社会科学版,2011,26(6):26-32.

[91] 秦书生,王旭,付晗宁,等. 我国推进绿色发展的困境与对策——基于生态文明建设融入经济建设的探究[J]. 生态经济,2015,31(7):168-171,180.

[92] 陈羽,邝国良. "产业升级"的理论内核及研究思路述评[J]. 改革,2009(10):85-89.

[93] 张耀辉. 产业创新：新经济下的产业升级模式 [J]. 数量经济技术经济研究, 2002 (1).

[94] 庄贵阳. 中国经济低碳发展的途径与潜力分析 [J]. 国际技术经济研究, 2005, 8 (3): 79-87.

[95] 徐世刚. 我国中小企业在低碳经济制约下的升级与转型 [J]. 当代经济研究, 2012 (1): 82-85.

[96] 毛蕴诗, 吴瑶, 邹红星. 我国 OEM 企业升级的动态分析框架与实证研究 [J]. 学术研究, 2010 (1).

[97] 毛蕴诗, 吴瑶. 企业升级路径与分析模式研究 [J]. 中山大学学报 (社会科学版), 2009 (1): 178-185.

[98] 毛蕴诗, 温思雅. 系统观视角下的环保常态机制与企业竞争力提升研究——我国台湾地区的经验及启示 [J]. 东南大学学报 (哲学社会科学版), 2012 (4): 23-28.

[99] 毛蕴诗, 姜岳新, 莫伟杰. 制度环境、企业能力与 OEM 企业升级战略——东菱凯琴与佳士科技的比较案例研究 [J]. 管理世界, 2009 (6): 135-145.

[100] 毛蕴诗, 温思雅. 基于产品功能拓展的企业升级研究 [J]. 学术研究, 2012 (5): 75-82.

[101] 毛蕴诗, 汪建成. 基于产品升级的自主创新路径研究 [J]. 管理世界, 2006 (5).

[102] 毛蕴诗, 郑奇志. 基于微笑曲线的企业升级路径选择模型——理论框架的构建与案例研究 [J]. 中山大学学报 (社会科学版), 2012 (3).

[103] 张其仔. 比较优势的演化与中国产业升级路径的选择 [J]. 中国工业经济, 2008 (9): 58-68.

[104] 张庆霖, 苏启林. 代工制造、金融危机与东部地区产业升级 [J]. 经济管理; 2010 (1).

[105] 马云俊. 产业转移、全球价值链与产业升级研究 [J]. 技术经济与管理研究, 2010 (4).

[106] 张辉. 全球价值链下地方产业集群转型和升级 [M]. 北京: 经济科学出版社, 2006.

[107] 吴彦艳, 赵国杰. 基于全球价值链的我国汽车产业升级路径与对策研究 [J]. 现代管理科学, 2009 (2): 85-87.

[108] 郭炳南, 黄太洋. 比较优势演化、全球价值链分工与中国产业升级 [J]. 技术经济与管理研究, 2010 (1).

[109] 贾根良. 制度变迁理论：凡勃仑传统与诺思 [J]. 经济学家, 1999 (5): 62-67.

[110] 刘志彪. 产业升级的发展效应及其动因分析 [J]. 南京师范大学学报, 2000 (3): 3-10.

[111] 刘志彪. 全球化背景下中国制造业升级的路径与品牌战略 [J]. 财经问题研究, 2005 (5).

[112] 杨治. 产业经济学导论 [M]. 北京: 中国人民大学出版社, 1985.

[113] 王述英. 现代产业经济理论与政策 [M]. 太原: 山西人民出版社, 1999.

[114] 谷曙明, 史安娜. 浅析我国产业结构调整的影响因素 [J]. 市场周刊·财经论坛, 2002 (12): 68-69.

[115] 吴进红, 王丽萍. 开放条件下产业结构升级的动力机制分析 [J]. 产业论坛, 2006 (1): 185-186.

[116] 方辉振. 产业结构优化升级的动力机制研究 [J]. 中共珠海市委党校珠海市行政学院学报, 2006 (2): 11-15.

[117] 黄亚平, 雷婷婷, 杜娟. 产业结构转变的因素分析与模型设计 [J]. 中国统计, 2008 (9): 49-50.

[118] 孙军. 需求因素、技术创新与产业结构演变 [J]. 南开经济研究, 2008 (5): 58-71.

[119] 张文, 孙林岩, 何哲. 中国产业结构演变的影响因素分析 [J]. 科技管理研究, 2009 (6): 373-375.

[120] 刘芳, 倪浩. 我国产业结构调整的影响因素分析及相应措施 [J]. 技术与创新管理; 2009, 30 (3): 322-323.

[121] 王吉发, 冯晋, 李汉铃. 企业转型的内涵研究 [J]. 统计与决策, 2006 (2): 153-157.

[122] 龚三乐. 全球价值链内企业升级的动力对绩效的影响研究 [J]. 暨南大学博士学位论文, 2007; 龚三乐. 全球价值链内企业升级绩效、绩效评价与影响因素分析——以东莞 IT 产业集群为例 [J]. 改革与战略, 2011 (7): 178-181.

[123] 王一鸣, 王君. 关于提高企业自主创新能力的几个问题 [J]. 中国软科学, 2005 (7).

[124] 朱海静, 陈圻, 蒋沮波. 中国家电业 OEM 现状及发展对策 [J]. 商业研究, 2006 (4).

[125] 吕宏芬, 余向平. OEM 方式的内在劣势及其产业链升级对策探讨 [J]. 商业研究, 2006 (2): 105-107.

[126] 陈明森,陈爱贞,张文刚. 升级预期、决策偏好与产业垂直升级——基于我国制造业上市公司实证分析 [J]. 中国工业经济, 2012 (2): 26-36.

[127] 于明超,刘志彪,江静. 外来资本主导代工生产模式下当地企业升级困境与突破——以中国台湾笔记本电脑内地封闭式生产网络为例 [J]. 中国工业经济, 2006 (11): 108-116.

[128] 聂正安,钟素芳. 我国企业升级路径的现实选择: OEM 阶段内升级 [J]. 广东商学院学报, 2010 (2): 30-36.

[129] 程新章,胡峰. 价值链治理模式与企业升级的路径选择 [J]. 商业经济与管理, 2005 (12): 24-29.

[130] 黄永明,何伟,聂鸣. 全球价值链视角下中国纺织服装企业的升级路径选择 [J]. 中国工业经济, 2006 (5): 56-63.

[131] 顾慧君,杨忠. 外部资源与企业转型: 以高管团队异质性为调节变量的实证研究 [J]. 东南大学学报(哲学社会科学版), 2012, 14 (4): 36-39.

[132] 梅丽霞,柏遵华,聂鸣. 试论地方产业集群的升级 [J]. 科研管理, 2005 (5): 147-151.

[133] 杨桂菊. 本土代工企业自创国际品牌——演进路径与能力构建 [J]. 管理科学, 2009, 22 (6): 38-45.

[134] 张青. 煤炭企业价值链延伸与升级的案例研究 [J]. 管理世界, 2007 (4): 168-169.

[135] 卓越,张珉. 全球价值链中的收益分配与"悲惨增长"——基于中国纺织服装业的分析 [J]. 中国工业经济, 2008 (7): 131-140.

[136] 周长富,杜宇玮. 代工企业转型升级的影响因素研究——基于昆山制造业企业的问卷调查 [J]. 世界经济研究, 2012 (7).

[137] 周骏宇,杨军. 广东外贸企业的困境、转型升级路径和政策需求——基于结构方程的实证分析 [J]. 国际经贸探索, 2013 (4).

[138] 周振华. 产业结构演进的一般动因分析 [J]. 财经科学, 1990 (8): 1-5.

[139] 金乐琴,刘瑞. 低碳经济与中国经济发展模式转型 [J]. 经济问题探索, 2009 (1): 84-87.

[140] 李尧. 中小企业升级的路径选择研究 [J]. 经济问题探索, 2013 (9): 99-103.

[141] 许庆瑞,王毅. 绿色技术创新新探: 生命周期观 [J]. 科学管理

研究，1999（1）：3-6.

[142] 胡岳岷，刘甲库. 绿色发展转型：文献检视与理论辨析［J］. 当代经济研究，2013（6）：33-42.

[143] 胡鞍钢. 中国：创新绿色发展［M］. 北京：中国人民大学出版社，2012.

[144] 韩晶，陈超凡，王赟. 制度软约束对制造业绿色转型的影响——基于行业异质性的环境效率视角［J］. 山西财经大学学报，2014（12）：59-69.

[145] 李晓西. 中国绿色发展指数年度报告［M］. 北京：北京师范大学出版社，2010.

[146] 蓝庆新，韩晶. 中国工业绿色转型战略研究［J］. 经济体制改革，2012（1）：24-28.

[147] 朱立志. 中国农业科学院农业经济与发展研究所. 以生态文明理念指导农业发展，经济日报，2013-08-16.

[148] 潘连公，陈彩能. 甘肃省天水市绿色农业示范区建设的思考［J］. 中国农业资源与规划，2012（1）：88-92.

[149] 胡岳岷，刘元胜. 中国粮食安全：价值维度与战略选择［J］. 经济学家，2013（5）：50-56.

[150] 肖春梅. 资源和环境约束下的新疆资源型产业集群的升级与转型［J］. 生态经济，2010（8）：103-107.

[151] 方维慰. 江苏物流业转型升级的目标取向与发展策略［J］. 现代管理科学，2013（3）：69-71.

[152] 程宇航. 论绿色发展的产业基础：生态产业链的构建［J］. 求实，2013（5）：37-40.

[153] 中国社会科学院工业经济研究所课题组. 中国工业绿色转型研究［J］. 中国工业经济，2011（4）：5-14.

[154] 李树生，张亮. 制造业低碳升级路径选择及基于ANP模型的升级效果评价研究［J］. 生态经济，2013（3）：111-113.

[155] 厉以宁. 对发展低碳绿色经济的九点看法［J］. 理论学习，2014（11）：42-43.

[156] 万后芬. 绿色产业的发展与传统产业的绿化［J］. 中南财经政法大学学报，2002（6）：16-21.

[157] 刘纯彬，张晨. 资源型城市绿色转型初探：山西省太原市的启发［J］. 城市发展研究，2009，16（9）：41-47.

[158] 卢强，吴清华，周永章等. 广东省工业绿色转型升级评价的研究

[J]. 中国人口·资源与环境，2013，23（7）：34-41.

[159] 吴清华. 广东产业结构调整历程和经验及其对经济可持续发展的启示 [C]. 中国可持续发展论坛（3）.

[160] 王克西，任燕，赵德良. 绿色产业发展的制约因素及对策分析——陕南绿色产业发展现状调查 [J]. 理论导刊，2008（3）：75-77.

[161] 童文胜. 关于陕南发展绿色产业的思考 [J]. 农业经济问题，2007（8）：66-69.

[162] 郑丹辉，李新春. 基于绿色经济视角的中国对虾产业链分析 [J]. 渔业现代化，2012，39（1）：6-10.

[163] 张深. 强化规划环评引领作用促进绿色经济发展 [J]. 广东科技，2014（16）：28.

[164] 黄羿. 城市绿色发展评价指标体系研究——以广州市为例 [J]. 科技管理研究，2012（17）：55-59.

[165] 肖宏伟. 构建中国绿色经济生产方式评价指标体系及对策建议 [J]. 发展研究，2013（10）：97-101.

[166] 高红贵. 中国绿色经济发展中的诸方博弈研究 [J]. 中国人口·资源与环境，2012（4）：13-18.

[167] 侯晓东. 黄灿等. 企业绿色经济创新动力博弈分析——调整优化产业结构、促进区域经济发展 [J]. 商业经济，2014（3）：43.

[168] 甄霖，杜秉贞，刘纪远，等. 国际经验对中国西部地区绿色发展的启示：政策及实践 [J]. 中国人口·资源与环境，2013（10）：8-16.

[169] 赖梦君. 结合国外经验浅谈我国绿色经济的发展 [J]. 劳动保障世界，2012（9）：74-78.

[170] 蓝虹. 奥巴马政府绿色经济新政及其启示 [J]. 中国地质大学学报（社会科学版），2012（1）：13-18.

[171] 盛正国. 发展绿色产业是实现新型工业化的必由之路 [J]. 企业经济，2008（1）：16-18.

[172] 周永章，李挚萍，王树功，等. 关于节能减排与环境保护宏观政策研究 [C]. 2007中国可持续发展论坛暨中国可持续发展学术年会论文集，2007.

[173] 赖华子. 绿色经济在企业制度中实现的法经济学思考 [J]. 学术论坛，2010（12）：159-162.

[174] 苏立宁，李放. "全球绿色新政"与我国"绿色经济"政策改革 [J]. 科技进步与对策，2011（8）：95-99.

[175] 蒋和平. 广西工业园区循环经济建设路径研究［J］. 学术论坛, 2015（1）：78－82.

[176] 杨倩. 天津绿色经济发展政策研究［J］. 天津经济, 2014（9）：22－23.

[177] 侯元兆."里约＋20"的绿色发展思想及其展望［J］. 中国地质大学学报（社会科学版）, 2012, 12（6）：1－6.

[178] 马长海. 绿色经济视域下的低碳经济发展［J］. 企业改革与管理, 2015（12）：5.

[179] 剧宇宏. 基于企业集团视角的绿色企业制度研究［J］. 山东社会科学, 2010（12）：73－76.

[180] 林玲. 绿色经济下企业内部控制与社会责任的融合［J］. 会计改革与创新, 2015（12）：58－60.

[181] 王琳. 唐瑞. 绿色经济约束下的企业经济责任审计探析［J］. 商业会计, 2012（2）：39－40.

[182] 梁云. 构筑21世纪绿色经济新体系［J］. 商业研究, 2001（8）：5－8.

[183] 赵芙蓉. 日本发展绿色经济带给我国的启示［J］. 中国商贸, 2014（17）：190－191.

[184] 崔洁, 黄昕, 陶练敏, 等. 广东省可持续发展实验区低碳发展对策建议［J］. 广东科技, 2012（10）：41－45.

[185] 葛秋萍, 李梅. 我国创新驱动型产业升级政策研究［J］. 科技进步与对策, 2013, 30（16）：102－106.

[186] 江飞涛, 李晓萍. 直接干预市场与限制竞争：中国产业政策的取向与根本缺陷［J］. 中国工业经济, 2010（9）：26－36.

[187] 吕政. 中国工业结构的调整与产业升级［J］. 开发研究, 2007（1）：1－5.

[188] 吴群. 转型升级期中小企业面临的问题与应对策略［J］. 企业经济, 2011（8）：23－25.

[189] 贾建忠. 产业转型升级的群效应研究［J］. 华南理工大学学报：社会科学版, 2012, 14（1）：20－29.

后 记

我对我国企业转型升级的研究,可以追溯到 2005 年秋天。当时我应日本一桥大学创新发展研究所(Institute of Innovation Research)的邀请,进行了为期三个月的讲学访问。访问期间在东京大学的一次研讨会上,一位台湾台联电在日本子公司的总裁讲述了台联电的发展以及于 1999 年收购日本上市公司的案例。此案例引起我的注意,我认为台联电就是一个 OEM 升级的典型,意识到企业转型升级将是大陆企业面临的重大实践与理论问题。我回国后即展开调研并开始了对我国企业转型升级的研究。

从那时(2005 年)算起,到国际金融危机发生之前,我们先后对珠三角、台湾的有关部门及企业进行了密集的调研。2006 年春天,我应邀到台湾中山大学讲学访问,并带领博士生袁静、戴勇参访了台湾阿托科技公司和台南科学园区。这不仅使我再次看到了企业转型升级的路径,也使我意识到作为企业载体的园区升级的重要性。2007 年、2008 年我们又对深圳佳士科技有限公司、深圳吉光电子公司、广东东菱凯琴集团、东莞龙昌玩具国际控股有限公司、东莞哈一代玩具实业有限公司、东莞大岭山镇家具产业集群和大岭山镇政府进行了调研。2008 年 11 月,我又带领博士生姜岳新、吴瑶、张晨芝对台湾工业技术研究院、台湾阿托科技公司、宏碁公司、华硕公司以及台湾中山大学育成中心等进行了调研。

这些调研先后形成了多份咨询报告,受到广东省、市有关领导和经济、科技管理部门的重视与肯定,有的咨询报告为政府制定相应的政策提供了依据和参考。

由于有了上述调查研究资料的积累,所以当 2008 年金融危机呼啸而来之际,我们于 2009 年 8 月出版了《中国企业:转型升级》。该书是作者承担教育部"国际金融应对研究"应急课题重大项目"金融危机下的中国 OEM 企业升级研究"的重要成

后 记

果。该书出版以来受到好评,并于 2010 年修订再版。

在本书第一版的调研写作过程中,多届的博士研究生和硕士研究生协助作者收集、整理资料或参与调研,有的还协助撰写了部分初稿。他们是:莫伟杰、曹玉春、王秋晓、梁文艳、余克壮、袁静、温思雅、吴瑶、戴勇、姜岳新、何军、邹红星。另外,吴瑶还协助我整理了部分初稿。

本书修订版于 2010 年出版以来,步入后金融危机时代的全球经济环境发生了巨大变化。经济结构的调整、产业升级、企业转型升级仍然是我国当前以及今后的重大研究课题。

有鉴于此,经中山大学出版社和蔡浩然编审建议,作者对本书修订版做了较大的修改,形成第三版。第三版的修改主要有以下六个方面:一是对国际金融危机之后的环境变化进行了描述和补充。二是对所有的案例、园区、产业集群进行了再次调研,以体现其变化和进展。三是删除了书中不是第一手资料的案例。四是删除了与主题相关性较弱的新加坡转型升级方面的内容。五是增加了个别新的调研案例。六是结合近几年的研究,对书中有关企业转型升级的影响因素、路径进行了更深入的分析。相信本书第三版的出版,会对转型升级中的中国企业和高效服务型政府能提供有益的参考。

在本书第三版的修订过程中,一些研究生协助我进行了资料更新。研究生陈玉婷参与了中山奥马电器公司新案例的调研和写作,并协助我收集、整理了部分资料。本书的出版得到了中山大学出版社和蔡浩然编审的大力支持。作者在此一并致谢。

毛蕴诗
2015 年 11 月于
中山大学管理学院